U0021497

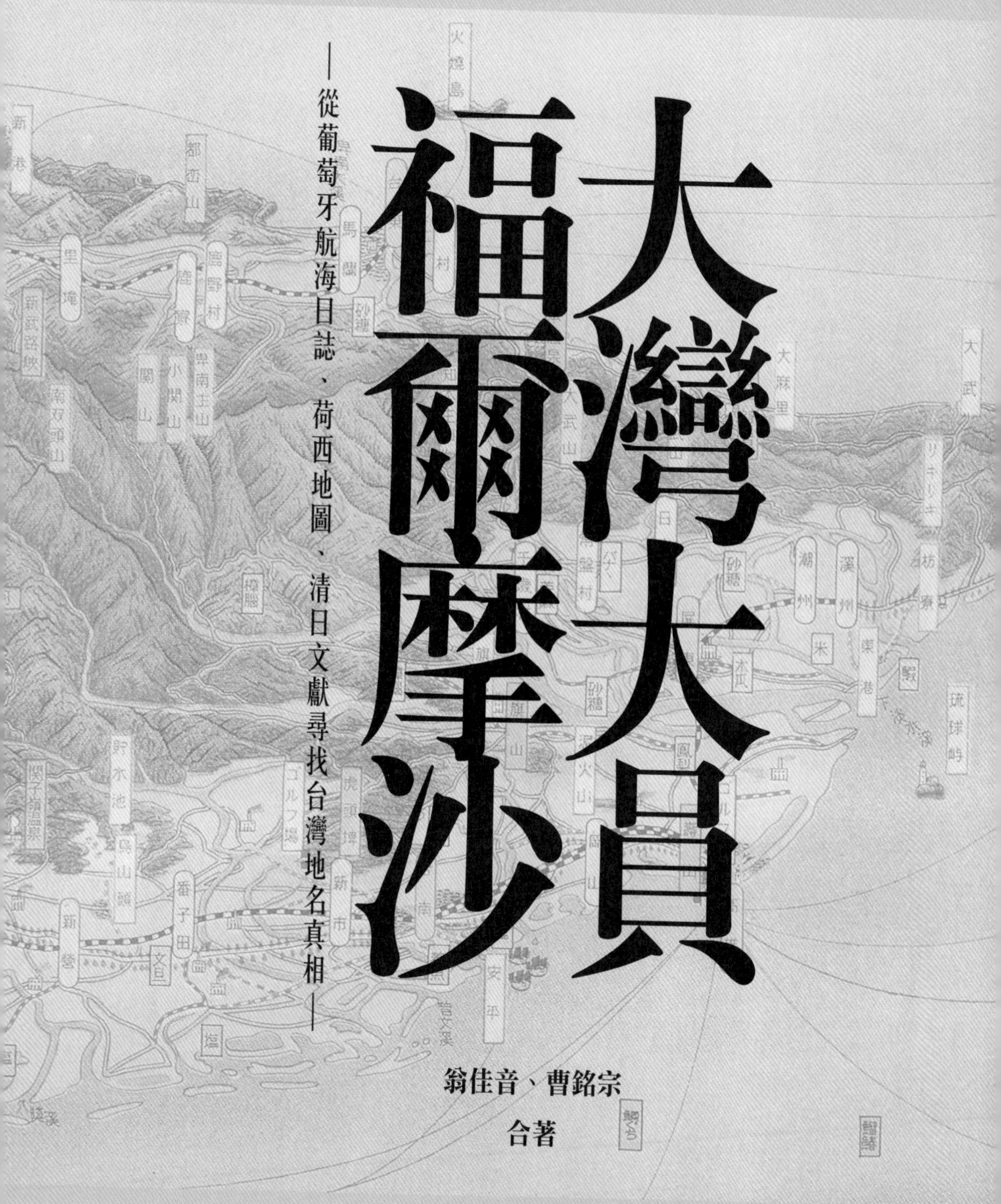

大灣大員福爾摩沙

——從葡萄牙航海日誌、荷西地圖、清日文獻尋找台灣地名真相——

翁佳音、曹銘宗
合著

專業推薦

地名揭露土地的來歷，保存遊子的記憶。單獨看來只屬於我，或者屬於你；合起來其實是大家的心事。翁佳音與曹銘宗仔細剖析，巧妙落筆，讓我們一方面在古今史地裡頭馳騁，一方面也多多認識了這塊土地的傳奇。

——陳國棟／中央研究院歷史語言研究所研究員

綜觀這島嶼不僅有多元族群，歷代政權也給予不同的命名，歷經漫長歷史演變及語音變化，今日看似簡單的地名，皆有待抽絲剝繭、重新認識。

地名學（Toponymy）即是研究地名緣起、讀音、含意、演變、分布及其與自然、人文環境關係的學科。本書結合史學與地名學，深入探究地名真相，翁佳音深具台灣史學養，解讀歷代珍貴古地圖及文獻。尤其重要是從原住民族母語、葡萄牙、西班牙、荷蘭等語音，或福建語、客語及北京官話加以追溯。另一位作者曹銘宗文筆流暢清晰，本書圖文並茂，可讀性甚高。

——黃美英／暨南大學歷史學系講師，台灣原住民族研究、人類學者

地名是人類歷史發展的活化石，地名上堆疊的記憶往往似是而非，正本清源直指地名的源起，可遇而不可求。兩位作者的學識和表達，正所謂有童乩 ma 愛有桌頭。這本書值得關心台灣的人一讀。

——許雪姬／中央研究院台灣史研究所研究員

歷經東西方許多國家政權統治過的台灣，地名、文物名稱亦因而呈現多元。由學術文獻研究台灣早期歷史的翁佳音，與從民間涉獵台灣文史的曹銘宗，兩人合作迸出的火花，使本書兼具學術價值與可讀性。

——蔡錦堂／台灣師範大學台灣史研究所教授

本書利用葡、荷、西、日、中，以及泉、漳、客方言和原住民等語文之發音、文獻、航海圖、地圖和圖像資料來解讀台灣地名的由來，既有根據來破解傳說又以活潑生動的語文來說明，讓讀者對台灣地名進行一次尋根之旅。

豐富的地圖和文獻史料及配合簡單易懂的書寫，呈現出台灣地名的多元性格以及中西文化交流之本土化過程，很值得一讀。

——鄭永常／成功大學歷史系教授

地名研究是地方史研究的基石，兩位作者直接解讀葡萄牙、荷蘭、西班牙地圖史料，引用清、日文獻佐證，邏輯性的論證各地地名的源流與特別之處，可做為台灣史研究入門者的指路明燈。

——王志宇／逢甲大學歷史與文物研究所教授

閱讀或書寫台灣，必定會碰到許多老地名，市面書籍未必能解答其沿革，有太多的人云亦云或望文生義。本書解答許多謬誤、迷思，從源流釐清由來，讓人擊節叫好，並搭配多幅早期珍貴地圖，更是難得一見，值得閱讀與典藏。

——陳政三／台灣研究者

地名，相關語言學、感情、審美和實用，具有故事和歷史意義，不只告訴我們生活在什麼地方；特別的區域、建築、聚落、人家、產地、街道或海灣名稱的由來，其原始、時間流變、分類、自居心理或同化等等，都具有歷史、社會和文化意義。因此地名或命名模式，除了幫助認識當地歷史和發展，也可以視為當地人的文化遺產。台灣地名的書寫和出版，翁佳音和曹銘宗兩位先生，根據各種中外古今地圖、文獻、語言，細緻辨證和考據，除了是有趣的書寫，還是從來沒有的創舉；可以說是開啟了台灣地名志或地名研究（Toponymy）的方法和結果。

——東年／前歷史月刊社長、小說家

每天慣用華文的你我，以方塊字認識世界，卻也被漢字所囿限。當看到「田納西」地名，直覺以為是在美國西邊的農業區，實則為偏東的工業州。台灣地名也絕不能望文生義，透過台灣史專家的解讀和文史工作者的生動筆觸，絕對帶給您一個不一樣的福爾摩沙！

——吳中杰／高雄師範大學客家文化所副教授、《台灣客家地圖》作者台灣是我們賴以生存的地方，認識生長地方的過去、現在乃至未來是老天爺賦予的職責，從地名去認識和了解，不但簡單而且寓意深遠。

——葉倫會／台北散步者兼海關博物館創館館長

一位是才識兼具，總能在史料夾縫見人所未見的歷史學家，另一位是嗅覺敏銳、筆趣盎然的新聞記者，兩人都癡迷於台灣地名的考證，喜愛推敲各種語言文本與俗諺。讀者有福了，這是一本完全不落俗套，讓人充分享受探索樂趣的歷史書。

——詹素娟／中央研究院台灣史研究所副研究員

總在回憶的過程，才發現自己遺忘許多。「失憶」似乎是多重殖民傷痕下的必然病症，但《大灣大員福爾摩沙》拒絕這樣的宿命觀，它透過地名來源的探索，帶領讀者回到過去。重要的，或許不是找出答案，而是走過這趟歷史，認識了它。

——高嘉勵／中興大學台灣文學與跨國文化研究所助理教授

歷史是時間學，昭示台灣民族的生成；地理是空間學，顯現台灣國家的所在。本書取材上穿越時空，寫作上結合史地，鋪陳出台灣乃一道七色彩虹：原住民、閩南、客家、中國、日本、新住民、歐美，多元文化交織成瑰麗寶島。

——楊典錕／台灣大學歷史學系助理教授

地名是先人留下的密碼。樂見文化偵探解密，帶我們追循歷史軌跡，回溯被遺忘的風土體驗。

——于國華／台北藝術大學藝術行政與管理研究所助理教授

深入專業、淺白鋪陳，重新編織出歷史地名的前世今生。或許讓人更貼近事實，知道基隆不是雞籠（參見本書頁30）；也或許仍只能停留在借問「干豆媽」的迷霧中（參見本書頁46）。但是，對於想要更深入認識這塊土地的朋友來說，相信透過古地圖的實證再搭配專家學者的解說，一定可以有深入的體會與收穫。

——李彥龍／中山女高教師

台灣島，自古有人，自古有物；人傑地靈，物豐天應。這本與台灣島有關的書，以地為軸，轉動了這塊土地百千年來的歷史風情、人物變化。人有情義，地名昭昭；物有豐饒，地名遙遙。在地名的溯源之旅中，輕風拂手，快哉！

——伍少俠／台中二中歷教老師

此書透過空間軸的概念來介紹台灣史，尤其從我們熟悉的台灣地名出發，頗具可讀性與趣味性。再加上又有台灣史權威翁佳音先生的解讀與佐證，及書中豐富舊照片與古地圖，都讓此書的價值性大為提高。該書的內容還可提供中學歷史教師與學生之課外知識的深化，實為一本值得推薦的好書。

——王偲宇／壽山高中歷史教師

黎巴嫩的南部小城 Saida，原來是台語「肥皂」的念音，台灣的地名也是如此，稀奇古怪的地名，透過翁佳音老師的考據，葡、荷、西、英、中、日等，都留下了足跡。地名只是一個名稱，不像古蹟可以看到觸摸到，但透過本書的說明，每個地方都有了生命。

——水瓶子／青田七六文化長

《大灣大員福爾摩沙》是資深文化記者兼傑出導遊作家曹銘宗先生，繼前年《台灣史新聞》後另一佳作，不但嘉惠台灣土地文史者，也是資深導遊和領隊從業人員值得參考的工具書。本書使用大量葡萄牙、荷蘭、西班牙地圖史料，引用清、日文獻佐證。「小筆記」欄中簡單易懂的資訊，以及平時搞不懂的稗官野史，透過本書便能明白，期待將本書內容用鄉土但親切的口條、輕鬆詼諧幽默的語氣，分享給來到寶島台灣的旅客們。

——James 張明石／四十年資深導遊領隊

目次

卷一　台灣地名源流

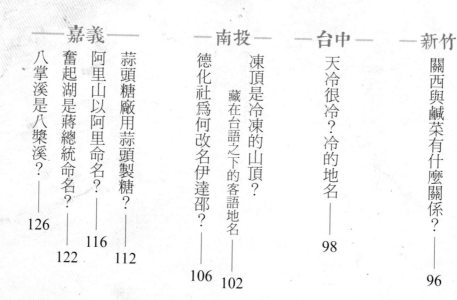

新竹

台中

南投

嘉義

台南

高雄

屏東

宜蘭

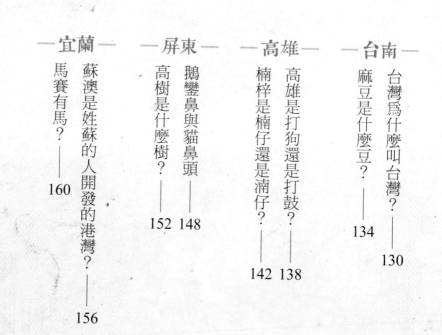

卷二 常見地名

卷三 命名原則

參考書名——262

索引——263

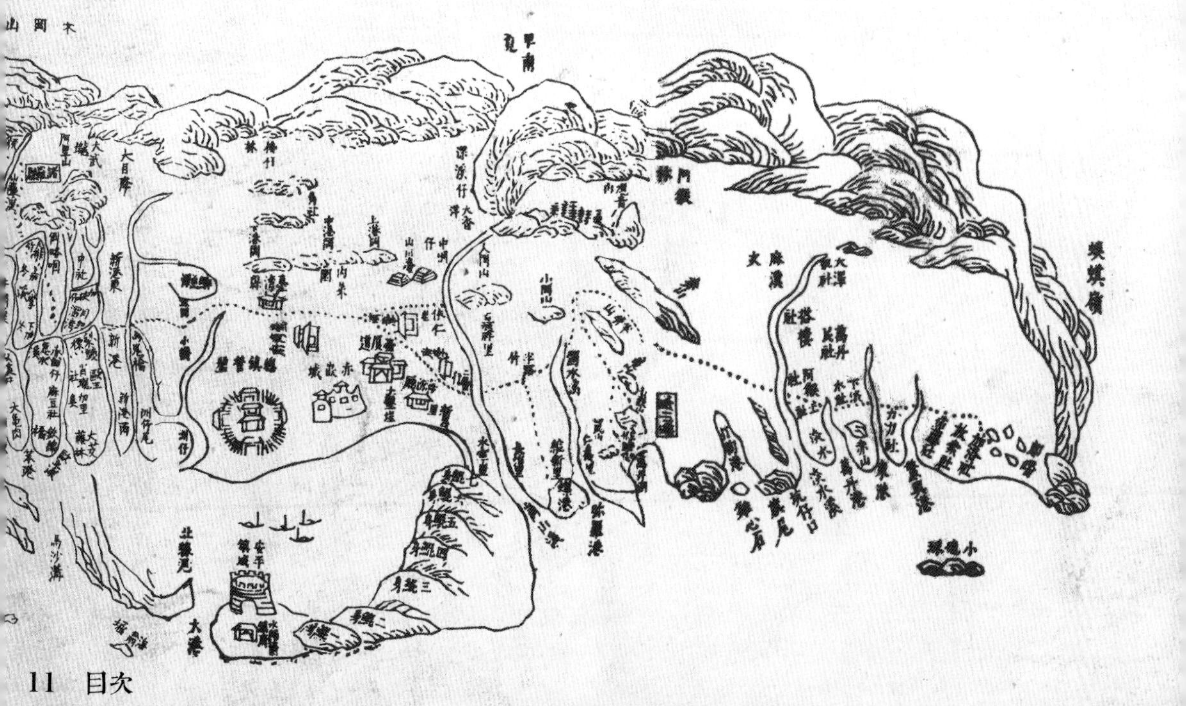

地名學，是一門學科

翁佳音

日常生活中，我們面對友人名姓、公司行號，行車經過之站牌，甚至是世界各國國名、都市名，難免有時會想：為何這樣取？有心者，或許會更進一步追求解答。其中，台灣（台澎金馬）各地地名的產生與變化，可能是相當重要的項目。從以前到現在，一直是不少人興趣談論，以及想要了解的對象。

清代，就已經有人說：「臺地諸山，本無正名，皆從番語譯出」（《臺海使槎錄》），正顯示自古以來，人們業已知道台灣地名之難解，以及具有非中國風味的一面。另一方，清代官編史書也不忘對地名提出解釋，例如說打狗（高雄）：「其山踞海岸上……其形如鼓，故名」；講雞籠（基隆）：「……形如雞籠，因以為名」（《重修台灣府志》），可惜，清代人並未別開一面討論。

日本時代，日本學者與官僚受到近代地理學的影響，開始有台灣地名的系統登錄、標音與解釋，並有詞典書籍刊行，奠定台灣地名科學性研究的基礎。戰後，有關地名文章、書籍，雖談不上汗牛充棟，卻不算少數。諸家各持一說，有時還真讓讀者難以適從。

文章一開頭所講種種命名的來源探討，在學術上，歸屬名源學（Onomastics）研究範圍。地名（toponymy, place-names），亦為名源學之流。長久以來，國內各地地名的解釋，業餘愛好者所占比例不少，可見這個議題，具有日常生活的親密與通俗性。不過，地名解析與研究，牽涉到地理學的自然、人文地理，也涉及語言學之構詞、語音，以及語義、文字學等，進而與文獻學、時代脈絡等歷史學關係密切，嚴格說來，這確實是一門獨立學問，應與其他學科並駕齊驅。

正因為這個原故，有意繼續探討地名流變，以及正確音聲、文字表記的地名愛好人士，總得花一點時間參考與學習地理、語言與歷史學方面的學術論著。無論如何，地名研究是一門學科，不能重蹈以前僅憑聽聞和推想的業餘興趣，要取信於人而成為定說，需經學術規格不斷檢驗。

截至目前，地名研究之學術成果，多來自地理學出身的學者所調查與解釋。畢竟，地理學（geography）研究對象之一的地表形態，是土地、地點（topo-），地理學者所調查、測繪與記述，便是地形學或地誌學（topography）的內容。就中，有關土地之命名，亦為地誌學或人文地理學，也就是地名學（toponymy）的範疇。必須提醒的是，人文地理學在草創之初，歷史學出身的學者即貢獻不少力量，例如法國著名的人文地理學者 Paul Vidal de la Blache，他本身就是歷史家。所以，地名學研究，不能忽略歷史學的研究方法。

現在您手上這本書，書中問題意識、視野與方法之出發點，便是歷史學，由歷史文獻學等方法論逼近地名音義。畢竟，文獻之應用與解析，是歷史學專長。本書所以出現一些有異於通論之新說，說是來自歷史學、歷史結構想像力的發揮，也不算誇張。這裡姑且舉兩個論證例子，證明所言不妄：

(一) 基隆有順序之五堵、六堵，與七、八堵，向來多解釋命名起源為防番機構。但從歷史脈絡思考，這一地帶在十七世紀已是北部重要橫貫道路，原住民早已非「生番」可言。所以，防番之說難以成立。進一步，既然地名帶有數字順序，理論上應有一到四堵之名，但這可不能隨意想像，還得找文獻紀錄，或不厭其煩求問當地耆老。拜今日文獻數位化之賜，在電腦網路中鍵入「頭堵」、「二堵」，果然可在汐止地方文書上找到佐證。再放回地形脈絡上，則更可確定一到八堵之

位置與距離有規則，均屬河流彎曲處。這就更能證明「堵」，是台灣閩南語指「隔間」、「壁」之「堵 tóu」，與防衛機構無關。

語音與表記一旦清楚，那就進一步可理解新北市淡水區的「埤島」，原來是「埤堵（pi-tóu）」，指蓄水處的水閘。台北市被誤為一小島的「社子島」，原為「社仔」與「葫蘆堵」兩舊地名合體，即「社子堵」，後來演變為很容易讓外人誤會的「社子島」。社仔，是台北著名麻少翁大社所附屬之小社；葫蘆堵，不用說，是指基隆河河曲，狀似葫蘆的「堵」。

（二）宜蘭「蘇澳 Sou-ò」，目前幾乎是一致被斷言起源於蘇姓所擁有之灣澳，但所示證據均屬渺茫傳言，無法定讞。目前雖無直接文獻可徵，若回到地理、歷史結構角度探索，則可知蘇澳灣澳，自古迄今，一直是東部台灣唯一可容大船停泊之港。十七世紀西班牙人把這港口地區命名為 St. Lorenzo，荷蘭人延續，並以荷蘭語風 St. Lourens 標記於地圖上。Lorenzo 澳，用台灣閩南語念，是：「路連蘇澳 Lōu-liân-sou-ò」，日久口語簡化成「蘇澳」，自可預期。

這可不是無直接證據情況下而膽敢隨意推測，是有歷史結構在規範著想像的。西班牙人統治過淡水、雞籠（基隆），與宜蘭花蓮一帶，正如他們在美洲殖民地都會改成西班牙式的地名（荷蘭人倒沒這種作風），本書所論也提到，除大家都知道的三貂角（St. Jago）之外，還有一些被遺忘之西班牙語風地名，如野柳、哆囉滿等。野柳、哆囉滿地名，望漢字，真的很難生出實際意義來。賴給已呈死語的原住民語，雖然安全，卻非誠實學問。用歷史脈絡，推論蘇澳也是北、東台灣的西班牙風地名之一，至少還保留後續的討論與核證空間。

以上所說，都是歷史文獻、結構想像，也不脫語音、語意學與地理學論法。總之，本書所提出之再解釋假說，均屬可不斷再檢證的另一選擇（alternative），可說已擺脫業餘愛好者易淪於天馬行空臆測之弊害。台灣既然屬於多族群先後移居之地，用各種族群所留下的口傳或文獻，繼續再解構、再重建我們周圍的地名，顯然還有一段路可走。

我相信，透過資深記者老友曹銘宗先生的深入淺出敘述，以及貓頭鷹編輯部張瑞芳等人的細心補充資料與編輯，一般讀者絕對可從本書中學得不少地名之歷史研究方法。書中所示理論與方法，乃至文獻，不少是我因應老友與編輯而提出。因此，書中若有錯謬，頭號戰犯是我，我虛心受教。

最後，以如下意見收尾。地名，是歷史重要一部分；地名標記與解釋，或更改，若有不當，易造成歷史混亂。曾有學者說：恣意更改地名，就是竄改歷史。信然。地名研究若再成風潮，一方面可防止官方無深思熟慮地更新地名。另一方面，因地名學具有日常生活與通俗性，若擁有本書所舉示的學問技術後，再透過地名之窗看過去，那麼，我們真的可以在現實旅遊休閒外，同時又可享受歷史之旅的愉悅！

當福爾摩斯遇見福爾摩沙

曹銘宗

我做過台灣文史記者、主編、作家、講師，近年來又兼任英語、華語導遊，以及台灣文創、休閒農業參訪團顧問，所以相當注意台灣地名源流。但我發現，政府機構對很多著名地名的解說，卻常見錯誤或欠缺說服力。

以下先舉幾個例子，看看這些地名由來的官方說法是否合理？以及我提出的質疑。

貓空（台北文山）：「此地因河流沖刷在河床上形成很多凹凸不平的壺穴，台語稱之『皺空』（Jiâu-khang），後來被錯寫成諧音的『貓空』（Niau-khang）。」事實上，台灣很多地方都有壺穴地形，而以基隆河流域最多，基隆暖暖地區最密集，但並沒有「皺空」的說法。

九份（新北瑞芳）：「這裡最早住著九戶人家，對外採購都要求先分成九份，再運送到此。」這種說法似乎言之成理，但如果九份地名由來是把運送物資分成九份，那麼如何解釋其他的十分、八分、七分、六分、五分（分是份的簡寫）等地名呢？

卯澳漁港（新北貢寮）：「從高處俯視灣澳，或從海上瀏覽灣澳溪流，形似卯字。」請問，海灣如何長得像一個筆畫不算簡單的「卯」字呢？

凍頂山（南投鹿谷）：「本鄉種植烏龍茶於凍頂山，據說因先民早年無鞋可穿，寒冬必須凍著腳尖上山頂而得名。」這種說法很好笑，先民不會穿草鞋嗎？

阿里山（嘉義）：「相傳本地昔日山胞頭目名曰阿里（或稱阿巴里），遂將此獵區稱為阿里山。」哈！頭目名字再加一個字就變「阿里巴巴」了。

奮起湖（嘉義阿里山）：「原名畚箕湖，以地形如畚箕而得名。相傳當年蔣經國（或蔣中正）總統乘坐阿里山鐵路視察，認為畚箕二字不雅，就改名諧音的奮起。」但是，早在日本時代，阿里山鐵道就有「奮起湖驛」的站名了。

高樹（屏東）：「日本時代初年設高樹下庄，後來簡化為高樹庄。高樹地名由來，傳說因早年村內有一棵高大的木棉樹而得命。」事實上，中文辭典並沒有「高樹」這條詞彙，因為華人形容樹木高大會說大樹，不會說高樹。在日本，一般形容樹木高大都說大樹或巨木。

蘇澳（宜蘭）：「清代移民團統領蘇士尾率人來此港灣，故以蘇命名。」但是，在清代文獻中找不到有移民「頭人」或「墾首」名叫蘇士尾的資料，現今蘇澳也未流傳蘇士尾的事蹟。

紅葉溫泉（花蓮萬榮）：「昔時為阿美族住地，因多山貓而稱高藥，其地狀狹長陰翳故譯紅葉。」這是說紅葉村因土地形狀而得名，但最早可能先畫地圖再取地名嗎？而「高藥」又與山貓有什麼關係？

談台灣的地名，先要談台灣的歷史。台灣先有原住民族，後有各種移民，四百年來歷經荷蘭、西班牙、明鄭、大清、日本、中華民國的統治，政權經常更迭，加上族群非常多元，使得地名源流變得十分複雜。

在台灣，現在用中文寫的地名，可能是原住民語（現有十六族，還有很多消失或凋零的平埔族群）音譯，歐洲語（葡萄牙語、荷蘭語、西班牙語等）音譯，漢人的福建語（漳州、泉州、福州等）、客家語（四縣、海陸等）、明清官話（北京語），以及日本語的漢字（可能音讀或訓讀）。

因此，探討台灣地名的由來，必須聽音辨義，不能望文生義。例如野柳（新北金山），很容易想到是野生的柳樹，但野柳位海邊，哪有柳樹？例如松山（台北），很容易想到是長滿松樹的山，但松山不只沒有松，甚至不是山；松山舊名錫口，但錫口也不產錫。

台灣較有系統的研究地名由來，始於日本時代日本學者伊能嘉矩的《台灣地名辭書》、安倍明義的《台灣地名研究》。戰後，台灣地名由來的解說，也大都以這兩本著作為基礎。

然而，台灣地名源流涉及台灣的歷史及複雜的語言，伊能嘉矩、安倍明義以外來的日本人，在研究上想必力有未逮。他們解說的台灣地名由來，很多都說源自原住民語，但未加說明或沒有證據，所以現在就無法對證了。例如安倍明義說鵝鑾鼻（屏東恆春）的地名是由當地排灣族語「Goroan」（中文音譯鵝鑾）+台語「鼻」（岬角之意）組成，而Goroan指帆船。但是，目前的排灣族語卻沒有Goroan這個字。

今天，如果想探索多元族群語言由來的台灣地名，需要有如福爾摩斯偵探推理、科學解析史料的精神。因此，當我想找一位可以諮詢台灣地名源流的人，則非中央研究院台灣史研究所的翁佳音先生莫屬了！事實上，翁佳音研究台灣地名源流的能力，加上現今所擁有的工具，包括台灣原住民各族語言辭典，以及地理資訊系統（GIS）等，已非當年伊能嘉矩、安倍明義所能及。翁佳音以台灣史研究見長，他的母語是漳泉語，他還精通日語、歐洲語，尤其他可以直接閱讀十七世紀的荷蘭、西班牙史料。

在我當文史記者時，翁佳音就是我的採訪對象。這次，我再化身記者，向翁佳音採訪台灣地名由來，經過我無數次的詢問，他毫不保留的解答，終於寫成了這本書。我在寫好每一篇後，常先貼在我們兩人的臉書上，聽取多方意見，再做修補定稿。

在此特別一提我們兩人合作的一件美事。我是基隆人，以前從基隆搭火車到台北，經過八堵、七堵、六堵、五堵，但多年來沒有人知道消失的四堵、三堵、二堵、頭堵在哪裡？結果，翁佳音先找到一份清代的地方契約書，再以地理資訊系統比對，終於確定了從頭堵到四堵的位置。原來，頭堵位在當年的「橫柯庄」，今天汐止的橫科里，正好就在翁佳音住家附近。

本書並不是有系統的研究台灣各縣市地名源流，只是對現在很多常見的地名，但地名由來卻因循舊說、語焉不詳，甚至望文生義、似是而非，提出了修正，或是較具說服力的解答。例如福爾摩沙、台灣、基隆（雞籠）、高雄（打狗）等大地名的由來，多年來幾已定案，但本書仍提出有憑據的新見解。

此外，特別要再感謝翁佳音提供大量佐證地名由來的地圖、文書、圖像，其中有很多是他個人多年來的蒐集。

本書最後附有一篇「地名謎猜」，收集很多流傳多年、以台灣地名為謎底的謎語。一九九五年我擔任聯合報鄉情版記者時，曾開闢「台灣地名謎猜」專欄，介紹與台灣地名有關的「謎猜」或「燈猜」。現在我重新整理增訂，以饗讀者。

最後我們要強調，本書對很多台灣地名由來提出新的看法，並不是宣布蓋棺論定，而是希望可以打開討論風氣，因為研究地名可以了解命名的本意和土地的身世，讓大家更加愛惜自己安身立命所在的台灣。

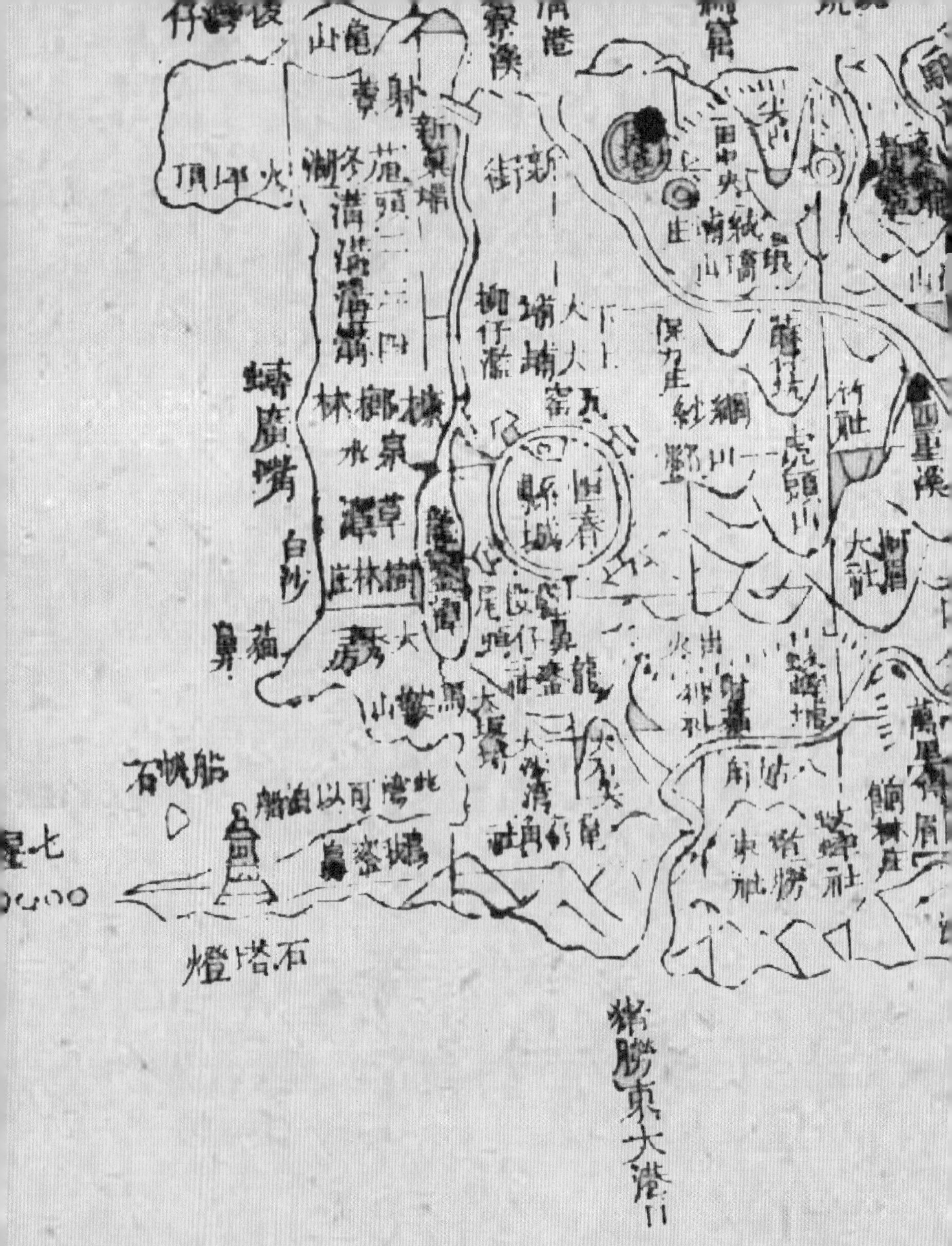

恆春縣城
射寮
新街
船帆石
此灣可以漁船
鵝鑾鼻

卷一

台灣地名源流

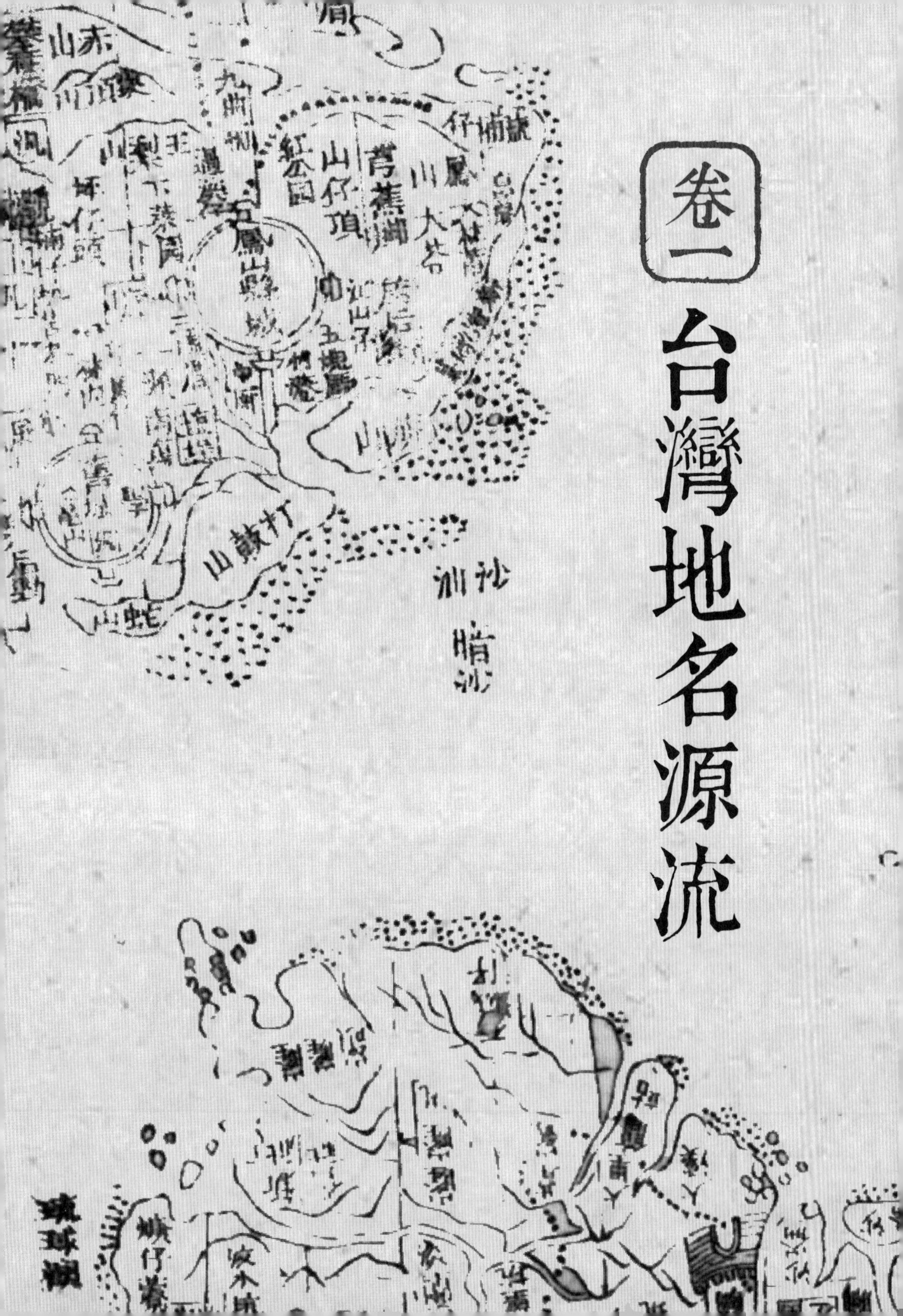

福爾摩沙專指台灣？

福爾摩沙（Formosa）是台灣的洋名，至今還在使用，地名起源常見的說法是：「十六世紀中葉，葡萄牙船員航行經過台灣，從海上看到台灣高山峻嶺、林木蒼鬱，大呼 Ilha Formosa！」葡萄牙語 Ilha 是島，Formosa 形容美麗，這是台灣又稱「美麗島」的由來。

然而，這種說法並無明確文獻可考，可能只是美麗的想像。

葡萄牙船隊是經過東海岸還是西海岸？

曾有人推測，當年葡萄牙船隊經過台灣，一定是沿著東海岸前進，才會看到壯麗的山海景觀。至於教育部國語辭典對「福爾摩沙」一詞的解釋也是：「十六世紀葡萄牙人航經台灣東部太平洋時，遙望台灣山明水秀，因稱之為福爾摩沙……。」但這種說法顯然不通，因為當年葡萄牙人往來中國澳門與日本九州、大阪之間的航線，是在台灣的西邊。

根據當年葡萄牙航海日誌，葡萄牙船隊從澳門出發到日本共有兩條航線：一、沿著中國東南海岸走到浙江寧波，再向東往日本。二、沿著海岸走到福建廈門、金門，即向東北往琉球（今日本沖繩縣），再北上日本。第一條航線並未經過台灣，第二條航線則可能經過台灣北部的基隆（和平島）。

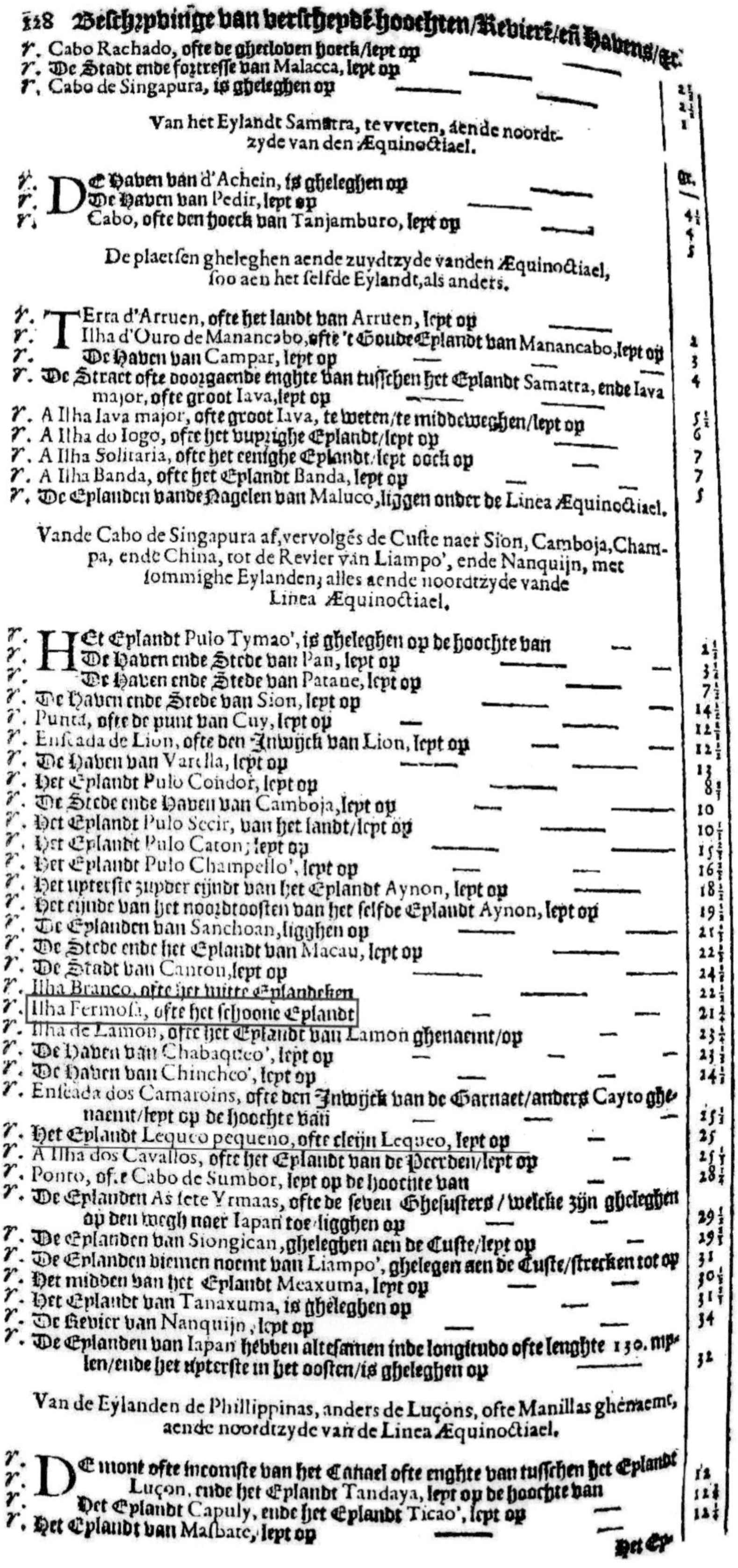
128 Beschryvinge van verscheyde hoochten/Revieren/en Havens/&c.

r. Cabo Rachado, ofte de ghecloven hoeck/leyt op 2½
r. De Stadt ende fortresse van Malacca, leyt op 2½
r. Cabo de Singapura, is gheleghen op 1

Van het Eylandt Samatra, te vveten, aende noordtzyde van den Æquinoctiael.

Gr.

r. De Haven van d'Achein, is gheleghen op 5½
r. De Haven van Pedir, leyt op 4½
r. Cabo, ofte den hoeck van Tanjamburo, leyt op 5

De plaetsen gheleghen aende zuydtzyde vanden Æquinoctiael, soo aen het selfde Eylandt, als anders.

r. Terra d'Arruen, ofte het landt van Arruen, leyt op 2
r. Ilha d'Ouro de Manancabo, ofte 't Goude Eylandt van Manancabo, leyt op 3
r. De Haven van Campar, leyt op 4
r. De Straet ofte doorgaende enghte van tusschen het Eylandt Samatra, ende Iava major, ofte groot Iava, leyt op 5½
r. A Ilha Iava major, ofte groot Iava, te weten/te middewegen/leyt op 6
r. A Ilha do Iogo, ofte het vuyrighe Eylandt/leyt op 7
r. A Ilha Solitaria, ofte het eenighe Eylandt/leyt oock op 7
r. A Ilha Banda, ofte het Eylandt Banda, leyt op 5
r. De Eylanden vande Nagelen van Maluco, liggen onder de Linea Æquinoctiael.

Vande Cabo de Singapura af, vervolgēs de Custe naer Sion, Camboja, Champa, ende China, tot de Revier van Liampo', ende Nanquijn, met sommighe Eylanden, alles aende noordtzyde vande Linea Æquinoctiael.

r. Het Eylandt Pulo Tymao', is gheleghen op de hoochte van 2½
r. De Haven ende Stede van Pan, leyt op 3½
r. De Haven ende Stede van Patane, leyt op 7½
r. De Haven ende Stede van Sion, leyt op 14½
r. Punta, ofte de punt van Cuy, leyt op 12½
r. Ensada de Lion, ofte den Inwijck van Lion, leyt op 12½
r. De Haven van Varella, leyt op 13
r. Het Eylandt Pulo Condor, leyt op 8½
r. De Stede ende Haven van Camboja, leyt op 10
r. Het Eylandt Pulo Secir, van het landt/leyt op 10½
r. Het Eylandt Pulo Caton, leyt op 15½
r. Het Eylandt Pulo Champello', leyt op 16½
r. Het uyterste zuyder eyndt van het Eylandt Aynon, leyt op 18½
r. Het eyndt van het noordtoosten van het selfde Eylandt Aynon, leyt op 19½
r. De Eylanden van Sanchoan, ligghen op 21½
r. De Stede ende het Eylandt van Macau, leyt op 22½
r. De Stadt van Canton, leyt op 24½
r. Ilha Branco, ofte het witte Eylandeken 22½
r. Ilha Fermosa, ofte het schoone Eylandt 21¼
r. Ilha de Lamon, ofte het Eylandt van Lamon ghenaemt/op 23¼
r. De Haven van Chabaqueo', leyt op 23½
r. De Haven van Chincheo', leyt op 24½
r. Ensada dos Camaroins, ofte den Inwijck van de Garnaet/anders Cayto ghenaemt/leyt op de hoochte van 25½
r. Het Eylandt Lequeo pequeno, ofte cleijn Lequeo, leyt op 25
r. A Ilha dos Cavallos, ofte het Eylandt van de Peerden/leyt op 25½
r. Ponto, ofte Cabo de Sumbor, leyt op de hoochte van 28¼
r. De Eylanden As sete Yrmaas, ofte de seven Ghesusters/welcke zijn gheleghen op den wegh naer Iapan toe/ligghen op 29½
r. De Eylanden van Siongican, gheleghen aen de Custe/leyt op 29½
r. De Eylanden diemen noemt van Liampo', ghelegen aen de Custe/strecken tot op 31
r. Het midden van het Eylandt Meaxuma, leyt op 30½
r. Het Eylandt van Tanaxuma, is gheleghen op 31½
r. De Revier van Nanquijn, leyt op 34
r. De Eylanden van Iapan hebben altesamen inde longitudo ofte lenghte 130. mijlen/ende het uyterste in het oosten/is gheleghen op 32

Van de Eylanden de Phillippinas, anders de Luçons, ofte Manillas ghenaemt, aende noordtzyde van de Linea Æquinoctiael.

r. De mont ofte incomste van het Canael ofte enghte van tusschen het Eylandt Luçon, ende het Eylandt Tandaya, leyt op de hoochte van 12
r. Het Eylandt Capuly, ende het Eylandt Ticao', leyt op 12½
r. Het Eylandt van Masbate, leyt op 12½

Het Ey-

▶本圖出自葡萄牙人的航海表。此為葡萄牙人航行於中國沿海一帶的緯度表。畫紅線之處的譯文如下：

1.「福爾摩沙島，又名美麗島……緯度21 1/4」

2.「小琉球島，又名小琉球，緯度25」

顯然二者所述都不是指緯度23的臺灣本島。

資料出處：十六世紀林斯豪頓（Jan Huygenvan Linschoten）出版的《東印度水路誌》（Itinerario）一書。

Formosa 是琉球還是台灣？

葡萄牙人最早標示的 Formosa，看來並不像台灣。從當年的葡萄牙航海圖來看，Lequeo grande（大琉球）、Liqueo Pequeno（小琉球）、Formosa 都屬琉球群島的島嶼，但標示的位置卻不太固定，Formosa 有時在最北，有時在中間，很少在最南。因此，葡萄牙人標示的 Formosa，最早應該是指台灣北方的琉球，有關 Formosa 的位置，因於當年歐洲海權國家的記載並不明確，彼此又視海洋地理資訊爲商業機密，所以在標示上常會爾虞我詐。直到一五八二年，葡萄牙人才明確以 Formosa 指台灣。而後來的荷蘭人，也沿用 Formosa 來稱呼台灣。

※ 早期地理名詞寫法依不同語言、口音、符號演變有所不同，因此本書中引用之地圖文獻常見一地有多種寫法。例如：Formosa 和 Fermosa。

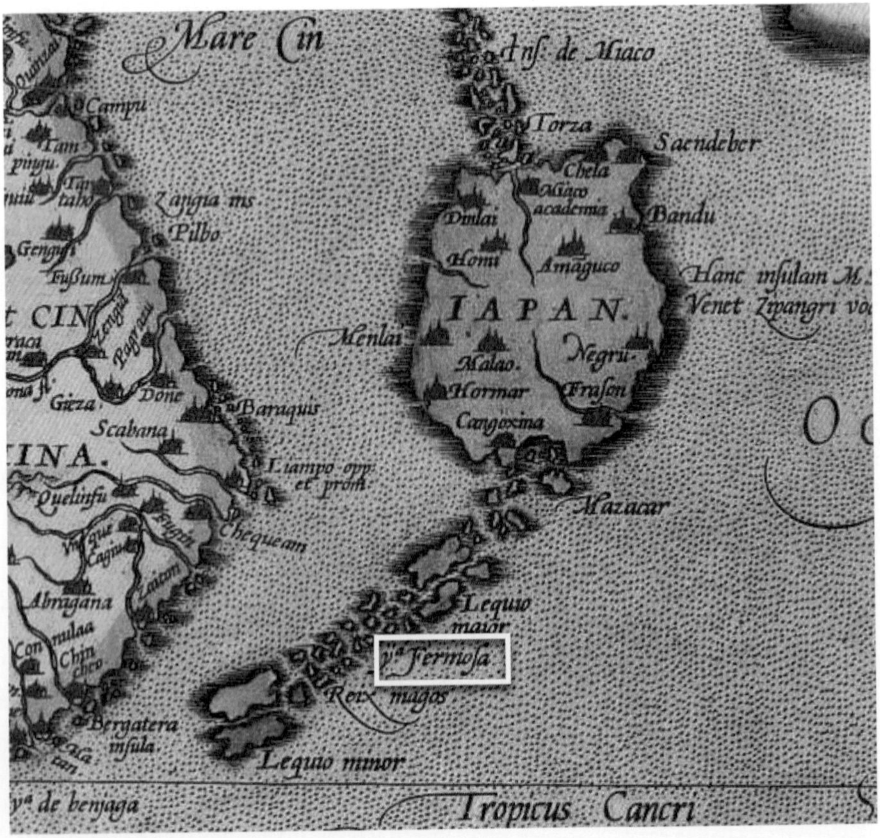

▲ 十六世紀葡萄牙人繪製。圖中標示的 Fermosa，與日本 IAPAN 非常接近，且未跨越北回歸線。在圖中的 Fermosa 北方有 Lequio maior（大琉球），南方有 Lequio minor（小琉球）。（圖源：國立臺灣歷史博物館）

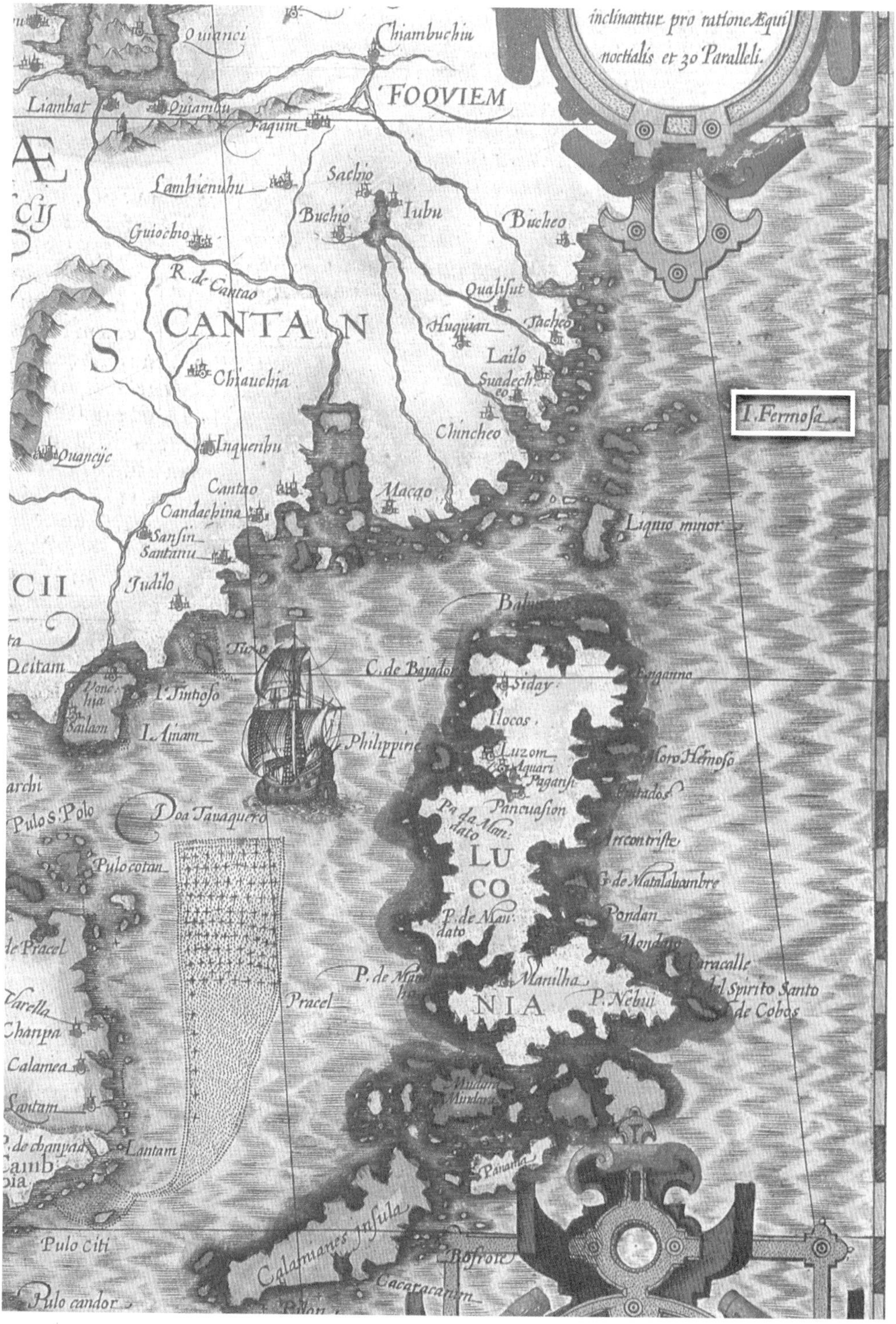

▶十六世紀葡萄牙人繪製。圖中 I. Fermosa，所標示的是一群小島，尚未標出今日台灣的樣貌。南方有 Liquio minor（小琉球）。（圖源：國立臺灣歷史博物館）

世界各地的Formosa

在西班牙人方面，西班牙航海家法蘭西斯哥（Francisco Gali）在一五八四年奉命尋找新港口，他從西班牙的美洲殖民地墨西哥出發，橫渡太平洋（北緯十五度）來到東亞，最後又從太平洋（北緯四十五度）返回美洲。他在航海日誌中爲台灣取了西班牙語的名字Hermosa，意思與葡萄牙語的Formosa一樣。

不過，Formosa之名並非台灣獨有。事實上，歐洲自十五世紀大航海時代（地理大發現）以來，在歐洲、非洲、美洲、亞洲的很多城市、山脈、湖泊、河流、海灣、島嶼等，都以Formosa命名，但以台灣的「Formosa」最具國際知名度。

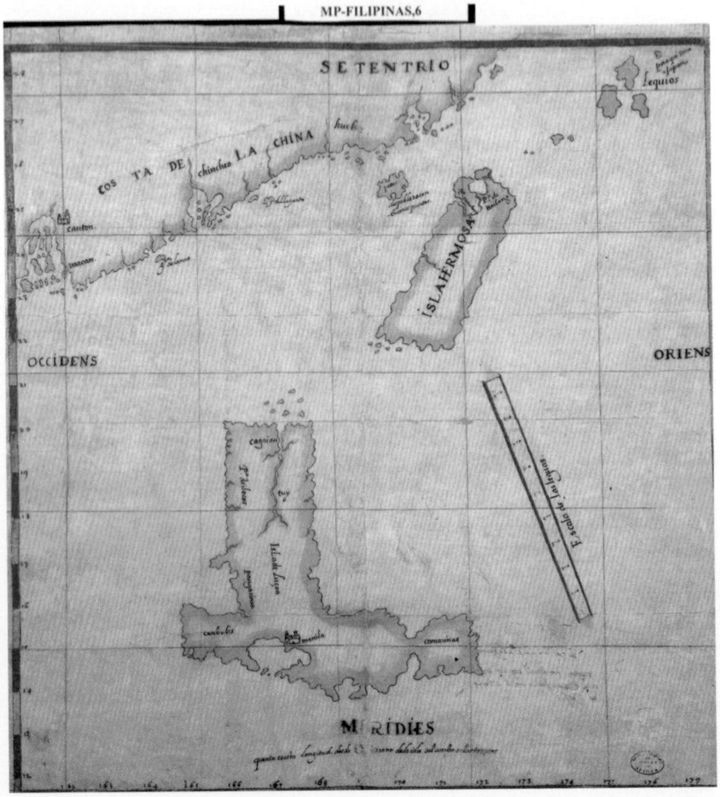

▶一五八二年葡萄牙在台灣發生的一場船難，引起西班牙人的注意與調查。從此福爾摩沙才比較明確用來指稱台灣。在這張一五九七年西班牙人所繪的地圖中，台灣（HERMOSA）是一座完整的大島，而非零碎不明確的小島群。島上北邊還標注了Puerto de Keilang（雞籠港）和Puerto Tamchuy（淡水港）。（圖源：國立臺灣歷史博物館）

雖然大清帝國已正式使用「台灣」名稱，但歐洲國家直到二十世紀中葉大都稱台灣爲 Formosa、台灣海峽爲 Formosa Strait。一八六九年，英國商人德約翰（John Dodd）引進福建泉州安溪茶種在台灣北部種植成功，即以「Formosa Tea」爲商標，把台灣茶推銷到歐美。直到今天，仍有一些歐美人士習慣以 Formosa 稱呼台灣。

戰後，Formosa 在台灣被音譯寫成「福爾摩沙」，並逐漸通用。Hermosa 則在近年來才被音譯爲「艾爾摩沙」（西班牙語H不發音）。

▲十八、十九世紀東印度公司的茶葉買賣。繪於一七七〇年。（圖源：阿姆斯特丹王立博物館 Rijksmuseum Amsterdam）

小筆記

◆在台灣未正式成為全島名稱之前，中國明朝官方稱之東番（明萬曆二年，一五七四年，明代歷朝官修的編年體史書《明實錄》開始以東番稱呼台灣），日本人稱之高砂國、高山國，葡萄牙人、荷蘭人稱之 Formosa，西班牙人稱之 Hermosa。

◆台灣著名的民歌「美麗島」，以及黨外民主運動的「美麗島雜誌」，即從 Formosa 而來。台灣的第二條南北高速公路（國道三號），則被命名「福爾摩沙高速公路」。

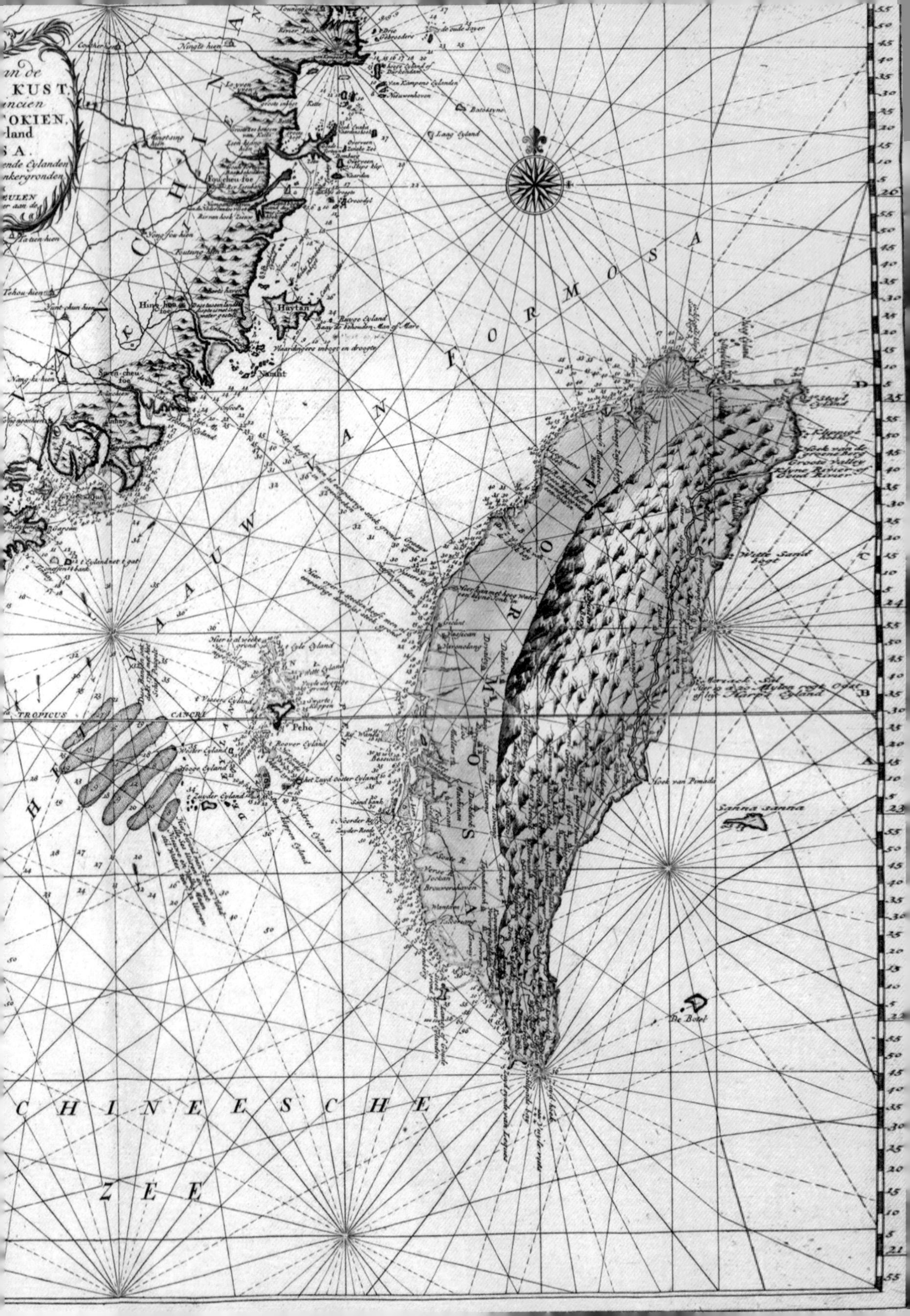

KUST
TOKIEN
FORMOSA
CHINEESCHE
ZEE
TROPICUS
CANCRI
Haytan
Peho
Lang Eyland
Hook van Pimada
Sanna sanna
De Botel
Witte Sand bogt
Zuider Eyland
Vissers Eyland

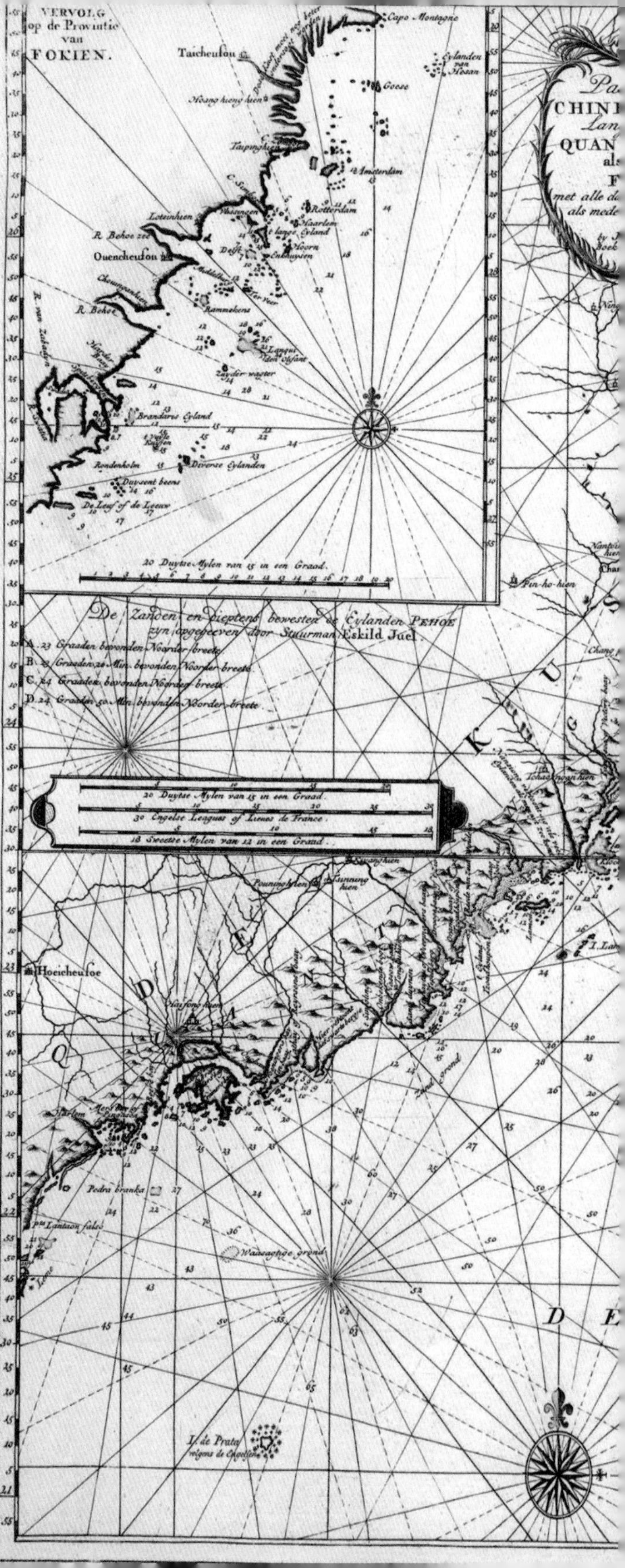

▶當時荷蘭人剛被鄭成功趕出台灣，因而與清國合作打算將台灣重新奪回，此圖為當時荷蘭人 Van Keulen 所繪之中國沿岸閩粵沿海及台灣島航海圖，充分體現了當時人的地理知識，像是從今日的台南到高雄、台東的路線標示，也可見到沿岸以數字標示的水深調查結果。（圖源：國立臺灣歷史博物館）

基隆像雞籠？

基隆的舊名雞籠（台語音 Ke-lâng）從何而來？目前常見有兩種說法：一、從大台北地區的原住民族「凱達格蘭」（Ketagalan），前後音節 Ke+lan 而來；二、從基隆市三面環山、一面向海，有如雞籠的地形而來。

但兩種說法都有問題！

凱達格蘭的諧音？

「雞籠」二字來自凱達格蘭族的說法，出自日本時代的日本學者，但戰後隨著台灣相關研究的進步，開始遭到台灣文史、語言、人類學者的質疑和否定，主要證據之一就是：根據荷蘭、西班牙歷史檔案，大台北地區的原住民族自稱 Basai（在該族語言就是人的意思），在清代文獻也有「馬賽」、「瑪賽」等寫法。

小筆記

一九九六年，當時的台北市長陳水扁，為了打破威權時代的象徵，把總統府前的介壽路（為蔣介石祝壽的命名），改名「凱達格蘭大道」。後來就有台灣史相關學者指出，台北的原住民族是馬賽族，應該叫「馬賽大道」才對。

▶一六二六年西班牙人繪製的基隆港，可以看到當時西班牙人尚未在社寮島上搭建城堡，島上及基隆沿岸可見原住民聚落。雖然後來西班牙人將原住民驅離社寮島，但只要西班牙人及後來的政權一撤離，原住民們便又會重返島上居住。（圖源：國立臺灣歷史博物館）

宛如雞籠？

至於基隆市地形有如雞籠的說法，這是望文生義，因爲根據歷史研究，雞籠最早指的是基隆外海的和平島（日本時代才造橋與本島相連），而非整個基隆市。這種情形就像台灣最早指的是台南沿岸的內海及沙洲，後來才逐漸成爲台南、全台灣的稱呼。

雞籠地名最早見於一六一七年明代漳州文人張燮所寫的《東西洋考》一書。其實，早在十六世紀中葉，大明官方文獻就記載有倭寇跑到雞籠一事。附帶一提，當年的倭寇，指的是在中國東南沿海活動的海賊、海商，主要是漳、泉、潮州人，只有很小部分是日本人。

在葡萄牙人、西班牙人、荷蘭人前來東亞之前，中國閩南沿海的人早就有航海活動，所到之處常以地理特徵來命名，作爲航海「針路」（針路就是航線）的資訊。當年閩南航海人前往沖繩、日本，都是從福建朝東北方向航行，等看到了「雞籠山」、「雞籠頭」，才能確定已快進入黑潮航線，然後再順著黑潮北轉琉球群島。

從航線來看，當年閩南航海人看到的「雞籠山」，就是基隆外海的和平島，因爲和平島上有座小山丘（後來西班牙人在和平島上築城，並在這座小山丘的高點建了名叫 La Mira 的看守堡

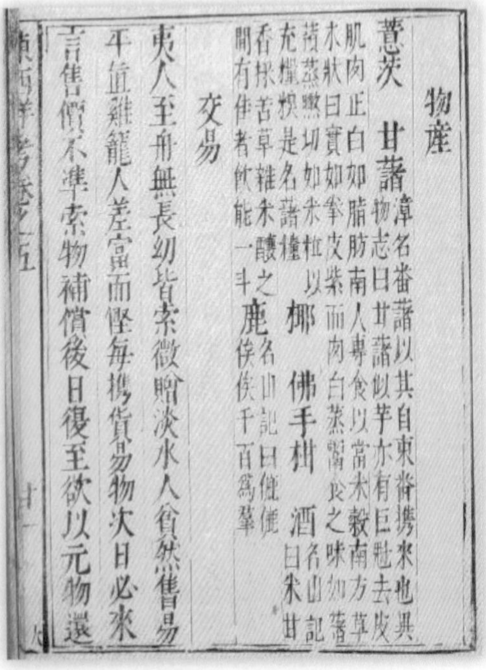

東西洋考卷之五　廿一

物產

薏苡　甘藷（漳名番藷以其自東番攜來也異物志曰甘藷似芋亦有巨魁去皮肌肉正白如脂肪南人專食以當米穀南方草木狀曰實如拳皮紫而肉白蒸鬻食之味如薯蕷蒸曬切如米粒以充糧糗是名藷糧）　椰　佛手柑　酒（名山記曰米甘香採苦草雜米醞之間有佳者飲能一斗）　鹿（名山記曰儦儦俟俟千百爲羣）

交易

夷人至舟無長幼皆索微贈淡水人貧然售易平直雞籠人差富而慳每攜貨易物次日必來言售價不準索物補償後日復至欲以元物還

▶《東西洋考》卷五記載倭寇跑到雞籠交易，並提到淡水人、雞籠人交易方式的差異。「夷人至舟，無長幼皆索微贈。淡水人貧，然售易平直。雞籠人差富而慳，每攜貨易物，次日必來言售價不準，索物補償。」

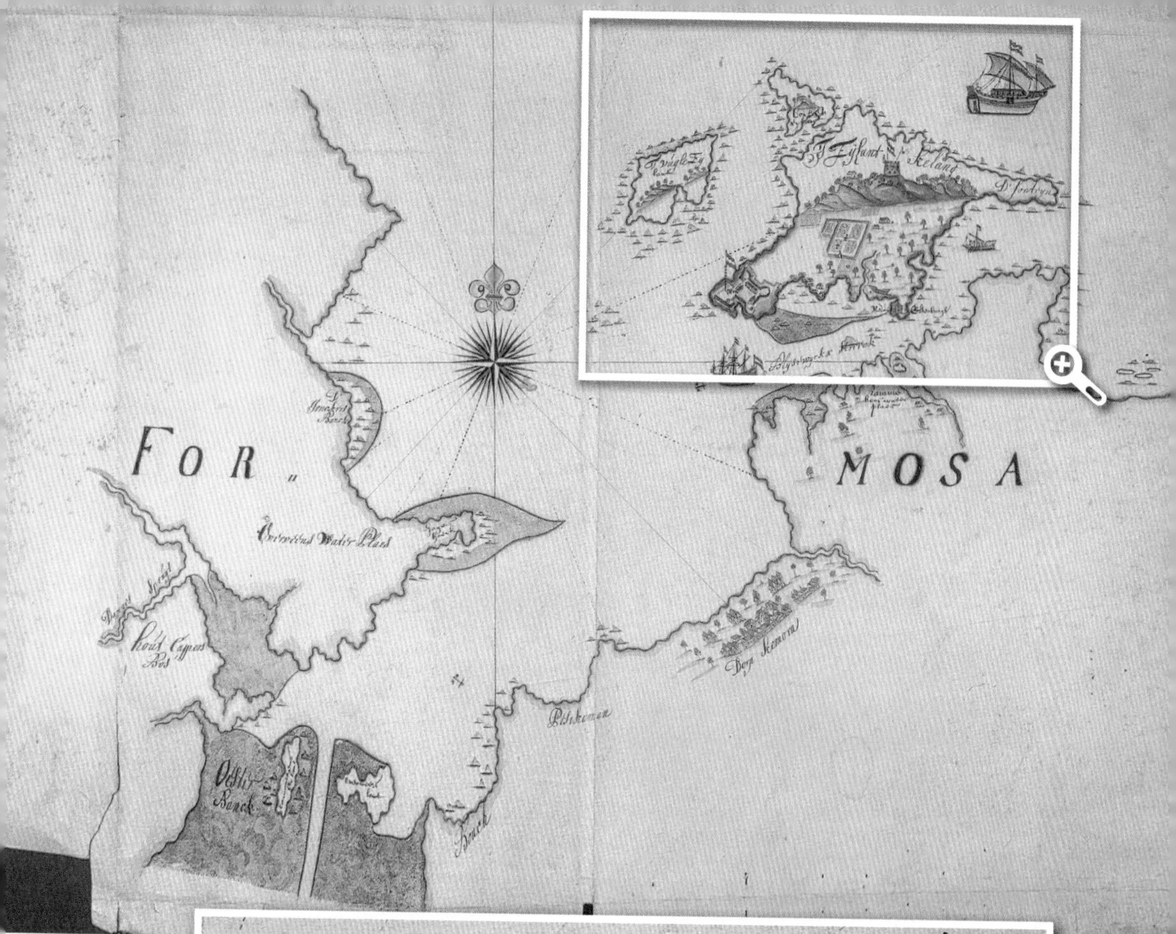

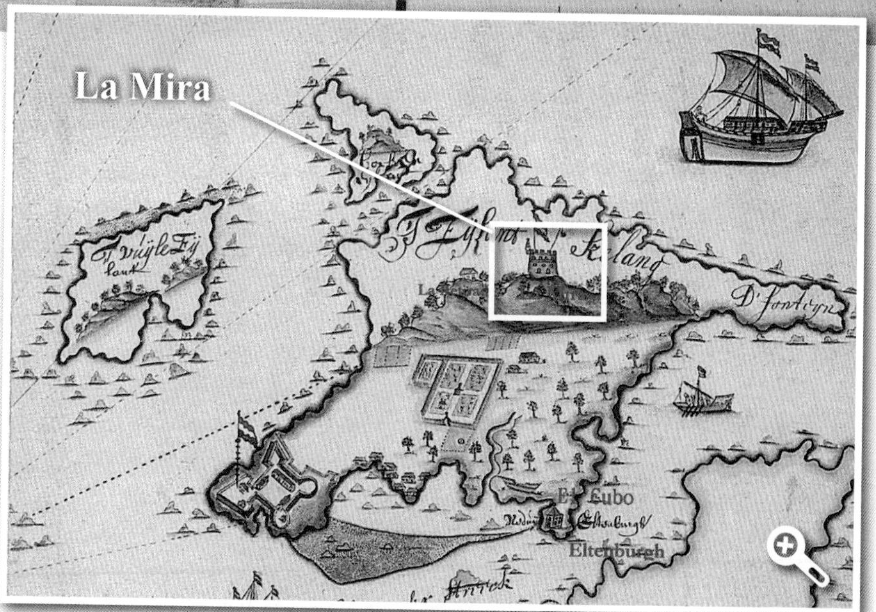

▶一六五〇年荷蘭人繪製的地圖，和平島上有西班牙所築的 La Mira 堡壘。（圖源：海牙國家檔案館）

壘），從海上看整個島有如雞籠，故稱和平島爲「雞籠山」，並稱和平島對岸的基隆陸地爲「雞籠頭」。

閩南航海人既以地理特徵命名，所以從東亞（中國浙江省以南）到東南亞（新加坡）的海上，就有好幾個「雞籠」、「雞籠山」的地名。

在荷西、明鄭時代，雞籠已泛稱整個基隆了。因此，十七世紀西班牙人、荷蘭人來到台灣，在所繪製的台灣地圖上，基隆以音譯字標示 Kelang 或 Quelang，前者發音接近漳音的雞籠，後者發音接近泉音的雞籠。

▲一六二六年西班人占領 Kelang。（圖源：國立臺灣歷史博物館）

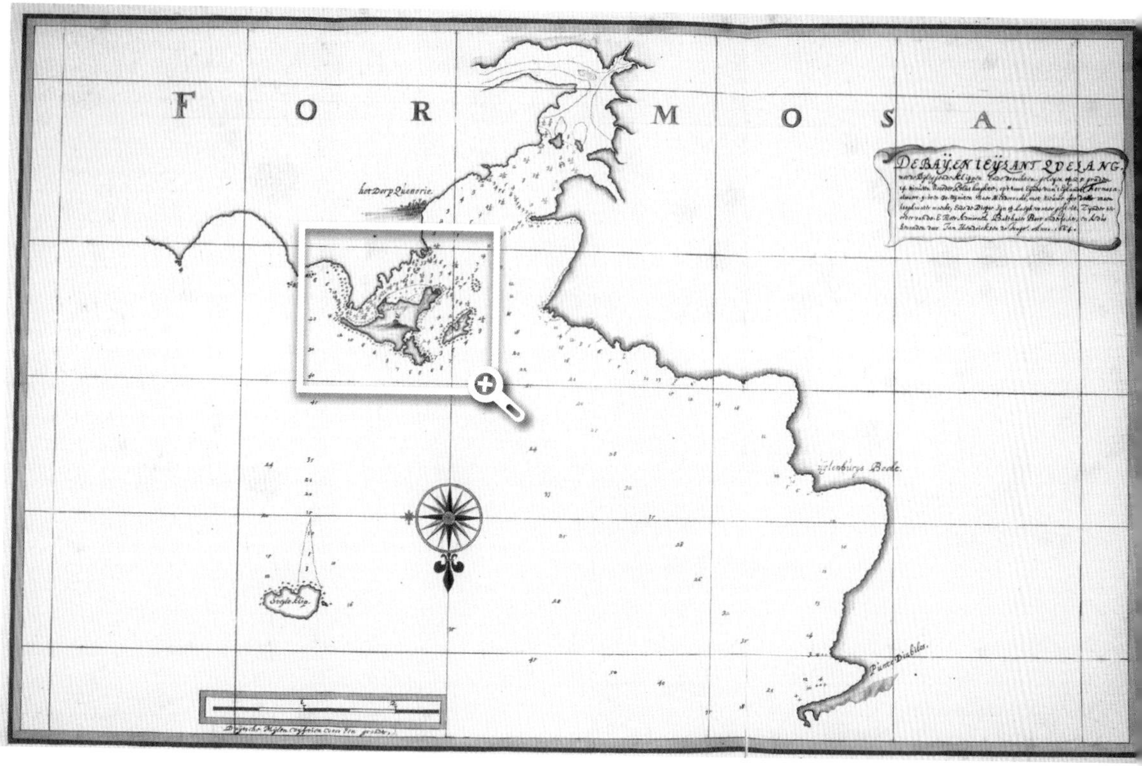

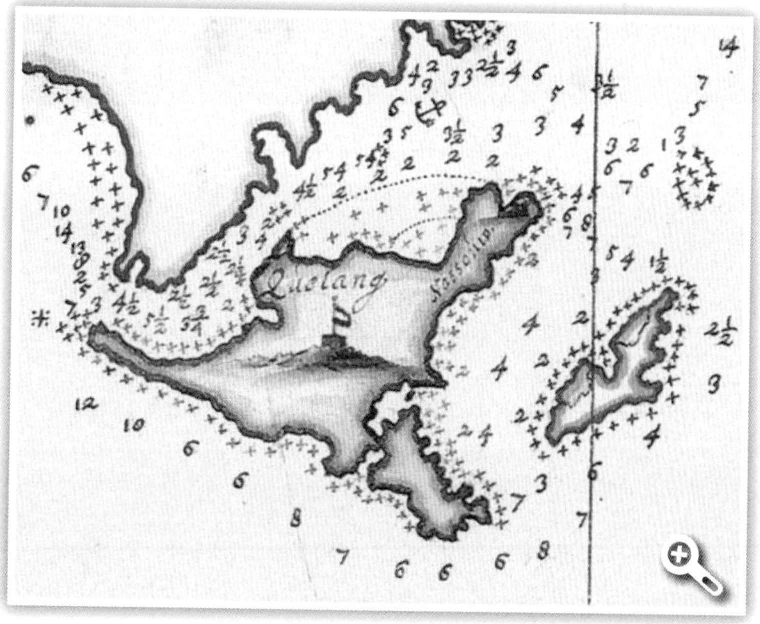

▲十七世紀中葉荷蘭地圖中的 Quelang。
資料出處：Jos Gomans, and Rob van Diessen eds., Comprehensive Atlas of the Dutch United East India Company. Volume 7, East Asia.(Amsterdam, 2010)

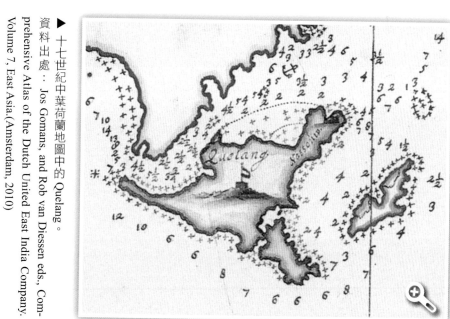

到了清代，和平島被稱爲「大雞籠嶼」，北方相鄰的基隆嶼則稱爲「小雞籠嶼」。當年閩南人移民雞籠，看到和平島上住著原住民，並有頭目或通事辦公，故民間也稱之「社寮」島。

清光緒元年（一八七五年），臺北府在雞籠增設分防通判（分府），就以官話近音字把雞籠改名「基隆」（音ㄐㄧ　ㄌㄨㄥˊ），寓意「基地昌隆」。後來，基隆被英語音譯爲 **Keelung**，通用國際至今。

不過，雞籠在改稱基隆後，雞籠的台語發音並未跟著改成 **Ki-liông**，仍維持 **Ke-lâng**。

▲《臺灣府志》記載「大雞籠嶼」在淡水廳治東北方二百五十里處。（第三行）

小筆記

在此說明一下，閩南語的「山」，除了指一般的山，從海上看到的島嶼、陸地也可叫山，所以「上山落船」（tsiūnn suann loh tsûn）就是上岸下船的意思。另外，閩南語的雞籠有 ke-lam、ke-lang、ke-lâng 不同的口音，一般來說，ke-lam 竹編較密，用來關小雞，ke-lang、ke-lâng 則用來關大雞。

自雞籠山分支東渡八尺門港與峯巒峭高不可極山南爲蛤仔難三十六社生番所居人跡罕到

虎頭山一名倒旗山在廳治西南七十里

貫猪末山在廳治東北二百二十里

峯紫峙嶺在廳治東北二百三十五里

大雞籠嶼在廳治東北二百五十里城與社皆在西面又有福州街舊址僞鄭與日本交易處上建石城即郡城八景之雞籠積雪也臺地無霜雪獨此與極北寒甚冬有積雪今設汛防其地以在大海中欲至其地必先舉烽火社番駛艋舺以渡

獅毬嶼在廳治東北二百四十里濱海有大山如獅小山如毬又名爲半月沉江與峯紫峙嶺北連界

桶盤嶼在廳治東北二百五十八里屹立海中離大雞籠水程八里此處可泊巨艦

燭臺嶼在廳治東北二百六十里海中

香爐嶼在廳治東北二百六十五里海中

雞心嶼在廳治東北二百八十里形如雞心

旗竿石在廳治東北二百七十里兩石對峙海面北燭臺更高離大雞籠西北水程二十里

羅漢石在廳治東北二百八十里或立或欹形狀奇古

跳石在廳治東北二百八十五里亂石壘於水面自八里坌至大雞籠城跳石而行計長四十五里惟土番能之

中港溪在廳治南三十里源發合歡大山流於淡志闕

山川

八斗是八斗来？

基隆市中正區的八斗子，有著名的碧砂漁港、八斗子漁港、海濱公園（望幽谷）、潮境公園等景點，以及二〇一四年正式開幕的國立海洋科技博物館，更是每年農曆七月雞籠中元祭「放水燈」的地方。

八斗子名氣響亮，地名也很有趣，但地名由來卻說法不一。

八斗子本是一座小島，日本時代一九三七年為了興建火力發電所（廠），在此填土造陸，把八斗子與台灣本島連接起來，才形成了現在的八斗子半島。

「八斗仔」的由來

八斗子舊名「八斗仔」，日本時代一九二〇年行政區域畫分及地方制度改革，並以所謂的簡化、雅化原則更改很多台灣地名，當時把八斗仔的「仔」改成「子」，變成了八斗子。但八斗子的台語發音仍保持原來的 **Peh-táu-á**，直到今天。

八斗仔地名由來，目前常見三種說法，在此說明並提出質疑：

第一、最早的移民有八戶杜姓人家，故稱「八杜」，後來訛傳為「八斗」。雖然杜姓在八斗子確是大姓，但台語「杜」（tōo）與「斗」（táu）的發音有差距。

第二、最早來此開墾的杜氏兄弟，攜米八斗。這應該又是常見望文生義的說法。

第三、基隆的「八斗」與台北的「北投」發音相近，同是北台灣的原住民語，就是女巫的意思。雖然這種說法相對較被在地文史工作者採信，但看來又是輕易就把地名由來推給無法對證的原住民語。另外，台語「八斗」（Peh-táu）與「北投」（Pak-tâu）的發音差很大，何況八斗子的全稱是「八斗仔」（Peh-táu-á）。

既然對上述三種說法有所質疑，就會想從十七世紀的荷西文獻去找答案。西班牙人在一六二六年至一六四二年統治北台灣十六年，曾在基隆和平島建立城堡及行政中心，但對位在和平島東南方不遠的八斗子，至今未見留下相關記載。

▶日昭和十二年（一九三七）興建的北部火力發電廠，是台灣第一座填海造陸建造的火力發電廠。今日已改建為國立海洋科技博物館。（圖源：Bigmorr@Wikimedia Commons）

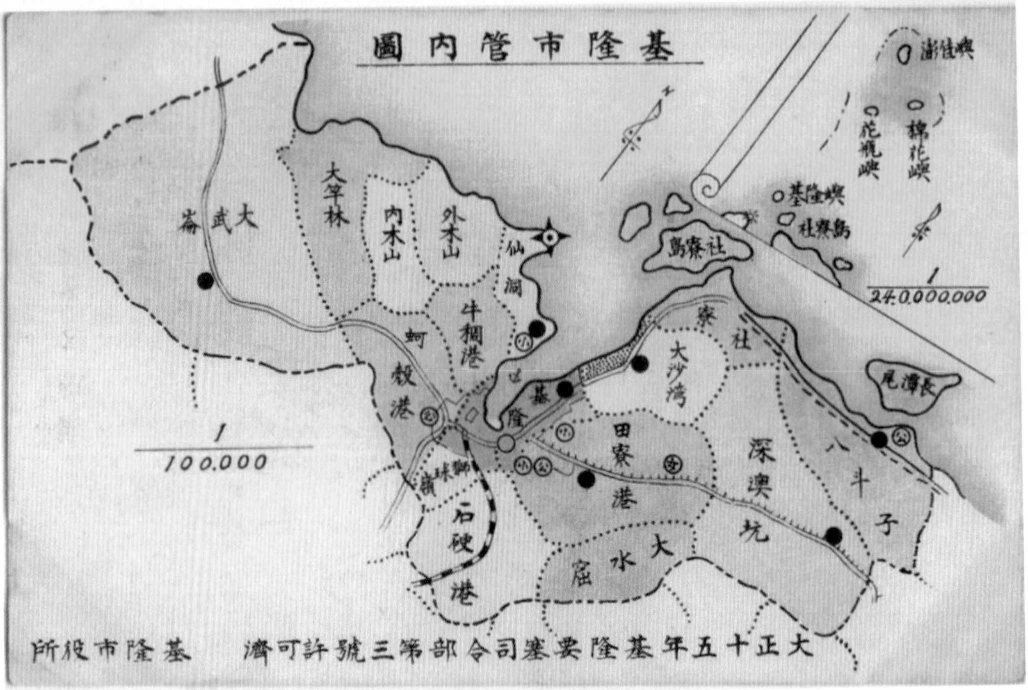

▲日昭和元年（一九二六）八斗子外的小島尚未與本島相連（不過退潮時，人民可以涉水而過）。但基於船隻安全入港的考量，基隆港中原有的小島此時已經被清除。

再從台灣的地名命名來看，由於台語「仔」放在名詞後面表示小的意思，所以如果有叫「八斗仔」的小社群，理論上就會有叫「八斗」的大社群。在北海岸，除了基隆有八斗仔之外，萬里也有八斗仔，那麼八斗在哪裡？

根據荷蘭文獻《從淡水林子到雞籠的報告》，在基隆港東岸、萬里兩地的八斗仔中間，找到一個可能是八斗的地方，標音Perack，發音接近Peh-táu。此地大概位於今基隆港西岸入港處，基隆燈塔所在的萬人堆鼻。

萬人堆鼻是清代就有的地名，但找不到與八斗相關的舊地名。因此，大八斗、小八斗之說也無法確定。

七斗？

在八斗子內，有一座最高的「七斗山」，海拔一〇一公尺，被暱稱為「基隆一〇一」，在此登高望遠，擁有三百六十度的視野，可看到海上的基隆嶼，以及山上的九份。

「七斗」之名又從何而來？清代的「八斗仔庄」，內有八斗、七斗的小地名。根據當地人的說法，當地最早只有八斗仔聚落，後來又多了七斗仔聚落，七斗之名只因鄰近八斗而隨意命名，並無特別意義。

追溯八斗子地名由來，雖然找不到具說服力的答案，卻為這個小漁村增添了神祕感，留待後人探尋。

暖暖很溫暖？

台灣有一個最溫暖的地名——基隆的暖暖（台語音 Luán-luán）！這個位於基隆河中游、台灣東北部最早發展的鄉鎮之一，地名從何而來？又是什麼意思呢？

基隆市暖暖區的地名雖然溫暖，但這裡位於台灣北部，又因多雨而成為重要的水源地，氣候當然談不上溫暖。

根據基隆市暖暖區公所的說法，暖暖地名是以凱達格蘭族「那那」社諧音而來，清初福建泉州移民到此墾地。這種說法常被引用，但在清代文獻中卻找不到那那社的原住民聚落。

根據日本時代日本人安倍明義所著《台灣地名研究》（一九三八年）的說法，此地本是泰雅族的聚落 Noannoan 社，清乾隆年間已有漢人聚居的「暖暖」庄。以此來看，「暖暖」是原住民語的音譯，但不知其義。

八暖暖

在荷蘭時代繪製的《大臺北古地圖》中，暖暖的位置標示 Perranouan，如果以台語音譯就是「八暖暖」（Peh-luán-luán），這是比「暖暖」更早、更完整的地名。

但Perranouan又是什麼意思呢？如果也是原住民語，那就找不到答案，而是不是還有其他語言的可能性呢？

台灣的各種原住民語，與東南亞的印尼語、馬來語、菲律賓語等同屬南島語系。如果以印尼語（馬來語）來分析Perranouan這個字，其語詞結構爲Per-ranou-an，Per-an是前後接詞，表示場所，語幹爲ranouan，此字與印尼語（馬來語）ruang同一語源（ruang的英文譯爲space），有「間隔處」的意思。

如果把Perranouan解釋成「間隔處」，在荷蘭時代文獻中，暖暖被標爲Perranouan，荷蘭文獻所說：「Perranouan是阻隔淡水與基隆之間的障礙」。爲什麼暖暖會是阻隔淡水與基隆之間的障礙？這就要回到歷史去看。

早年，淡水與基隆的原住民同屬馬賽族（Basai），往來密切，但因海路常受季風與海流影響，風帆不順，所以大都走基隆河兼陸路。雖然基隆河可以從淡水航行到基隆，但在暖暖河段只能用竹筏，所以一般航行到汐止之後，就要下船走路，翻越暖暖山區，抵達基隆的獅球嶺（仁愛區）。因此，早年原住民才會把暖暖看成淡水與基隆的「間隔處」。

我們用印尼語（馬來語）來解釋馬賽語Perranouan，雖然不能確定就是對的，但總算提出暖暖地名由來可能的答案。

niet min als in Cattiangdas tijden Tab[...]
binden; hetwelck doende sal echter niet alleen
voorslagh, maer oock geen vruijt gemaeckt
ende alle jegenwoordige in swangh gaende
suspitien, in nadere vermidt. Comp.e, door die
van Calolangh anders bevonden werden,

Dit en streckt niet anders dan haer Ed.le
bekent te maken hoedanich hem spruijten
uijt de quelanghse baij naer Perranouian
offte boven stroot, t'welck wort met prauwen
bevaren, ende kan oock uijt Quimourie
in een groot 1½ uur te voet gegaen worden.
't Valt wat ongemackelijck vermits de
drooghte van 't spruijtien, ende datmen hem
3 maal doorwaderen moet, doch dat can de
den Quimourians naer eijsch geaccommodeert
werden,

Perranouian, is den suoot Kuiderpaal tussche[n]
Tamsuy ende Quelangh, met meest inwoo[ners]
op en afgeleijde ongeloovige steijlen, sijnde e[en]
wel plaetsen in sijn vlegen ende moralige
glad en pernicieus, met 't carpt en claudet Som[...]
in een Cedijn lijn orch, ende wanneer aende
noorden sijt om nae Tamsuy afftevaren soo moet
bevonden aent dorp Kippanas connen comen,
36. gesonteerde kaijt bevonden bevonden persoonen in[...]

Noord[...]

noorde Moulton Isser water genoegh op, maer
het Luijden do: soo, comment geen geladen
prauwen over, dat bij wijlen al veel sprongen
ende geen profijt voortbrought, conde staen
Ed.le soo veel doen bewercken, dat tusschen die
banckhen een begraven daer tocht gemaeckt en
den Perranouiem streck de dach, om breder ende
vaerder passagie 't crangen, met instrumenten
affgedaen, mitsgaders van langhsame traceren
inde 't Koij es Clip veroorsaeckt wiert dat soude tredselijck
sijn, dan Isser vaus gerorigheijcke, tusschen
op ende ondergaenck der Son van Quelangh
binnen door, geladen offte niet naer Tamsuy te
connen scheppen.

'T Casteel moet door 't Comp.s dienaers,
(wel versien van goet gereetschap) geschieden,
ende de vordere geinquireerde moeijlijck-
heden, soude de respective dorpen, aende werck-
gelegen, bij de hoop connen aenbesteedt worden,
In dit werck soud al een vrijwillicheit nae uso
op sijn Tamsuys dienen gegaen, want die
luijden van geen bittsinnigen, maer sachtmoe-
dich bevonden geweest te sijn, sulcx geschiedende
soo sal al dat werck vrijwillich ende hier
nae sich sleepen &c: Ick hiervoor Jetwes
gesubmitteert met de pen nopende: 't Casteel,

Ruijtten,

荷蘭人筆下的八暖暖

此文獻中荷蘭人對八暖暖之記載：「八暖暖是橫隔淡水與雞籠之間的障礙。上下攀登之時，有意外的陡峭山坡……，相當危險。此山大約一小時之內可攀越，抵達河邊後，便可航往淡水。……北季風之時，河水充足；但在南季風之期間，載貨的艋舺舟無法行駛渡過，有時候所費甚鉅，無利可圖。若閣下能在這些河岸間開鑿出一條通航之路，……砍伐開築較寬廣平坦的道路，……如此，在日出與日落之間，載貨或未載貨的船隻，都可從雞籠駛進河中，開往淡水。」

資料出處：東印度公司檔案編號 VOC 1206, fol. 268-269.
中譯出自1654年〈關於淡水河、雞籠港灣，暨公司當地現存城砦、日常航行所經番社數等情述略〉報告書，收錄於翁佳音，《大臺北古地圖考釋》附錄三。

—台北—

關渡為什麼叫干豆？

台北市北投區的關渡平原，擁有關渡自然公園、關渡自然保留區，成為這座城市僅存的濕地及候鳥棲地。關渡位於基隆河與淡水河交口，因早年漢人移民由此地進入台北拓墾，成為台北最早開發的村莊之一。

已有三百年歷史、至今香火鼎盛的關渡宮（建於一七一二年，原名靈山廟），則是台灣歷史最悠久的媽祖廟之一。

關渡的地名，顧名思義，很容易讓人聯想「往來必經的關口」、「過河的渡口」，所以這裡還有一個關渡碼頭。因此，關渡的地名由來似乎已經很清楚了。

但是，當我們聽到「關渡」的台語發音並不是 **Kuan-tōo**，而是 **Kan-tāu** 時，心中就會起了疑問：「關渡」這兩個字的台語這樣念對嗎？

▼擁有三百年歷史的關渡宮，今日依舊香火鼎盛。（圖源：gaga930@Wikimedia Commons）

事實上，Kan-tāu才是關渡這個地名的原音。自十七世紀以來，漢人移民根據Kan-tāu音譯的地名包括干豆、干答、干脰、肩脰、墘竇、關豆、關杜、官渡、關渡等。至於「干豆門」、「關渡門」等寫法，則是加了「門」字，這個「門」的意思就是港道，例如台南的鹿耳門、基隆和平島的八尺門。

「關渡庄」改名「江頭」

清乾隆五年（一七四〇年），關渡設「關渡庄」。日本時代，關渡屬北投庄，對關渡的稱呼則根據Kan-tāu的音寫作「江頭」，因爲江頭的日文假名「カンタウ」（Kantau）發音接近Kan-tāu。當年關渡在火車淡水線的站名就叫「江頭驛」，關渡也有一個考古的江頭遺址。

戰後，大概因爲關渡媽祖廟已在日本時代重修後改名「關渡宮」，才逐漸統一使用關渡的地名。

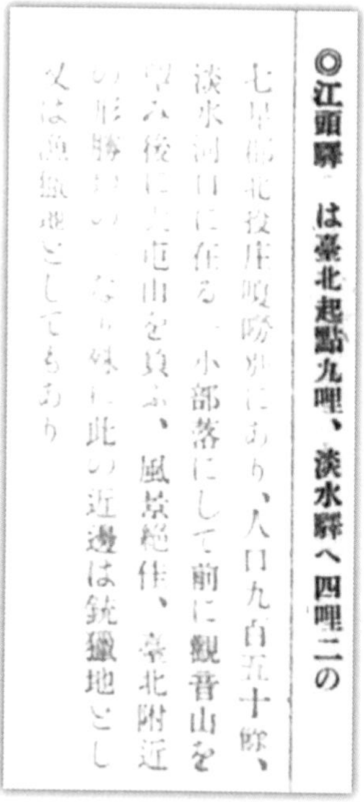

◎江頭驛 は臺北起點九哩、淡水驛へ四哩二の
七星郡北投庄唭哩岸にあり、人口九百五十餘、
淡水河口に在る一小部落にして前に觀音山を
望み後に大屯山を負ふ、風景絕佳、臺北附近
の形勝地の一なり殊に此の近邊は銃獵地とし
又は漁獵地としてもあり

▲在日本時代報導名勝古蹟的刊物中，刊載了江頭驛的照片與文字。

蜈蜞嶺
赤嵌城
安平鎮城
七鯤身
六鯤身
五鯤身
四鯤身
三鯤身
二鯤身

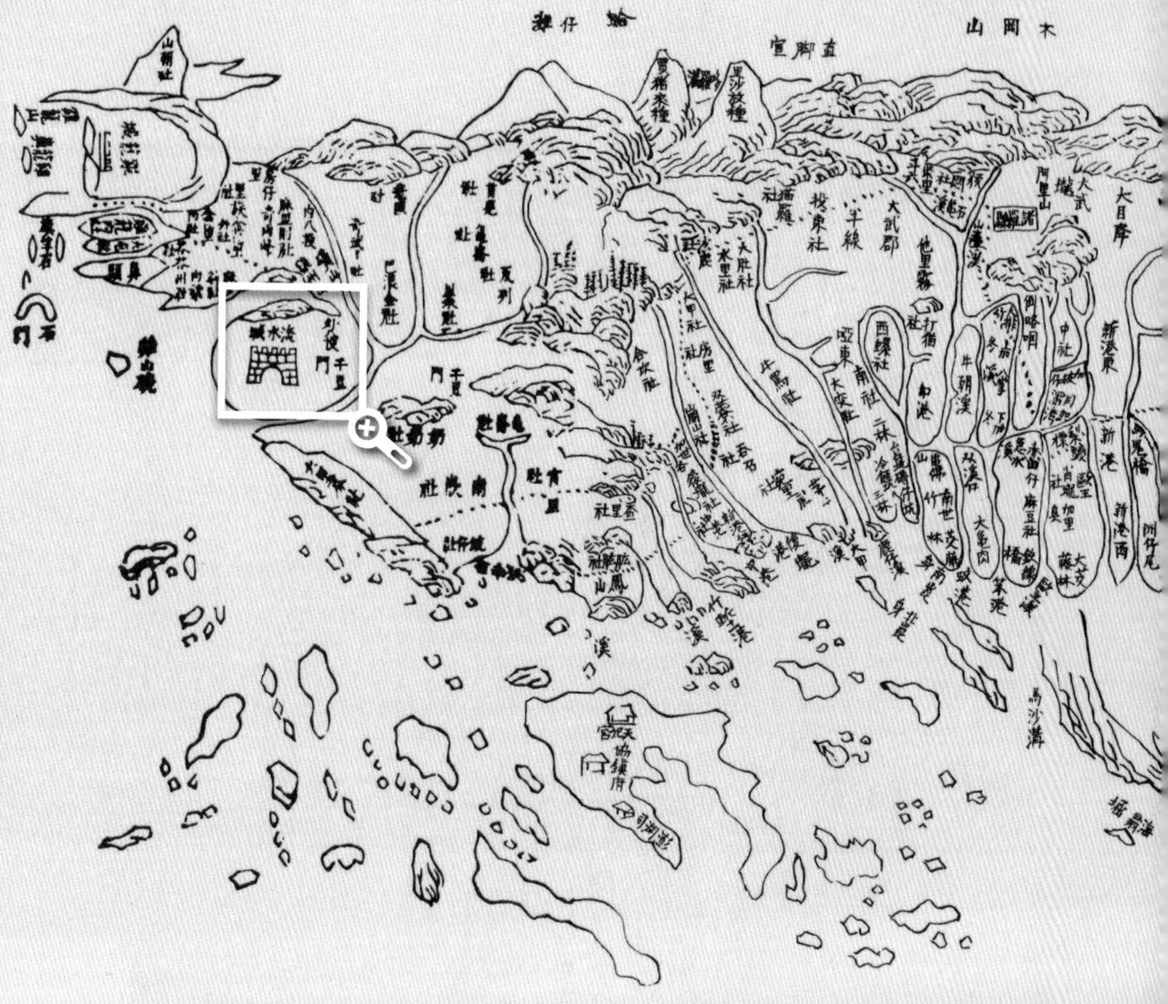

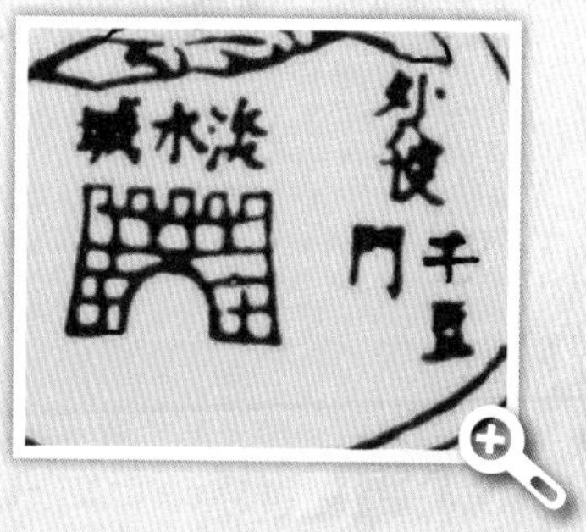

▶清康熙三十五年（一六九六）《康熙高志臺灣府總圖》。可以看到淡水城外的干豆門。

▶可見到當時關渡地區與江頭車站等地標。

▲〈新莊郡大觀〉，一九三四年，金子常光繪。

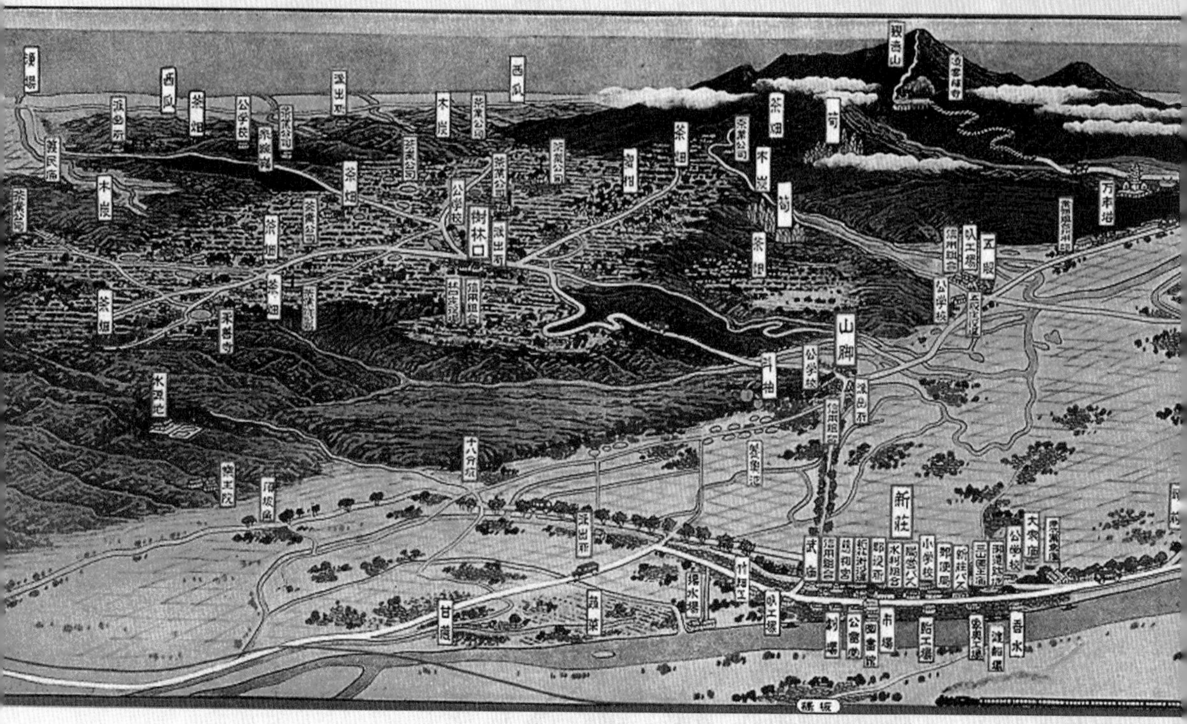
觀音山
樹林口
山脚
新莊
五股
公學校
茶畑
木炭
筍
水源池
十八份
武廟
市場
甘蔗

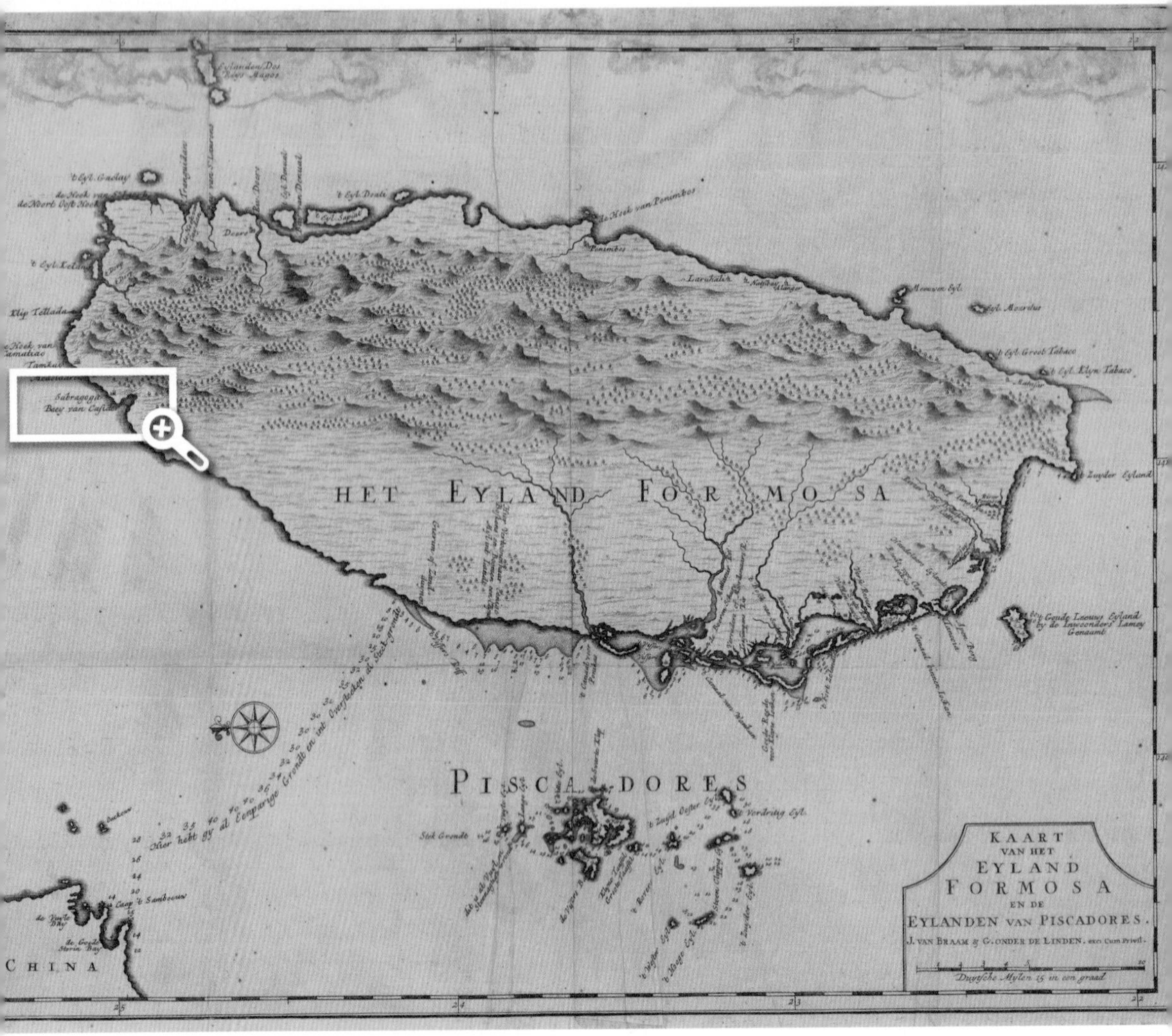

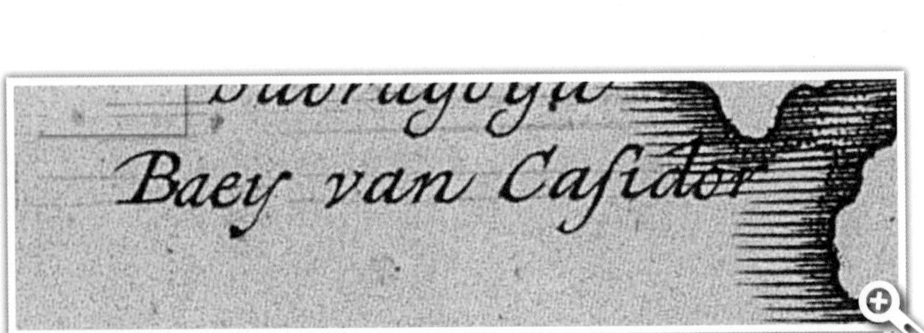

▶此圖相傳由十八世紀F. Valentijn所繪。附在十八世紀初出版的《新舊東印度公司誌》（圖源：國立臺灣歷史博物館）

關渡的發音從何而來？

那麼 Kan-tāu 從何而來？又是什麼意思呢？最常見的說法是原住民聚落的社名，但在各種文獻中卻找不到這個社。如果說 Kan-tāu 是原住民語，也不知其義。

有人說，Kan-tāu 是原住民語猴子的意思。這種說法大概是文人雅士的附會之說，可能來自清康熙年間台灣官員周鍾瑄的詩作〈關渡門苦雨〉：「蠻煙如霧復如雲，縷縷連江障夕曛；猶喜長風能破浪，千山猴嘯雨中聞」，因為詩中提到了「猴嘯」。

原住民語 Kan-tāu 是不是指猴子？本來難以驗證，但拜學者研究台北原住民馬賽族語言之賜，我們因而知道猴子的馬賽語是 Lotong（噶瑪蘭語、阿美語的發音也都相近）。

由於十七世紀西班牙人曾統治北台灣，也留下幾個西班牙語地名，所以 Kan-tāu 也有可能是西班牙語。有人曾找到一幅歐洲古地圖（右圖）在關渡標示 Casidor，並指 Casidor 是西班牙語淡水港的意思，發音也接近 Kan-tāu，所以推論 Kan-tāu 源自西班牙語。

但經研究後發現，Casidor 並不是西班牙語，也不知其義；而那張古地圖出自十八世紀初一位住在印尼的荷蘭牧師 F. Valentijn 的著作，內容並不可靠。

如果說 Kan-tāu 既不是歐洲語，也不是原住民語，而是台語，那麼會是什麼意思呢？關渡舊名中與 Kan-tāu 發音完全相符的是台語「干豆」，但干豆是什麼意思？也是沒有答案。

如果從干豆的「豆」來看，有一幅清代地圖在標示「干豆」二字的兩邊，各繪一個彎月形，有如筊杯或咖啡豆，那看似剝成兩半的「豆」，正是淡水河與基隆河。

但就算干豆的「豆」找到答案，「干」也是無解。

真正的答案，或許要去關渡宮問問「干豆媽」（Kan-tāu-má）吧！

松山是松之山？

台北市松山區商業繁榮，還有一個著名的松山機場，松山地名由來與松和山有關嗎？有趣的是，松山不只沒有松，甚至不是山；松山舊名錫口，但錫口也不產錫！

舊名「錫口」

松山舊名錫口（台語 Sik-kháu），但錫口並不產錫，地名從何而來？原來，這裡本是台北原住民的一個聚落，荷蘭文獻標音 **Kimalitsigouwan** 或 **Malotsigauan**（語幹 **mali-chi-khau**），漢人漳泉移民的音譯地名有「麻里折口」、「麻里即吼」、「猫里錫口」（猫音 bâ）、「毛里即錫口」等。

原住民語「猫里錫口」是什麼意思？目前已難以查證，有人說是河流的彎曲處，但並沒有語言學的根據。以前還有人說「猫里錫口」是女人的陰道，這顯然是從台語「猫仔間」（妓女戶）和「膣」（台語音 tsi）而來的玩笑話。

小筆記

一般來說，松科植物在北緯四十度至六十度，或高海拔的地方較為常見。松山位於台北盆地，既不是山，也沒有松樹。但台灣真的有一座名副其實的松山，這座山就位在阿里山山脈的中間，海拔兩千五百多公尺。

根據清乾隆二十八年（一七六三年）的《續修臺灣府志》，當地已有「貓里錫口街」。到了清嘉慶二十年（一八一五年），貓里錫口簡化爲錫口。

改名「松山」

到了日本時代，錫口被改爲日式地名松山（Matsuyama）。一九二〇年，台灣總督府行政區域畫分及地方制度改革，實施「州廳—郡市—街庄」三級制，並以所謂的簡化、雅化原則，把很多台灣地名改成日式地名。

有些改名會依據本來的台語、客語發音，例如「打狗」（台語 Tá-káu）改成「高雄」（日語 Takao）、艋舺（台語 Báng-kah）改成「萬華」（日語 Manka）、「鹹菜甕」（客語 Ham-chhoi-vung）改成「關西」（日語 Kansai）等。

但有些改名則不根據原音而直接取代，例如錫口改成「松山」、牛罵頭改成「清水」、葫蘆墩改成「豐原」、林圯埔改成「竹山」、阿公店改成「岡山」等。

松山在日本是很多縣都有的地名，爲什麼會用來取代錫口？已難以查證，有人說台北松山很像日本四國愛媛縣的松山市，但也可能當時負責改名的日本人來自日本某個縣的松山吧？

戰後，日語的松山（Matsuyama）變成國語的松山，再轉成台語的松山（Siông-san），已失去錫口（Sik-kháu）的原音了。

一九九〇年，台北市行政區重畫，松山區畫出南半部設立新的信義區。

▶《乾隆臺灣輿圖》中標示「猫里即口」（今松山）。

艋舺的筆畫爲何如此複雜？

台北市萬華區舊名「艋舺」，但本土舊地名的名氣更勝新的日式地名「萬華」，今天香火鼎盛的「艋舺龍山寺」，車水馬龍的「艋舺大道」，以及電影「艋舺」（二〇一〇年）、電視八點檔連續劇「艋舺的女人」（二〇一四年），還在訴說昔日的繁榮。

首先必須強調，雖然一般台灣史都說，台灣在清代的發展由南而北，形成三大港市「一府二鹿三艋舺」，但根據十七世紀的荷蘭古地圖，在艋舺的位置標示 Handelsplaats（英文翻譯 Trading place），就是交易場所的意思，可見艋舺的商業傳統相當古老，並不是從清代才開始。

艋舺在淡水河未淤積前是一個港口，成爲台北最早發展的地方。「艋舺」怪字的地名，又是怎麼來的呢？

郁永河搭艋舺

清康熙三十七年（一六九八年），福建省府官員郁永河奉命渡海前來台灣的北投採硫，他在事後寫成的遊記《裨海紀遊》中，提及他從台南搭牛車到台北，在八里乘船渡淡水河到淡水時，「視沙間一舟，獨木鏤成，可容兩人對坐，各操一楫以渡；名曰莽葛，蓋番舟也。」

這段文中說到有一種叫「莽葛」的「番舟」，「番舟」就是當年原住民的小船，那麼「莽葛」是什麼意思？

根據歷史記載，當年淡水河沿岸的原住民，以獨木舟載運農產品到淡水河的港口與漢人交易。原住民稱這種獨木舟為Báng-kah，後來就成為漢人稱呼這個港口的地名，中文音譯有「莽葛」、「莽甲」、「蟒甲」、「文甲」、「艋舺」等寫法，後來以舟字邊的「艋舺」通行。

「艋」和「舺」都是筆畫多、很少用的中文字，「艋舺」一詞則是在台灣創造出來的，也是獨特的地名。但一般人可能都忽略了音譯的苦心和美意，其實「艋」和「舺」兩個字都有船的意思，尤其「艋」都用在「舴艋」，就是小船，或稱為「舴艋舟」。中國宋朝著名女詞人李清照，曾寫了一首「武陵春」，詞中就有佳句：「只恐雙溪舴艋舟，載不動，許多愁。」

台灣原住民族與東南亞族群同屬南島語族，根據語言學、人類學者研究，大台北地區原住民馬賽族所說的「艋舺」，可能源自古南島語Bangka，今天的菲律賓語還使用這個字。

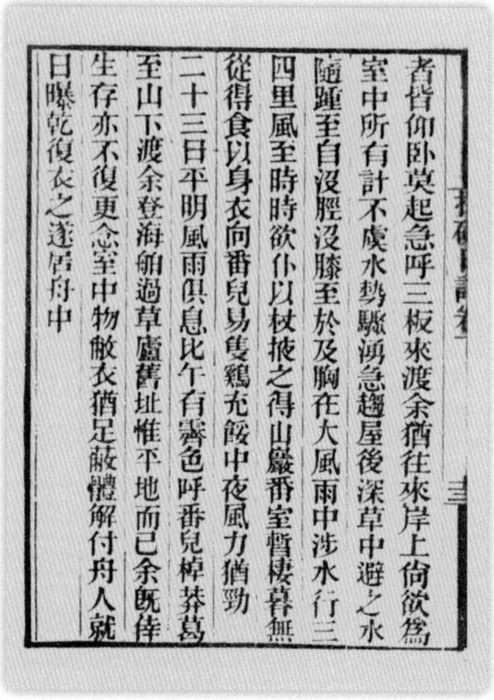
者皆仰臥莫起急呼三板來渡余猶往來岸上倚欲為室中所有計不虞水勢驟湧急趨屋後深草中避之水隨踵至自沒脛沒膝至於及胸在大風雨中涉水行三四里風至時時欲仆以杖拄之得山巔番室暫棲暮無從得食以身衣向番兒易隻鷄充餒中夜風力猶勁

二十三日平明風雨俱息比午有霽色呼番兒棹莽葛至山下渡余登海舶過草廬舊址惟平地而已余既倖生存亦不復更念室中物敝衣猶足蔽體解付舟人就日曝乾復衣之遂居舟中

▲《裨海紀遊》記載清康熙年間郁永河找原住民用獨木舟載他去搭船的經歷。

改名「萬華」

艋舺的地名，在日本時代被改名。一九二〇年，台灣總督府進行自一八九五年統治台灣以來最大規模的行政區域畫分，並以簡化、雅化的原則更改了很多舊地名，其中有不少是直接以日本內地的地名取代，艋舺就在此時被改名「萬華」。

日本人根據什麼把艋舺改名萬華？因爲日文漢字萬華（Manka）與台語艋舺（Báng-kah）發音相近。當時的高雄也以相同的方式改名，因爲日文漢字高雄（Takao）與台語舊地名打狗（Tá-káu）發音相近。

日本時代台北萬華行政區沿用至今，但民間仍常用舊名艋舺，多數人保持台語發音，少數人以國語念成ㄇㄥˇㄐㄧㄚˇ。

▶日本時代明信片中的「番舟」。

▲漢人開發圖。出自小早川篤四郎，《台湾歷史画帖》（臺南市役所，一九三九）。

士林為什麼叫八芝蘭？

台北市士林區名聞國際，有故宮博物院、士林夜市、士林官邸（蔣中正總統生前住所）、陽明山國家公園等著名的觀光景點。士林舊名八芝蘭，至今還常見有人使用，士林、八芝蘭這兩個地名是怎麼來的呢？在探討之前，我們同時再提出另一個有趣的問題：為什麼印尼也有「八芝蘭」的地名呢？

士林的地名由來，目前常見的說法是：源自原住民語Pattsiran，溫泉的意思，在清代中期由漢人音譯為「八芝蘭」（台語音Pat-tsi-lân）；由於當地有很大的樹林，所以又稱為「八芝蘭林」。到了清代末期，由於當地有很多私塾、社學，文風鼎盛，科考人才輩出，當地文人自誇「士子如林」，因而出現了「士林」的地名。

清代末期在民間可能已有「士林街」的說法，但要到日本自一八九五年統治台灣後，一八九七年改正地方制度，縣下去支廳、改設辦務署，在台北縣設立十個辦務署，其中有個「士林辦務署」，這才是士林正式成為地名的開始。

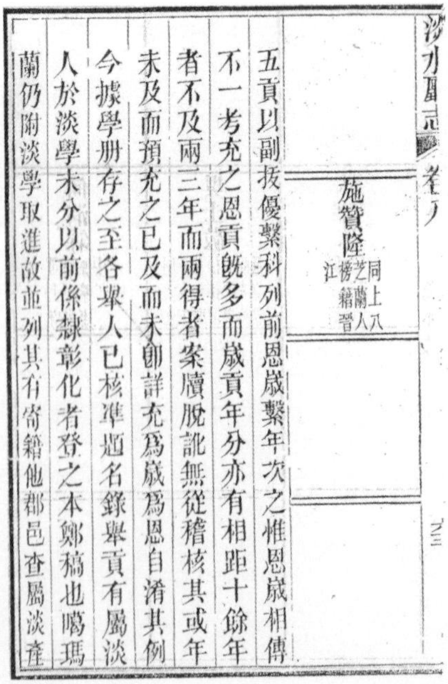
淡水廳志 卷八

施贊隆

五貢以副拔優繫科列前恩歲繫年次之惟恩歲相傳不一考充之恩貢既多而歲貢年分亦有相距十餘年者不及兩三年而兩得者案牘脫訛無從稽核其或年未及而預充之已及而未即詳充為歲為恩自淆其例今據學冊存之至各舉人已核準題名錄舉貢有屬淡人於淡學未分以前係隸彰化者登之本鄉稿也噶瑪蘭仍附淡學取進故並列其有寄籍他郡邑查屬淡產

▶施贊隆為清代士林地區的兩位舉人之一，於清同治九年（一八七〇年）中舉。《淡水廳志》卷八〈選舉表〉中記載其為八芝蘭人。

日本統治台灣後，開始設立西式小學，台灣從私塾教育進入國民教育時代，台灣的第一所小學就是位於士林的「八芝蘭公學校」。台灣總督府在一九二〇年行政區域畫分及地方制度改革，設立「士林庄」後，八芝蘭公學校才改名「士林公學校」。

「八芝蘭」的由來

八芝蘭的地名由來，雖然一般都接受日本時代日本人安倍明義所提的原住民語 Pattsiran 溫泉之說，但因當年的原住民語已成死語，所以無法對證。

巧合的是，在印尼，印尼人稱華人聚居的地方爲 Pecinan，發音接近 Pattsiran，當地華人音譯爲八芝蘭。印尼文 Pecinan，拆成三個音節 Pe-cina-na，中間的 cina 就是 China，所以 Pecinan 的英文譯爲 Chinatown，就是一般所說的中國城、唐人街等華人聚居處。

台灣的八芝蘭和印尼的八芝蘭有沒有關連呢？或許可以從十七世紀荷蘭人曾同時統治印尼和台灣去聯想。早年的士林，有原住民居住的「番社」，即毛少翁社，同時也有漢人居住的「民社」，我們可以推測，可能當時荷蘭人引用統治印尼的經驗，稱士林漢人聚居的地方爲 Pecinan，因而留下八芝蘭的音譯地名。如此，八芝蘭可能就是源自印尼文，指當年士林的漢人區。

在菲律賓，華人聚居的地方則稱爲 Parian。這讓我們聯想，十七世紀曾同時統治菲律賓和北台灣的西班牙人，會不會也把 Parian 的用法帶到北台灣呢？

事實上，當年西班牙人在基隆和平島上建聖薩爾瓦多城（San Salvador），而在和平島對岸有一個地方文獻記爲 Parian，指的就是漢人聚居的地方。

Parian 由漢人音譯可能會是「八連」（台語音 pat-liân），這也讓我們想到，北台灣有八連的地名，例如新北市三芝區的八連溪、汐止區的八連路等，是否也因當年是漢人區有關呢？

十七世紀，荷蘭、西班牙統治東南亞和台灣，兩地的華人都是中國閩粵移民，因此我們可以推測兩地可能有共同的地名。

台北

貓空與貓有關？

台北市文山區指南里的貓空，自清代以來就是北台灣重要的產茶區，一九八〇年後發展成爲著名的貓空觀光茶園。貓空纜車在二〇〇七啓用，簡稱貓纜，二〇一三年還由 Hello Kitty 凱蒂貓代言。貓空的地名與貓有關係嗎？

貓空地名的由來，常見的說法是：此地因河流沖刷在河床上形成很多「壺穴」，即凹凸不平的孔洞，台語稱之「皺空」（Jiâu-khang 或 Liâu-khang），後來被錯寫成發音相近的「貓空」（Niau-khang）。

《台灣堡圖》中的「貓空」

這種說法聽來有點勉強，卻已流傳多年。事實上，台灣的壺穴地形以基隆河流域的溪谷最多，在最密集的基隆市暖暖區，也沒聽說有「皺空」的地名或說法。因此，當我們查閱《台灣堡圖》，對貓空地名就有了新的發現。

▶貓空地區的壺穴。
（圖源：Outlookxp@Wikimedia Commons）

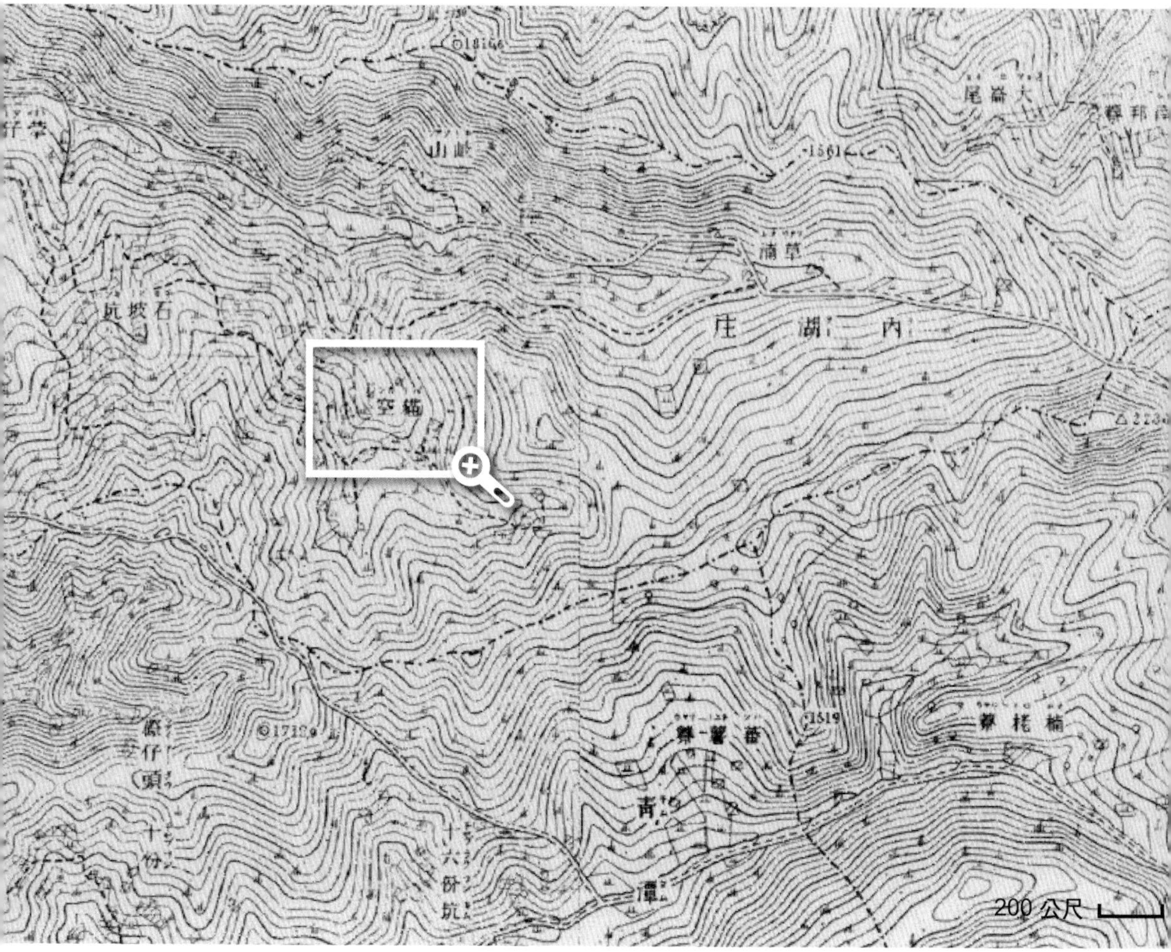

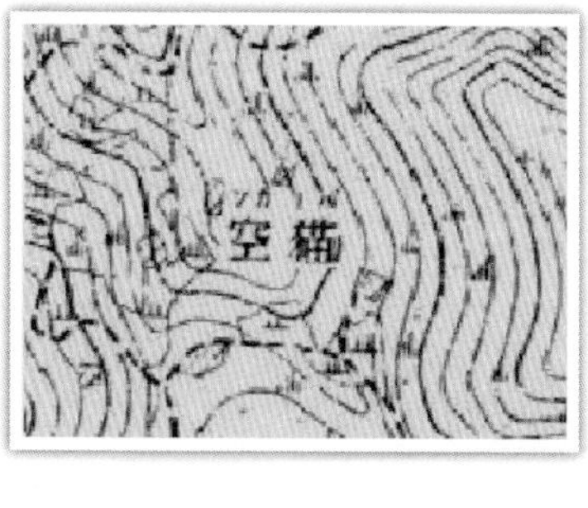

▶《台灣堡圖》（明治版），二萬分之一。

在此先說明一下《台灣堡圖》。台灣在一八九五年被大清割讓給日本，日本統治下的台灣總督府完成台灣土地調查後，在一九〇四年繪製完成《台灣堡圖》（共四百六十六張地圖），呈現清代遺留下來的地方行政區畫（堡里、街庄），根據此圖可以查出清代的台灣地名。

在《台灣堡圖》中，此地標示的漢字並不是「貓空」，而是「猫空」（注意是「猫」，不是「貓」），最重要的標音「バーカン」（Bākang）。啊！原來此地以前的地名台語叫 Bâ-khang，並不是 Niau-khang，這就推翻了從「皺空」變「貓空」的說法。

在進一步討論前，先要釐清「貓」和「猫」這兩個字，因爲多年來已經混淆了。

在台灣通行的正（繁）體中文，以教育部所編的國語辭典爲準，只有「貓」而沒有「猫」。在中國通行的簡體中文，「猫」是「貓」的簡體字，「貓」已不再使用。在日文的漢字，不論新字體或舊字體，就只有「猫」（假名ネコ，羅馬拼音 Neko）而沒有「貓」。以此來看，中文和日文的「貓」或「猫」，指的都是相同的貓科動物。

在台語的漢字，依教育部所編的台灣閩南語常用詞辭典，「貓」是正字，「猫」是「貓」的異體字（異體可指古體、簡體、俗體、帖體等），所以「貓」、「猫」可以通用。

然而，在早年的台語漢字，「貓」（Niau）是貓科動物，「猫」（Bâ）卻是不一樣的靈貓科動物。台灣山區常見的果子狸（又稱白鼻心），台語叫「果子猫」（Kué-tsí-bâ）。台灣早年流行的戲劇「狸猫換太子」，「狸猫」（Lî-bâ）指的是猫而不是貓。

以此來看，台語漢字對「貓」、「猫」本來有所區分，可能後來受到日文、中文的影響，慢慢就混淆了。

因此，如果《台灣堡圖》標音正確，那麼現今「貓空」本來的名稱是「猫空」（Bâ-khang）。那「猫空」是什麼意思呢？可能音譯自原住民語，因爲在清代文獻中，「猫」（Bâ）字也常取其音來音譯原住民語，例如苗栗舊地名「猫裡」音譯自原住民道卡斯族的社名**Bali**，嘉義民雄舊地名「打猫」音譯自原住民洪雅族的社名**Dovaha**。但因找不到相關資料比對，所以就從漢人以動物「猫」命名的方向來探討。

屏東縣恆春鎮的仁壽里，舊名「貓仔坑」，這個「貓」字，當地人的台語發音卻是「猫」（Bâ），念叫「猫仔坑」（Bâ-á-khenn）或「猫仔空」（Bâ-á-khang），這個地方早年就是「果子猫」（果子狸）出沒的坑谷。此外，南投縣埔里鎮溪南里的「生番空」聚落，以地形來看，早年應該是原住民居住的坑谷。

以此推論，「猫空」四面環山，早年可能是常見「猫出沒」的山谷，成爲地名的由來。

順便一提，新北市三峽區有一個叫「熊空」的山區，看來很像日式地名，但此地名在清代已有。因此，「熊空」如果無法確定是泰雅族地名，也可能指有熊出沒的山谷。台灣只有一種熊，就是台灣黑熊，一般生活在海拔一千公尺以上。熊空海拔七百公尺，但或許早年也有熊出沒。

▲果子狸。（圖源：Denise Chan@Wikimedia Commons）

三貂角有貂嗎？

台灣東北角海岸風景區的景點三貂角（新北市貢寮區福連里），這裡是雪山餘脈入海的岬角，也是台灣最東的岬角，並為台灣本島的極東。三貂角附近有日本時代興建的三貂角燈塔，北方還有三貂嶺火車站（新北市瑞芳區碩仁里）。

三貂角的地名與野生動物的貂有關嗎？

答案很清楚，完全無關！台灣是有貂，為特有亞種的珍貴稀有保育類動物黃喉貂，因常合作圍捕山羌（台語稱羌仔），所以俗稱「羌仔虎」，但活動範圍在南部與東部的森林山區。

在台灣的中文史料，三貂角（台語音sam tiau kak）又稱三貂股（台語股音kóo），或簡稱三貂、三朝（台語朝的音也是tiau）、山朝，可見這些都是來自中文音譯。那麼，「三貂角」的音本來是什麼語言呢？

三貂角產自西班牙

根據台灣的西班牙文史料，早在十六世紀中葉以後，西班牙人就從美洲殖民地墨西哥由東向西橫渡太平洋到達菲律賓，在馬尼拉設立亞洲總部，並於一六二六年從菲律賓北上，沿著東台灣航行，最後陸續在基隆、淡水築城。

當年西班牙人沿著台灣東海岸向北航行，在幾個重要地點都以西班牙文命名，包括花蓮的 Duero（花蓮古地名「哆囉滿」）、宜蘭的最大港灣 San Lorenzo（蘇澳）、宜蘭的彎曲海岸 Santa Catalina（宜蘭自蘇澳以北向內彎曲的海岸）、宜蘭的離島 Malabrigo（龜山島），以及台灣最東岬角的聚落 Santiago，離基隆不遠的小海灣 Babatangan（深澳，俗稱番仔澳）等。根據研究，Santiago 後來被漳泉漢人音譯為三貂股、三貂角。

西班牙文 Santiago 是什麼意思呢？西班牙人信仰天主教，Santiago 就是 San Jacobo，天主教中文譯作聖·雅各伯。根據聖經，這位雅各伯是耶穌十二位門徒之一、載伯德之子雅各伯（基督教稱西庇太之子雅各）。

新約聖經描述，雅各伯與伯多祿（基督教稱彼得）本是漁夫，撇下所有跟從了耶穌。雅各伯本來個性暴躁，後來變得寬大，並勇敢傳教，成為第一位殉道的耶穌門徒。傳說雅各伯曾到西班牙傳教，後來遺骨葬在西班牙，受到西班牙人尊敬。

根據記載，一六三〇年西班牙道明會傳教士也曾在三貂角蓋了一間叫聖·雅各伯的小教堂。

台灣的一個小地名三貂角，竟然源自耶穌門徒 Santiago，真是神奇的地名典故！

小筆記

在歐洲的大航海時代（地理大發現），西班牙人所到之處常以 Santiago 命名，包括今天南美洲智利的首都聖地亞哥（或譯作聖地牙哥）、古巴聖地亞哥省的首府聖地亞哥、多明尼加的大城聖地亞哥等，西班牙加利西亞（Galicia）自治區的首府也叫聖地亞哥。

不過，美國南加州聖地牙哥郡及首府聖地牙哥，則是以十五世紀西班牙方濟會傳教士 San Diego 命名。

▲一六六四年荷蘭地圖中的 St. Jago。（圖源：海牙國家檔案館）

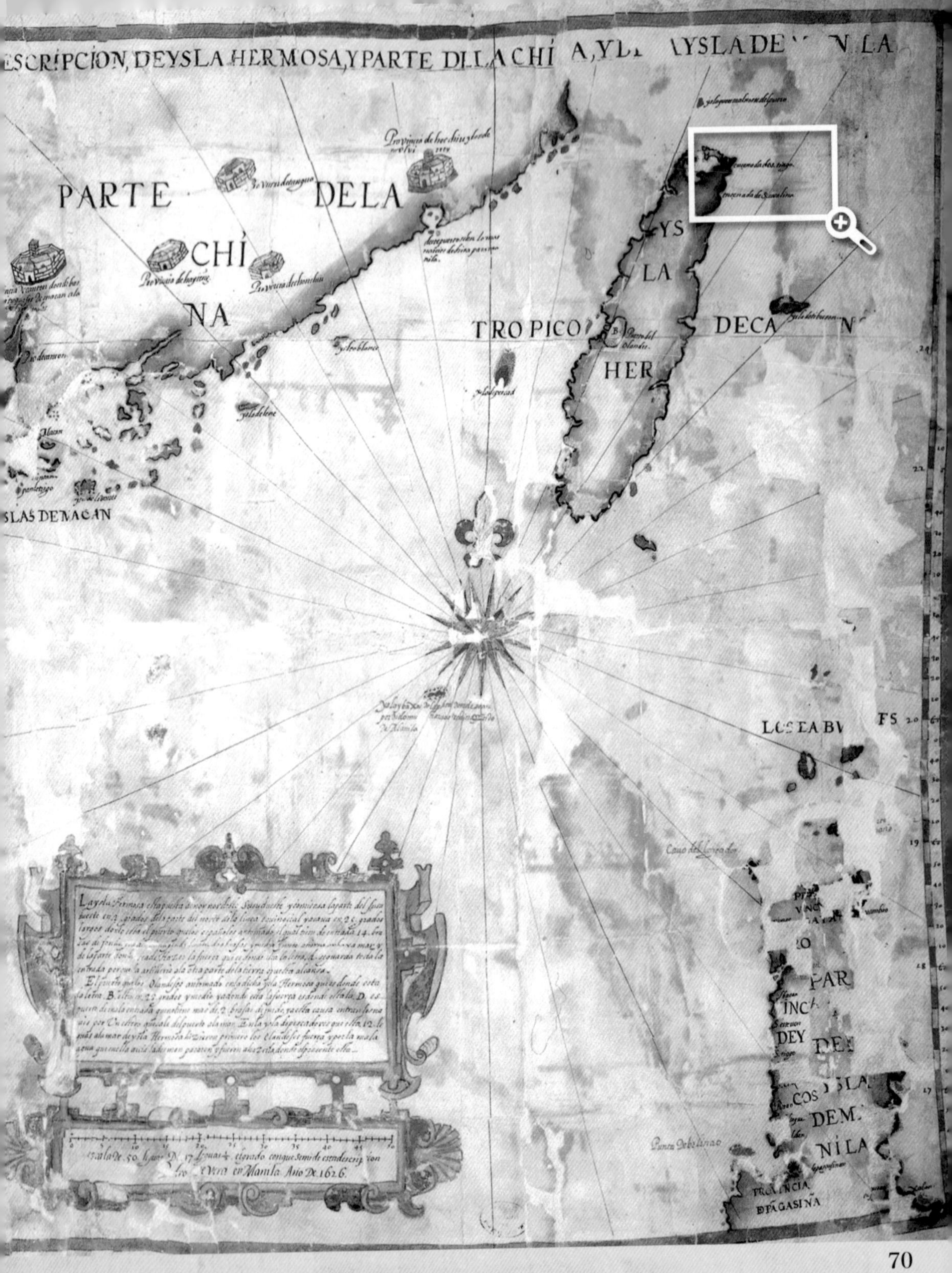

ESCRIPCION, DEYSLA HERMOSA, Y PARTE DLLA CHI A, YL AYSLA DE NLA
PARTE DELA CHI NA
YSLA HER
TROPICO DECA
LOS EABU FS
SLAS DE MACAN
PROVINCIA DE PAGASINA
ESCALA DE 50 LEGUAS
Manila Año De 1626

▲西班牙大帆船模型，此為大航海時代歐洲國家經常使用的船隻。

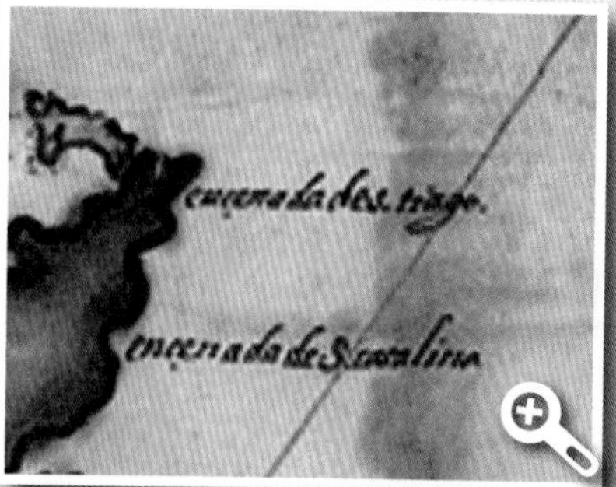

▲一六二六年西班牙佔領時期所繪製的地圖。圖中文字：
上：Santiago（今三貂角）
下：catalina（指宜蘭的彎曲海岸）
（圖源：國立臺灣歷史博物館）

卯澳的卯什麼意思？

新北市貢寮區福連里有個叫「卯澳」的漁港，地名非常特別。台語的「澳」指天然港灣，在「澳」字之前冠上形容詞即可形成地名，一般都以方位或水深來命名，例如宜蘭縣的南澳、東澳、外澳，新北市瑞芳區的深澳。但這個以「卯」為名的港灣，到底是什麼意思呢？

卯是「卯死矣」的意思？

卯澳地名由來，目前常見四種說法，在此說明並提出質疑：

第一、據說是從高處俯視灣澳，形似「卯」字，故而得名。這是官方說法，但一開始就說「據說」，顯然沒有把握，事實上也不可思議，海灣如何長得像一個筆畫不算簡單的「卯」字呢？

第二、從海上瀏覽灣澳，三條山溪匯流於此，彷彿一個「卯」字，因此而得名。這種說法，三條溪流可以合寫出一個「卯」字，也讓人不敢想像。

第三、此地鄰近台灣最東的三貂角，每天日先照，日出時間是卯時，即上午五時至七時。這種說法，說的是沒錯，但台灣哪個地方的日出時間不在卯時？

第四、台語的「卯」（Báu），指得到便宜或意外的好處，「卯死矣」（Báu-sí-ah）就是賺死了的意思，這是當地漁民捕魚豐收的吉祥話。這種說法，只能說是開玩笑。

以上所有說法，看來都是望文生義，都在「卯」這個字上想像卯澳的地名由來。但「卯」有沒有可能是別的意思呢？台語的「卯」（Báu）字也被借用來形容往內凹陷，發音Mauh。卯澳的「卯」可不可能是凹陷之意呢？事實上，卯澳正是外寬內窄的港灣。

我們可以想像，當年福建漳泉移民在爲這個凹陷的港灣命名時，想到「Mauh澳」，但不知Mauh字要怎麼寫？突然腦中浮現地支：子、丑、寅、卯，就決定用發音與Mauh接近的「卯」來寫。啊！這可能就是卯澳的地名由來！

但是，今天我們去問卯澳人，卯澳的「卯」怎麼念？他們會說，就是賺到的Báu，不是凹陷的Mauh。爲什麼這樣呢？我們可以合理推論，在清代卯澳還會念Mauh澳，但後來的人已不知卯澳命名的原由，看到「卯」字自然就念Báu。事實上，台語m和b的發音真的不好區分。

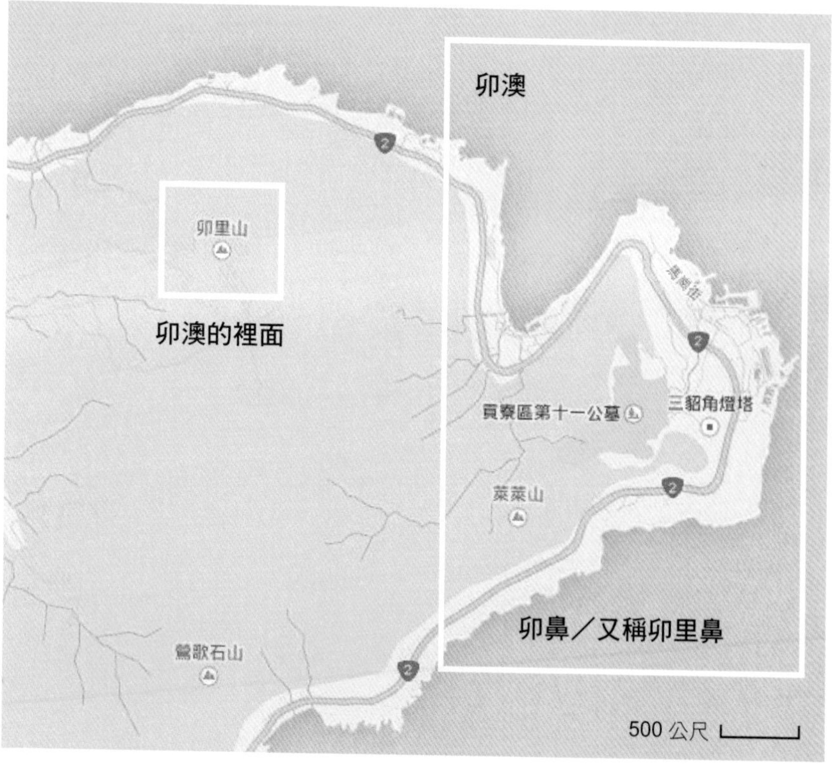

▶今日卯鼻、卯澳的地理位置。

從清文獻中找線索

另一方面，清代文獻中的「卯鼻」，在命名上與「卯澳」是相關的。

十七世紀初，西班牙人從菲律賓北上，沿著東台灣海岸航行前往基隆時，爲台灣本島最東岬角的原住民聚落（自稱Kiwannoan）命名「三貂角」（Santiago）。對漢人來說，三貂角的岬角，則是淡水與宜蘭海上交通的重要標誌，稱之「卯鼻」（台語稱岬角爲鼻），在其左側的天然海灣就是「卯澳」。

在清代文獻中，「卯鼻」最早寫成「泖鼻」（中文字「泖」音Mǎo，ㄇㄠˇ），可見這個字是取其發音近Mauh，用來形容凹陷的地形。卯澳是凹陷的港灣，卯鼻與一般較尖的岬角相比也是較扁的岬角（台語稱鼻仔moh-moh）。

卯鼻也寫成「卯里鼻」。在清代文獻中，「里」與「裏」、「裡」通用，有裡面、聚落的意思，因此卯澳的岬角也稱之卯里鼻。至於「卯里山」，則是卯澳／卯鼻裡面的山。

最後強調，我們雖然爲卯澳地名由來找到具有說服力的答案，但也不敢就此定論，希望大家提供意見，繼續探討。

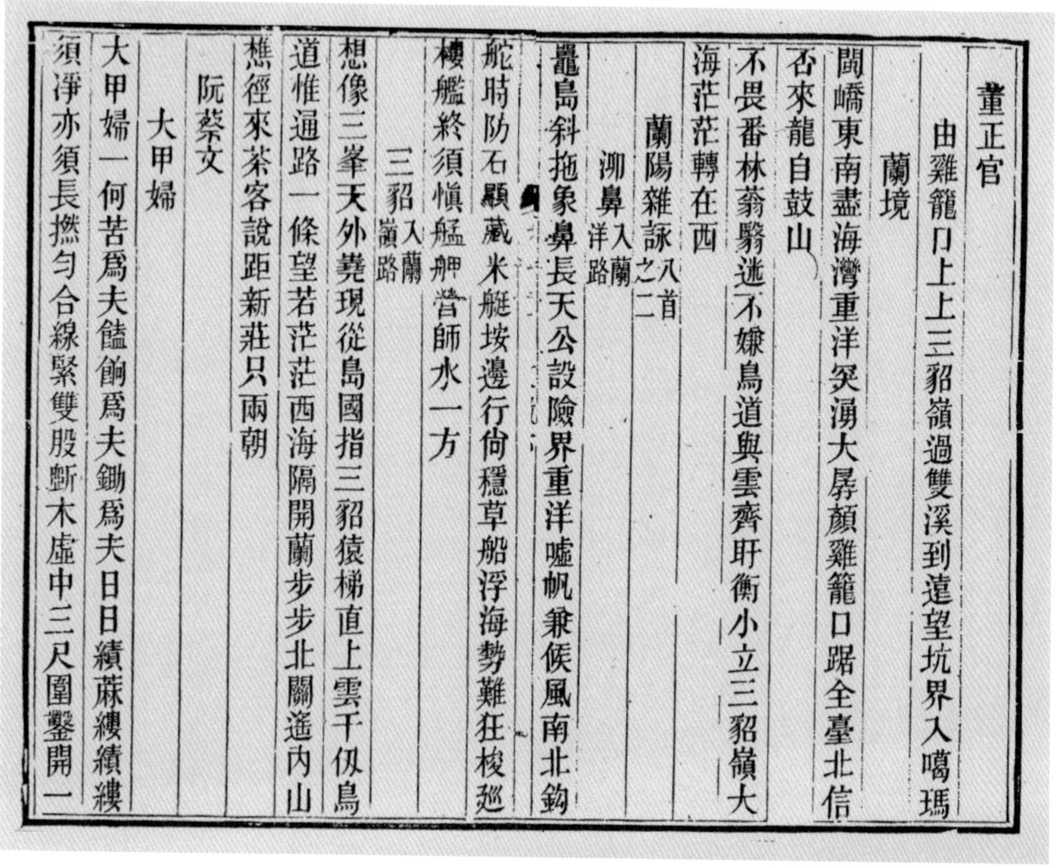
董正官
由雞籠口上上三貂嶺過雙溪到遠望坑界入噶瑪蘭境
鬪嶠東南盡海灣重洋奚湧大孱顏雞籠口踞全臺北信否來龍自鼓山
不畏番林蓊翳迷不嫌鳥道與雲齊盱衡小立三貂嶺大海茫茫轉在西
蘭陽雜詠八首之二
泖鼻入蘭洋路
龜島斜拖象鼻長天公設險界重洋噓帆兼候風南北鈎舵時防石顯藏米艇坡邊行尙穩草船浮海勢難狂梭巡樓艦終須愼艋舺營師水一方
三貂嶺入蘭路
想像三峯天外堯現從島國指三貂猿梯直上雲千仞鳥道惟通路一條望若茫茫西海隔開蘭步步北關遙內山樵徑來茶客說距新莊只兩朝
阮蔡文
大甲婦
大甲婦一何苦爲夫饁餉爲夫鋤爲夫日日績蔴縷績縷須淨亦須長撚勻合線緊雙股斷木虛中三尺圍鑿開一

▲清同治十年（一八七一）《淡水廳志》中記載「泖鼻」，形容其地形如同象鼻一般，深入海中，是天然的險要。

富貴角爲何富貴？

台灣北海岸的景點富貴角（新北市石門區富基里），這裡是大屯山餘脈入海的岬角，也是台灣最北的岬角，台灣本島的極北。富貴角有日本時代興建的富貴角燈塔，還有著名的富基漁港，「富貴」地名從何而來？與「富基」又有什麼關係？

富貴角是意譯還是音譯？

富貴角地名由來，一般都根據日本時代文化人類學家伊能嘉矩的說法，指源自荷蘭古地圖標示的荷蘭文Hoek（音hu:k），就是角、岬角的意思。然而，如果「富貴」就是岬角的意思，何必在後面再加「角」呢？Hoek又是何時音譯爲富貴呢？

根據荷蘭文獻推論，荷蘭人標示Hoek，只是在地圖上標示那裡的地理形狀，而不是爲那個岬角命名。根據清代文獻，該處以原住民語音譯爲「打鞭」、「打賓」。由此可見，富貴角是後來日本時代才出現的地名。

十九世紀，歐美人士重新繪製更精確的東亞地圖，曾參考以前荷蘭人所繪的地圖，但把台灣最北岬角本來標記的Hoek，誤抄成Fo-ki或Faki。日本人在十九世紀末統治台灣後，也參考歐美新地圖，可能根據Fo-ki的音，在音譯上使用發音相近的日文漢字「富貴」（Fūki）音譯，並且因爲是岬角而加了角字，變成富貴角。

由於日文漢字的「貴」與「基」發音相同，所以「富貴」有時也寫作「富基」。

根據日本時代官方史料，台灣最北岬角的燈塔在一八九六年興建、一八九七年完工，原名富貴角燈塔，但到了一九〇八年改名富基角燈塔。這種情形，解釋了直到目前還有「富貴」、「富基」兩種寫法的原因。

全台唯一的荷蘭地名

富貴角可說是目前所知全台灣唯一留下的荷蘭地名。荷蘭人統治台灣三十八年（一六二四年至一六六二年），給人的印象主要在南台灣。其實，荷蘭人在一六四二年北上驅逐占領北台灣的西班牙人後，也在基隆和淡水築城，在淡水建了「安東尼堡」，就是今天所稱的「紅毛城」。荷蘭人在一六六二年被鄭成功逐出台灣後，一六六四年又回到基隆整軍四年，直到再被鄭軍擊敗。

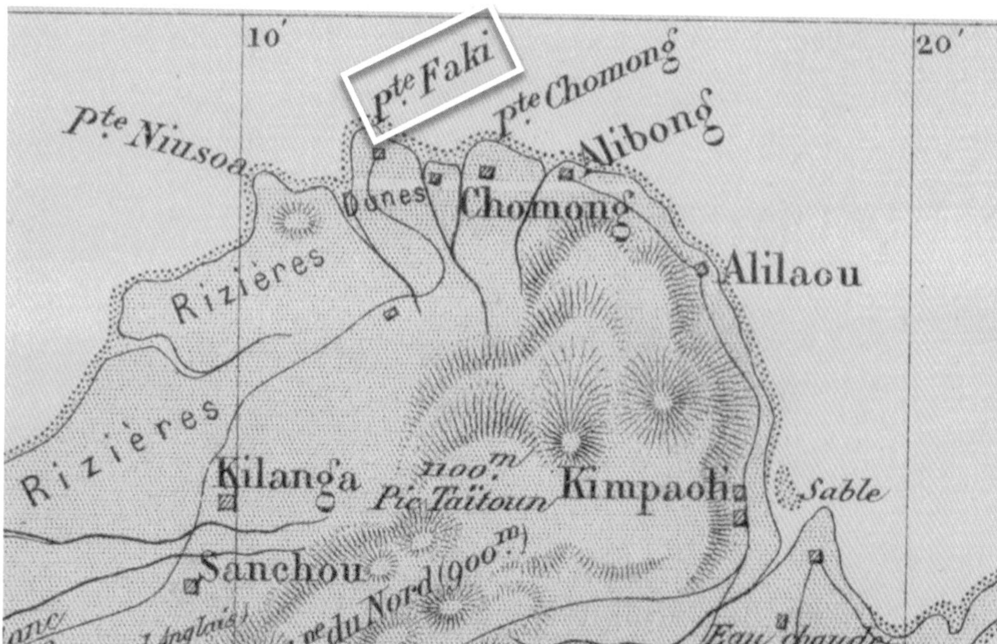

▶北部台灣圖。據法國巴黎地理學會、一八八四年法國遠征軍紀錄繪製而成。可見圖片上方的Faki。

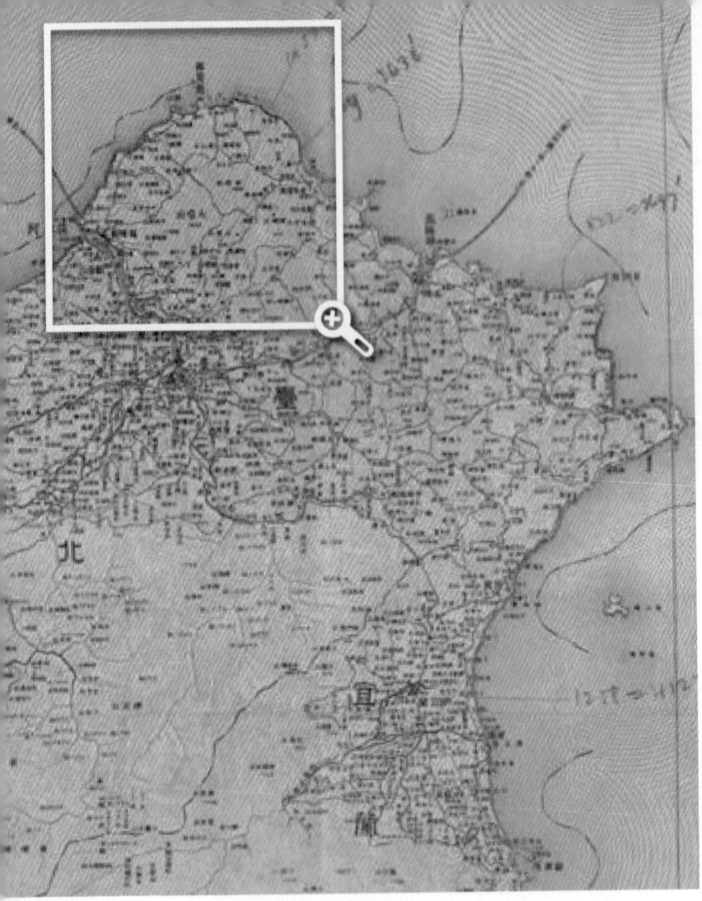

可能有人會問：西班牙人既然爲台灣最東岬角命名Santiago（三貂角），在台灣北海岸命名Punto Diablos（野柳岬角），應該也會爲台灣最北岬角命名啊。這是沒錯，可惜當年西班牙人在台灣留下的資料比荷蘭人少很多，目前還沒看到相關史料。

▶明治三十二年（一八九九）《大日本帝國臺灣島豫察地形圖》，四十萬分之一。圖中可見位於富貴角下的打濱，以及大家熟悉的竹仔湖、紗帽山、沙崙等地名。

金山爲何又叫金包里？

金山、萬里是台灣北海岸熱門景點，金山鴨肉、萬里蟹也非常有名，但地名由來卻眾說紛紜。

台灣沒有名為「金山」的山

首先要澄清金山產金之說。金山的地名很容易讓人以爲是產金的山，就像十九世紀華人爲美國加州三藩市（San Francisco）命名「舊金山」（最早也稱金山），爲澳洲大城墨爾本（Melbourne）命名「新金山」。但台灣的金山不曾產金，台灣也沒有一座山叫金山，台灣真正的產金區在新北市瑞芳區的九份、金瓜石。

金山至今仍有產金傳說，指金山境內的磺溪曾經有沙金。事實上，金山的磺溪稱爲北磺溪，北投的磺溪稱爲南磺溪，都是源自台北最高的七星山（複式火山），溪水中流的是硫黃，不是黃金。

新北市的金山區，與相鄰的萬里區，雖然分成兩個區，但早年曾屬同一行政區，從古至今也是共同生活圈。

「金包里」溯源

金山舊名「金包里」（台語Kim-pau-lí）。萬里舊名「瑪鋉」（台語Má-sok），至今還有瑪鋉溪、瑪鋉港、瑪鋉路，但「鋉」字卻常被誤寫成「鍊」。萬里還有一個舊名「萬里加投」（台語 Bānlí-ka-tâu），今萬里區大鵬里與金山區交界處還留有萬里加投的地名。

探討金包里、瑪鋉、萬里加投地名由來，讓我們從十七世紀的荷蘭、西班牙時代說起。

根據荷西文獻，北台灣的原住民馬賽族，從基隆到金山有個大社群叫Kimpauri（或寫作Kimauri），此一原住民語的中文音譯「金包里」，就是金山舊地名的由來。這個社群的主力最早在基隆和平島對岸的大沙灣，以及基隆老市區一帶，但清代以後逐漸往金山遷移。

西班牙人一六二六年至一六四二年統治北台灣，在基隆和平島、淡水興建城堡，因兩地海上交通常受季風、海流影響不甚便利，所以在一六二九年沿著北海岸打通一條聯絡兩地的道路，但路況很差。

荷蘭人在一六四二年把西班牙人逐出台灣，隨即派員考察這條海岸道路，並寫了一篇《從淡水林子到雞籠的報告》，在此簡述及說明如下：

一六四二年十一月二十一日，荷蘭隊長優司特・戴・弘特（Joost de Hont）帶著馬賽族嚮導Samco，從淡水林子出發，第一晚住在Malleymey，這個地名音近清代文獻的「嘎嘮覓」，可能是今新北市石門區「老梅」地名的由來。

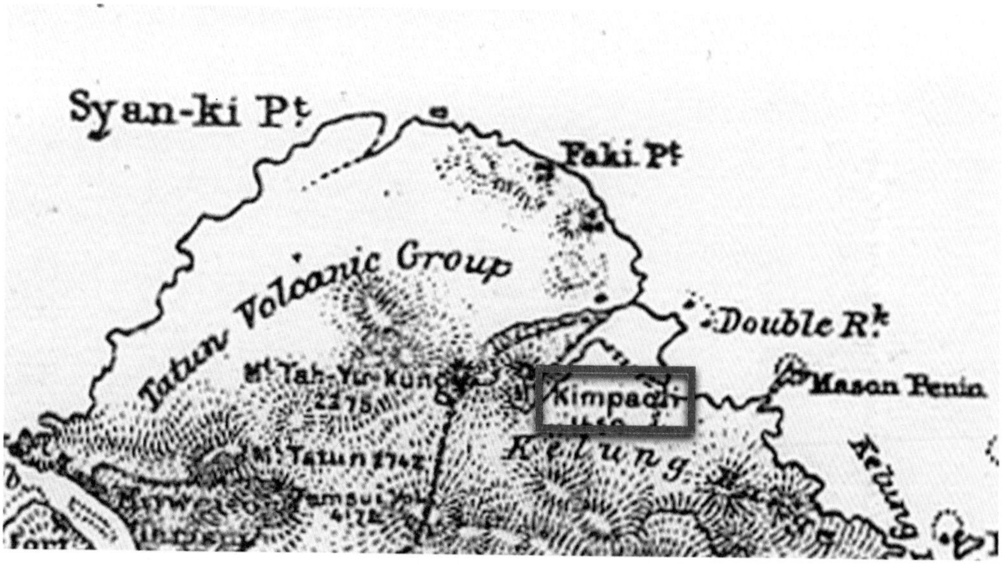

▶《福爾摩沙島與澎湖群島圖》，美國駐廈門領事李仙得編繪，收於一八七一年《美國與外國商業關係年度報告》。

二十二日，兩人經過一處叫 Pereketau 的沙灘，這個地名音近清代文獻的「萬里加投」。兩人又經過一條叫做 Basa 的大溪，這個地名音近「瑪鍊」，也與馬賽族（Basay）幾乎同音，可見「瑪鍊」早年是當年馬賽人的活動區域。

二十三日近午，兩人抵達基隆岸上的 Kimpauri 部落，這個地名就是「金包里」。下午，兩人渡海到對岸和平島的 San Salvador，即西班牙人所建的聖薩爾瓦多城。

這篇報告，有助於我們了解金山、萬里後來的地名沿革。

清代設置的行政區「金包里堡」，範圍涵蓋今新北市的金山區、萬里區及石門區的下角。金包里堡共轄八個庄，其中的頂萬里加投庄、中萬里加投庄、下萬里加投庄在今萬里區內。根據現有資料推論，金包里之名源自馬賽族語 Kimpauri，萬里加投之名源自馬賽族語 Pereketau，但都不知其義。

至於瑪鍊，或寫作馬鍊，在清代屬中萬里加投，這裡應該是早年馬賽人在今萬里區的大部落，位在今萬里區的行政中心萬里里。瑪鍊之名源自馬賽族語 Basay，就是人的意思。

日本時代行政區劃改組

日本時代在一九二〇年進行的行政區域畫分及地方制度改革，把金包里堡中屬今日金山的幾個庄，合組並改成日式地名「金山庄」；屬今萬里的頂、中、下萬里加投庄，則簡化為「萬里庄」。這是今新北市金山區、萬里區的地名由來。

金包里在日本時代改成日式地名「金山」（Kanayama）。金山是日本的姓氏和山名（日本群馬縣太田市就有一座金山），日本人爲什麼把金包里改名金山?大概因爲金包里有個「金」字吧！

戰後，金山的地名變成國語後，有人轉成台語念成Kim-san，但很多人仍以台語叫金包里，保存了最早的原住民語地名。

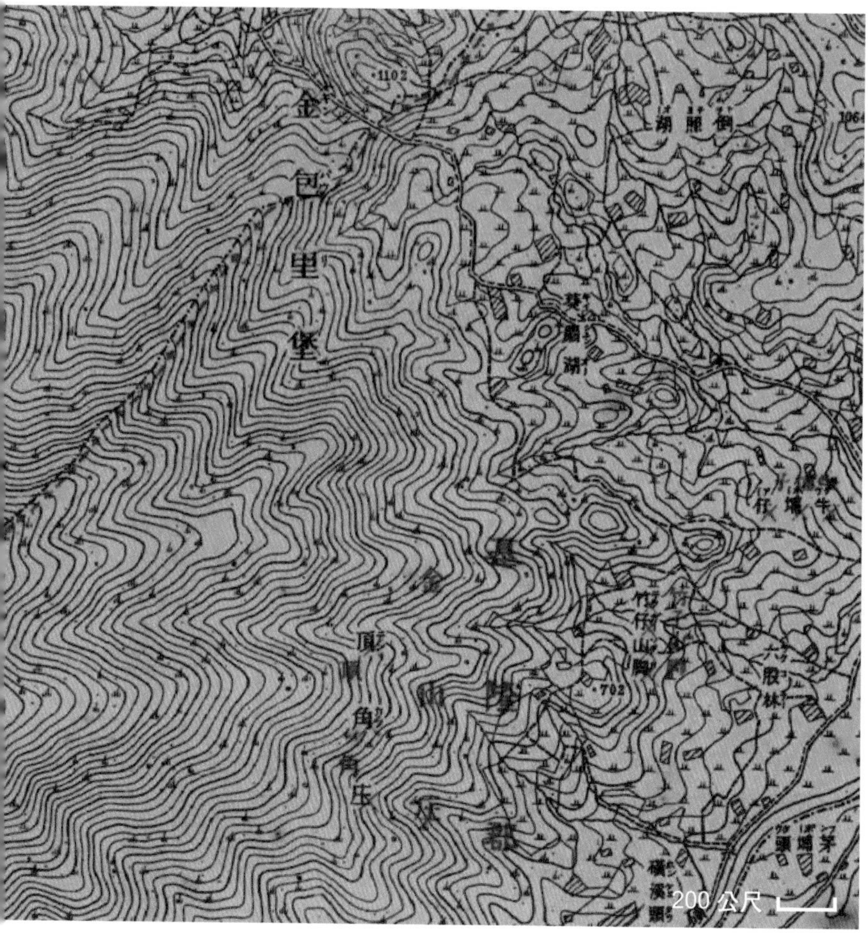

▲《台灣堡圖》（大正版），二萬分之一。圖中可見地名金包里堡被刪除，新增基隆郡金山庄。

野柳有野生的柳樹？

台灣北海岸的著名景點野柳（新北市萬里區野柳里），這裡是大屯山餘脈入海的岬角，以風化、海蝕形成的「女王頭」、「燭台石」等奇岩怪石聞名，附近還有近年來以「萬里蟹」著稱的野柳漁港。但是，在野柳並沒有看到「野生的柳樹」啊！

野柳是清代或更早就有的地名，如果命名與柳樹無關，那就可能源自原住民語，但是後來我們從台灣史研究找到了答案，原來野柳源自西班牙語！

▶野柳女王頭。

荷蘭、西班牙的競賽

十七世紀初，歐洲最強大的兩個海權國家荷蘭、西班牙，爲了對外殖民、貿易、傳教，把勢力擴展到了東亞。荷蘭人繞過南非洲往東從印度洋而來，在印尼雅加達設立總部。十六世紀已跨過大西洋、在美洲建立殖民地的西班牙人，則從墨西哥往西橫越太平洋而來，在菲律賓馬尼拉設立總部。

荷蘭、西班牙在歐洲相互爭戰，來到東亞後繼續競逐，先後在當時不屬任何國家管轄的台灣設立據點。荷蘭人一六二四年占領南台灣，在台南安平建「熱蘭遮城」（Zeelandia）。西班牙

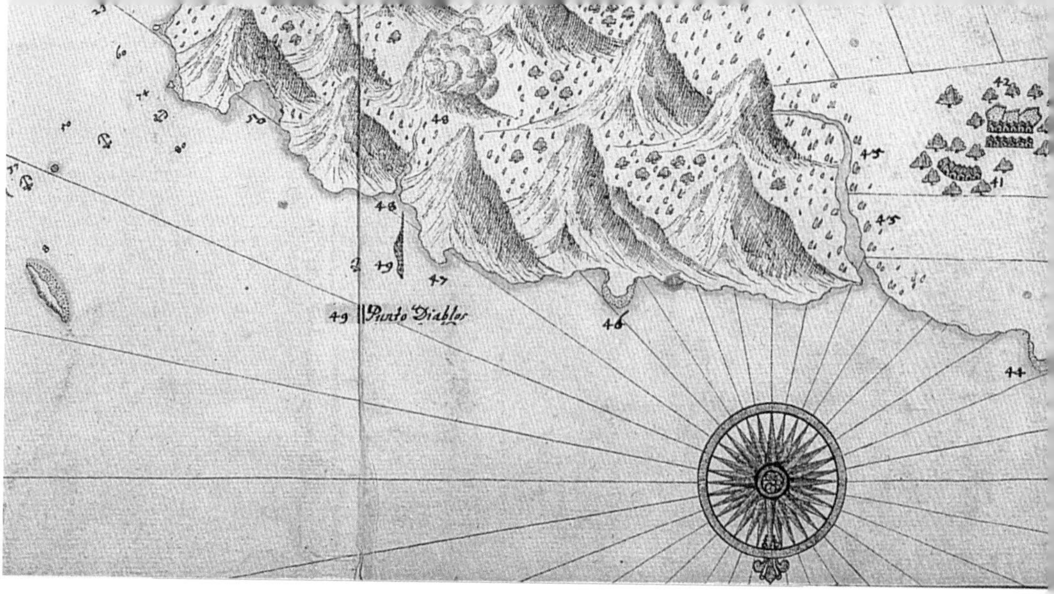

▶一六五四年荷蘭人繪製的《大臺北古地圖》上，編號49標示Punto Diablos（魔鬼角）。

人一六二六年占領北台灣，先在基隆和平島建「聖薩爾瓦多城」（San Salvador），後在台北淡水建「聖多明哥城」（San Domingo）。

魔鬼角

當年西班牙人航行基隆和淡水之間，因在經過野柳岬角處常會觸礁擱淺，並遭當地原住民趁火打劫，所以在地圖上標示Punto Diablos。西班牙文的Punto就是岬角，Diablo即英文的Devil，就是魔鬼的意思，可見那時西班牙人把野柳視爲可怕的魔鬼岬角。西班牙文Diablo，可以確定就是台語野柳（音iá liū）的來源。

荷蘭人在一六四二年把西班牙人逐出台灣後，對野柳的地名大都跟隨西班牙人的稱呼，荷蘭地圖對野柳標示Duijvel hoek或Caap Diable，都是魔鬼岬角的意思。

野柳的地名由來竟是魔鬼，雖然有點煞風景，卻展現了真實的地理和歷史！

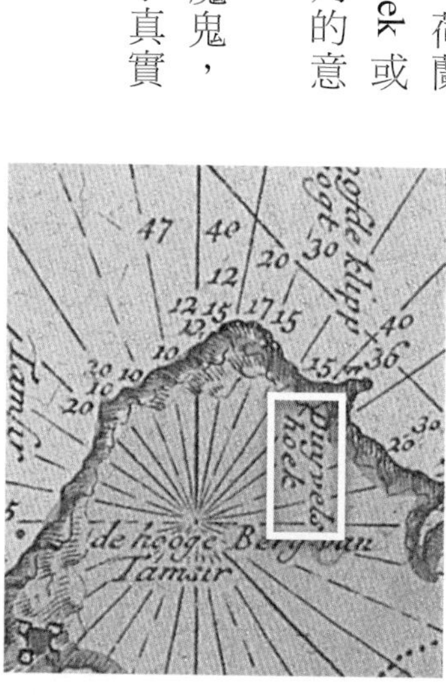

▶十七世紀中荷蘭人Van Keulen所繪地圖中標記Duyvels hoek。

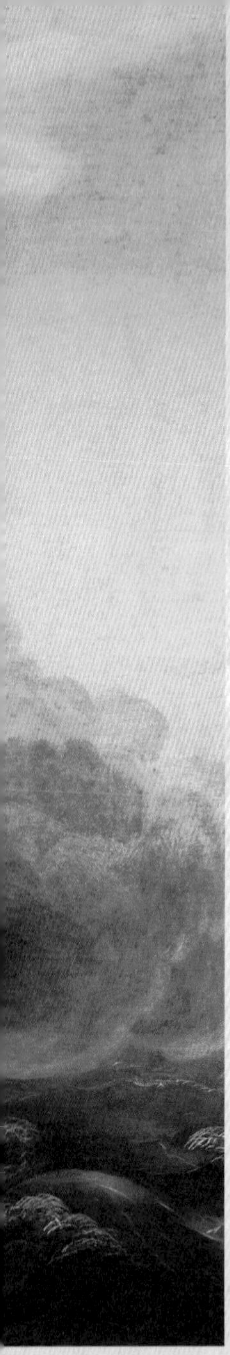

四百年前橫越太平洋的西班牙船隊

從野柳的海難，不禁讓人想問：在十六、十七世紀，西班牙人的帆船如何橫渡太平洋，往返美洲和東亞呢？原來，西班牙人的動機是3G：God，Gold，Glory，航海則靠北赤道洋流。

西班牙船隊從美洲殖民地墨西哥的Acapulco港出發，跟著北緯十五度的北赤道洋流，由東向西橫渡太平洋，三個月就可到達菲律賓。

在回程上，西班牙人則花了好幾年時間才找到航線：北赤道洋流到達菲律賓後，有一分支轉向北方（黑潮），經過台灣東海岸到達日本南方；在北緯四十五度分成兩支，有一支由西向東橫渡太平洋；到達北美洲後，再分成兩支，有一支往南的加利福尼亞洋流，最後回到Acapulco港。回程時間較長，需要五、六個月。

對當年西班牙的軍人、商人、傳教士來說，這是既艱苦又危險的航程，兩人中只有一人歸來。他們傳播了福音，也掠奪了殖民地，至於國家和個人是否贏得了榮耀？則交由歷史和上帝評判。

龜吼是烏龜生氣了？

新北市萬里區的龜吼里，在翡翠灣、野柳之間的龜吼漁港，和位於此區北海岸的小漁村，以及通往野柳的海岸公路等，近年來已成爲觀光景點。對遊客來說，首先好奇的是龜吼的地名，難道是指龜在吼叫嗎？

有人還說，龜吼的「吼」是台語，發音háu，就是哭泣的意思。如此，龜吼就變成了龜在哭泣。龜吼在地人不喜歡家鄉被念成龜在叫、龜在哭，實在很不吉利，所以就會說：應該念成「龜孔」（台語音Ku-khang）才對啦！

烏龜洞

龜吼地名由來，在龜吼漁港已有立牌解說：因爲這裡以前有個石洞，從沙灘通到海邊，常有海龜爬到石洞產卵，故當地居民稱之「龜孔（空）」；在日本時代初期，官方文書尙寫成「龜空」，後來有人爲了使「龜孔」的孔字更像台語，故在旁另加一口部，結果竟變成外地人誤會把「龜吼」念成國語的「龜哭」。

但經過查證《台灣堡圖》，龜吼是清代就有的地名。在《台灣堡圖》中，除了標示「龜吼」二字，又以日文片假名標音「クカン」（Kukan）。由此可見，「龜吼」是清代就有的地名，但發音卻是「龜孔」（Ku-khang）。

那麼，龜洞的台語地名爲什麼會寫成龜吼呢？今已無從可考。但如果是把龜孔改成龜吼，我們或許可以猜測，是不是有文人認爲龜孔之孔對孔聖人不敬，才在孔邊加了口字變成龜吼？

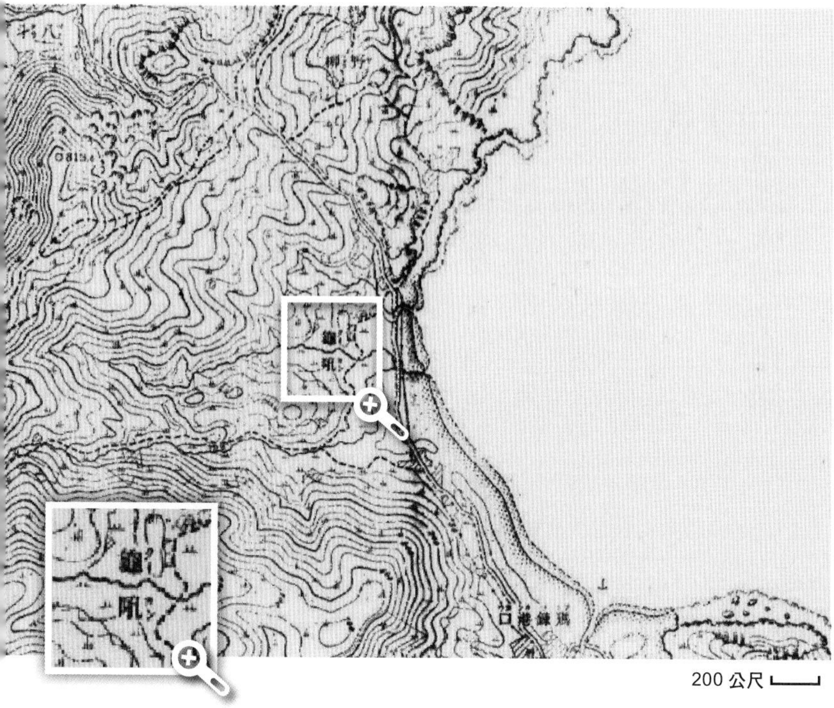

▲《台灣堡圖》（明治版），二萬分之一。

小筆記

孔、空都有洞穴之意，當前流行的台式國語「好康」，指有好處或好運氣，就是源自台語「好孔」（Hó- khang）。但什麼是「好孔」呢？

台語有一句歇後語「一孔掠雙隻」（掠音 liah，抓的意思），答案就是「好孔」。一般一個洞穴裡只有一隻獵物，如果在一個洞穴裡抓到兩隻，那就要大聲叫「好孔」了！還有一句俗話「一孔掠三尾」，在一個洞穴裡抓到三尾魚，真是「好孔」啊！

九份最早住有九戶人家？

新北市瑞芳區的九份，自一九九〇年代以來已發展成爲台灣最熱門的觀光景點之一，尤其是日本旅客必遊之處。

九份地名由來，官方說法及各種中外文旅遊簡介都說：這裡最早住著九戶人家，對外採購都要求先分成九份，再運送到此。

這種說法聽來言之成理，卻是常見以望文生義來解說地名由來的例子。如果九份地名由來是運送物資分成九份，那麼爲什麼台灣其他很多也有「份」或「分」（分是份的簡寫）的地名，卻是不同的解釋呢？

「份」是漢人專業用語

台灣歷史上，漢人在侵墾（漢人說拓墾，實則大都是入侵原住民的土地及傳統領域）的過程中，產生了一些專門用詞，後來很多都成了地名。例如：爲了防禦而建立的土堡「圍」，由佃戶合組的耕作組織「結」，多人合資從事樟腦、大菁藍染等行業的「股」、「份」，以及耕地面積單位的「甲」、「張犁」等。

「份」的用法一般有兩種：一種與「股」相同，即股份（或寫作股分）；另一種則是先把耕地分成大小不同「頭份」、「二份」、「三份」等很多份，再以「拈鬮」（抽籤）來分配，另外，台灣在清代樟腦業興盛，很多民眾合股以煮樟腦爲業，而腦灶常以每十灶爲一「份」。

我們以新北市平溪區的「十分」（舊名十分寮）來說明地名由來，當地早年以煮樟腦爲業，可能有十個股份，或是有十份腦灶，也就是一共有一百個腦灶。至於「寮」，就是爲了工作所搭建的茅草屋。

據此，我們就可以解釋新北市平溪區的「五分寮」、石碇區的「八分寮」、基隆市七堵區友蚋的「七分寮」、苗栗縣三灣鄉的九分寮、台南市善化區的「六分寮」，以及台南市七股區的十份塭等的地名由來。

再回來談到九份。九份在清光緒十九年（一八九三年）發現金礦，隨即進入黃金時代，直到一九七一年停止開採。九份也隨著礦業的沒落而蕭條，直到一九八九年由名導演侯孝賢在九份取景的電影「悲情城市」發行，才帶動了後來的懷舊風潮和觀光發展。

那麼在採金之前的九份呢？在清代，基隆堡的「焿仔寮庄」，涵蓋今台北市瑞芳區的海濱里和九份地區。焿仔寮、焿子坪是台灣常見的地名，這是早年製造鹼的地方，「鹼」（台語音kinn）常被寫作「焿」。

當年的九份是否也有合股的行業呢？九份文史工作室負責人羅濟昆提供了一種說法：九份在金礦業之前以採樟煮腦爲業，有九十口腦灶，十口灶爲一份，一份一間腦寮，共九份九間腦寮。

或許，這才是九份地名的由來。現今的九份派出所門前，還有一棵百年老樟樹呢！

小筆記

順便談一下瑞芳地名由來。很多人以為瑞芳是日式地名，因為在日本有好幾間佛寺叫「瑞芳寺」，其實瑞芳是很本土而且是清代就有的地名。

早年瑞芳位於基隆河水運上游處，也是宜蘭、台北往來必經之地，後來又是前往九份、金瓜石山區採礦的中途站，傳說當地有一家雜貨商店叫「瑞芳」，店名後來成為地名。

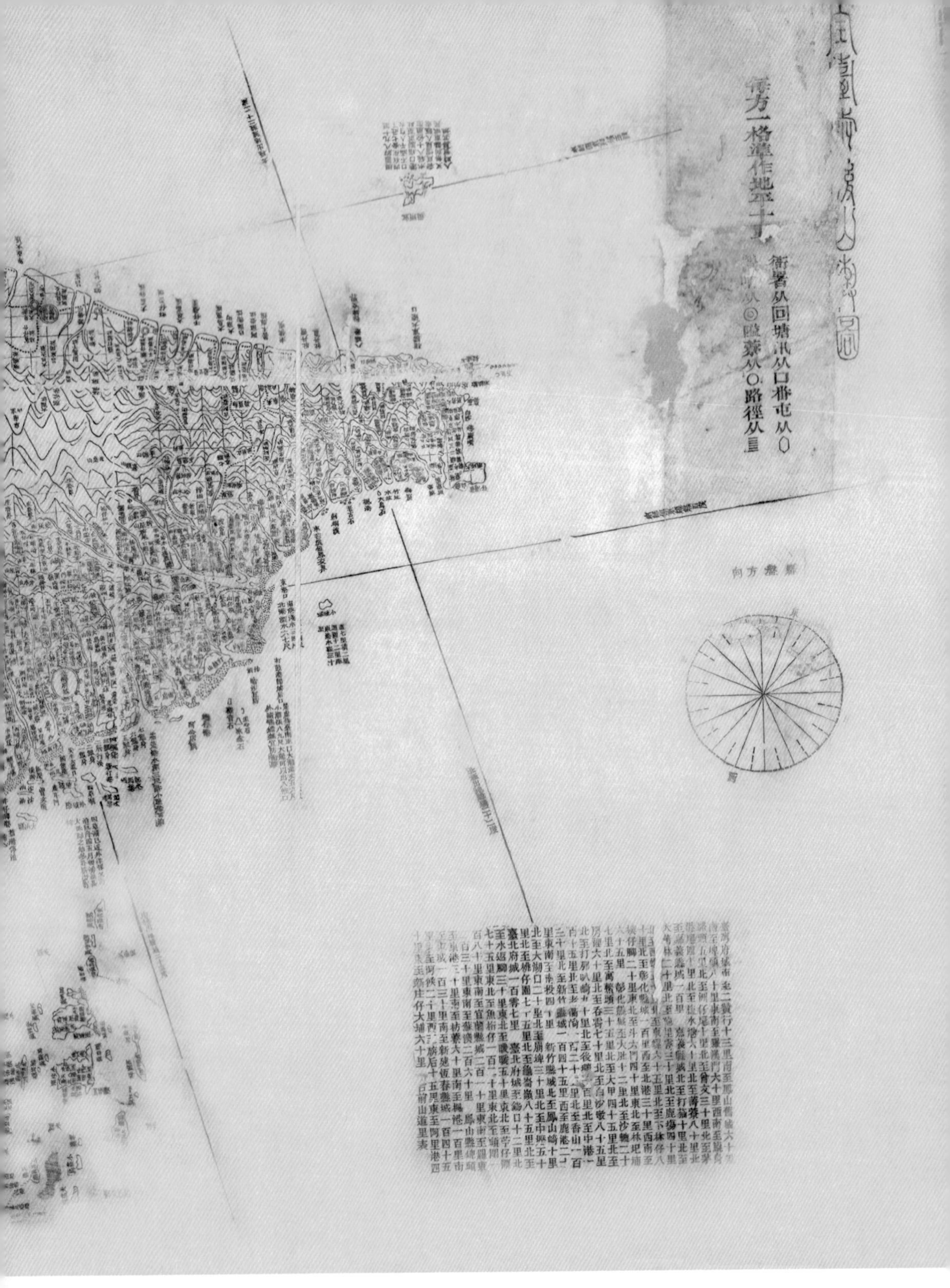
每方一格準作地五十里

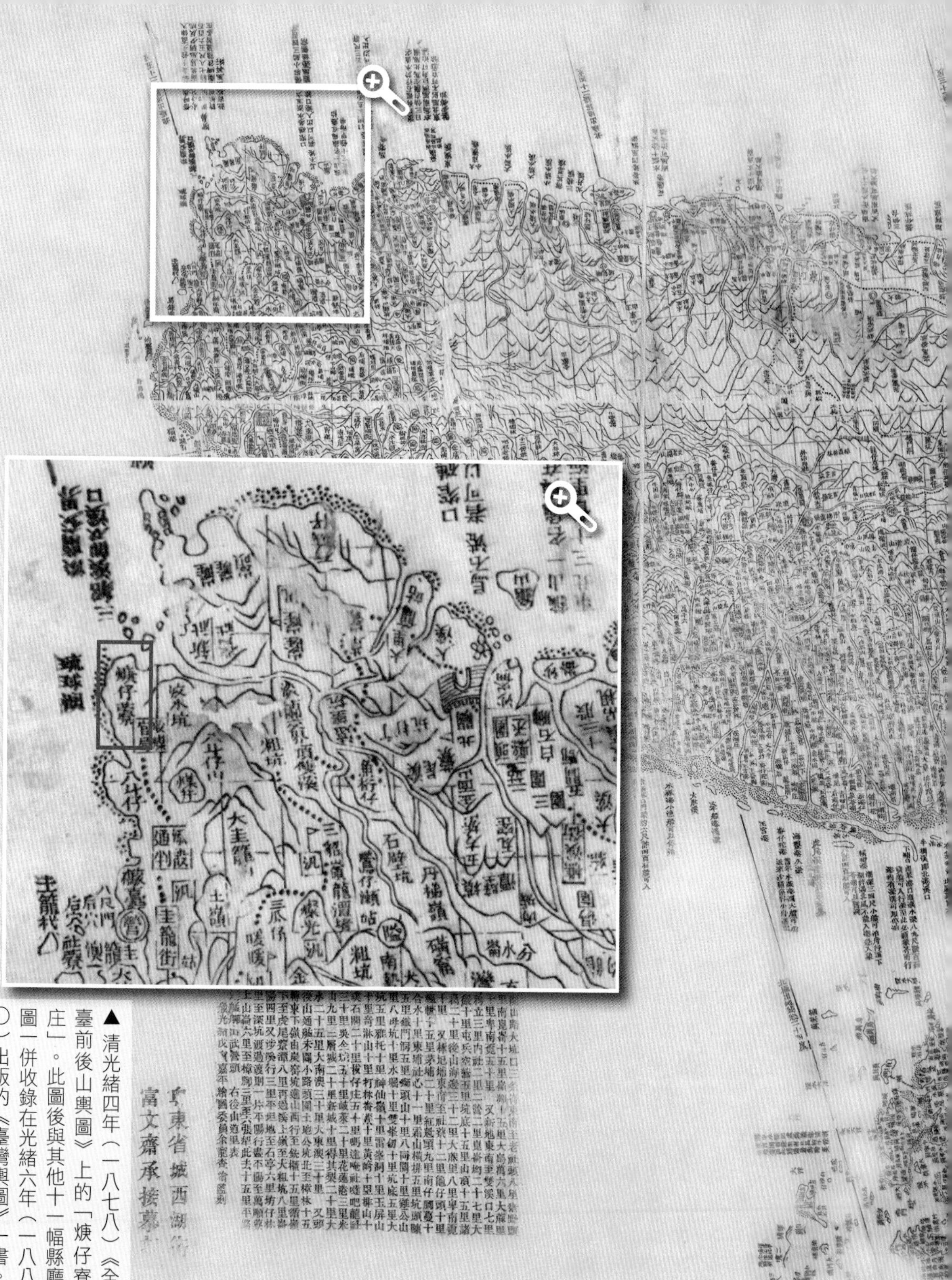

▲清光緒四年（一八七八）《全臺前後山輿圖》上的「煉仔寮庄」。此圖後與其他十一幅縣廳圖一併收錄在光緒六年（一八八〇）出版的《臺灣輿圖》一書。

菁桐是樹名？

新北市平溪區的菁桐老街，附近平溪線鐵路的菁桐車站，都是著名的觀光景點。菁桐的地名由來，一般都說源自當地有很多菁桐樹，但我們卻查不到有一種叫菁桐的樹。

「菁桐」與「梧桐」

菁桐在清代的舊地名是菁桐坑，在日本時代因開發煤礦而成爲繁榮的聚落，直到戰後停採煤礦才逐漸沒落，後來轉型發展觀光，菁桐老街予人懷舊印象，建於一九二九年的菁桐車站則是新北市的市定古蹟。

菁桐（台語漳音 Tshenn-tông，泉音 Tshinn-tông）是什麼意思呢？因爲有資料提到菁桐樹就是梧桐樹，才解開了謎題，但梧桐與菁桐有什麼關係呢？

梧桐原產於中國、日本，我們在中國北魏文獻找到爲梧桐的注解：「今人以其皮青，號曰青桐也。」原來梧桐又稱青桐，那麼青桐與菁桐又有什麼關係呢？

▲梧桐樹幹。

「菁」與「青」

根據中文辭典，「菁」的解釋有三：一、韭菜的花，二、花朵，三、蕪菁（台灣一般稱大頭菜，台語叫「菜擴」，音tshài-khok）。「青」則指深綠色或靛藍色（青出於藍，勝於藍）。「菁」與「青」的意義完全不同。

在台灣，藍染植物一般都寫成大菁、小菁，但在清代文獻也找到大青的寫法。以此推論，「青」字被加了草字頭變成「菁」，後來就約定俗成了。

這種情形也發生在檳榔。新鮮、未成熟、未加工的檳榔子，歷來的中國文獻都稱爲「檳榔青」，在台灣卻寫成「檳榔菁」，俗稱「菁仔」（台語音tshenn-á/tshinn-á）。這裡的「菁」與「青」發音相同，可見這兩個字意義相同。

以此來看，這就是有些中國漢字在台灣出現了變異，菁桐、大菁、小菁、檳榔菁的「菁」字，本來應該都是「青」字。台灣有些「菁仔」的地名，可能指檳榔，但也可能是藍染。台北市北投區的菁仔園、菁礐，台南市後壁區的菁寮（舊名菁仔寮），都是藍染業的聚落。

下次去菁桐旅遊，當知菁桐就是青桐，青桐就是梧桐，這樣就會增添不少詩意。

在中華文化，梧桐是高貴之樹，木材用來製作古箏，樹身高大挺拔充滿文學想像，所以自古以來就有「鳳凰非梧桐不棲」的傳說。

《詩經．大雅》有一首詩：「鳳凰鳴矣，於彼高岡。梧桐生矣，於彼朝陽。菶菶萋萋，雍雍喈喈」，就是形容鳳凰高鳴、梧桐茂盛的景象。

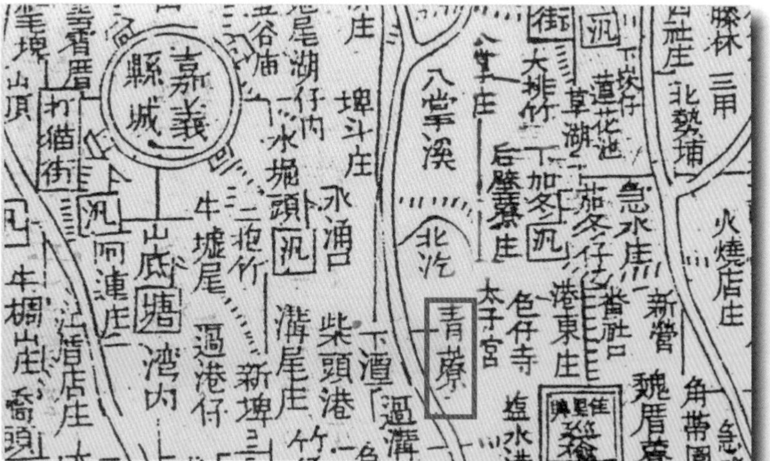

▶後壁寮庄附近的「青寮」，此地當時屬臺灣府嘉義縣。此為《臺灣府嘉義縣分圖》，收入光緒六年（一八八〇）《臺灣輿圖》。

關西與鹹菜有什麼關係？

中國、日本都有關東和關西的地名，台灣也有關西的地名，卻沒有關東，只有便利商店賣的關東煮。哈！先說結論，台灣的「關西」是從「客家鹹菜」變來的！

關東、關西應該是相對的地名。在中國古代和近代，關東指函谷關（或山海關）以東，關西指函谷關以西。在日本的本州則有關東、關西（近畿）兩大區域，關東主要指東京一帶，關西主要指京阪神一帶。台灣的新竹縣有關西鎮，為什麼沒有關東鎮？

鹹菜甕

新竹縣的關西鎮，居民以客家人為主，舊地名是客家語「鹹菜甕」（Ham-coi-vung），鹹菜甕也常寫成簡體「咸菜硼」，或發音相近並加以美化的「啣彩鳳」。

鹹菜甕的地名由來，常見三種說法：第一、當地三面環山，只有鳳山溪西流成為開口，地形好像醃製鹹菜的甕。第二、當地物產富饒，取之不盡，有如從甕中取鹹菜，隨手可得。第三、當地客家人都利用第二期稻穀收割後，種植芥菜來醃製鹹菜，到處可見鹹菜甕。

以上三種說法，第三種說法應該是望文生義，第二種說法好像神話，只有第一種說法較具象且可信。事實上。如果去看關西的地形圖，那是山溪的沖積扇地形，看起來很像甕（或畚箕）啊。

日本時代的改名

鹹菜甕的地名在日本時代改名「關西」。一九二〇年，台灣總督府進行自一八九五年統治台灣以來最大規模的行政區域畫分及地方制度改革，並以所謂的簡化、雅化原則，把很多台灣地名改成日式地名。

有些改名則毫無根據直接取代，例如錫口改成「松山」、牛罵頭改成「清水」、葫蘆墩改成「豐原」、林圮埔改成「竹山」、阿公店改成「岡山」等。但有些改名會依據本來的台語、客語發音，例如「打狗」（台語 Tá-káu）改成「高雄」（日語 Takao）、艋舺（台語 Báng-kah）改成「萬華」（日語 Manka）等。

鹹菜甕改成日式地名關西，取其「鹹菜」與日文漢字「關西」（Kansai）發音相近。目前常見的說法，有說是根據「鹹菜」的客家語發音 Ham-coi，有說是根據「鹹菜」的台語發音 Kiâm-tshài，但這兩種說法都不夠精準。

如果從另一個角度來推理，應該說是根據日文漢字「鹹菜」的發音，「鹹」音 Kan，「菜」音 Sai，與「關西」（Kansai）的發音幾乎完全一樣。

因爲關西鎮的地名是這樣來的，當然就找不到相對的關東鎮。不過有人會說，在新竹市有一個「關東橋」的地名啊。事實上，日本時代那裡有一座關東橋、一座關西橋，但後來只留下關東橋。至於當時爲什麼以關東、關西爲橋命名？今天恐怕已很難找到答案了。

▲關西鎮地圖。（圖源：Xy1904312@Wikimedia Commons）

天冷很冷？冷的地名

因爲基隆有「暖暖」的地名，有人就好奇問台灣有沒有「冷」的地名？答案是有的！台中市東勢區有「天冷」，相鄰的和平區有「白冷」、「中冷」、「裡冷」，都在中部橫貫公路的沿途上。

暖暖不算溫暖，地名源自原住民語，台灣最早的荷蘭文獻標示**Perranouan**，如果以台語音譯就是「八暖暖」（**Peh-luán-luán**）。台灣的各種原住民語，與東南亞的印尼語、馬來語、菲律賓語等同屬南島語系。如果以印尼語（馬來語）來分析**Perranouan**這個字，有「間隔處」之意，因爲當年原住民馬賽族往來淡水與基隆之間，暖暖被看成間隔處。

來自客語音譯的原住民語地名

「冷」地名的所在地也不算太冷，地名是不是也從原住民語音譯而來呢？答案是的！但不像一般大都台語音譯，而是客家語音譯。

台中東勢是客家大鎮，相鄰的和平雖是山地原住民區，居民爲泰雅族，但很早以前就有客家移民。泰雅語（賽德克語）**Aran**（**Alang**，**Auran**）是聚落的意思，因爲客家語「冷」發音**Lang**，客家人就以「阿冷」二字來音譯。在日本時代，這裡就有泰雅族的聚落叫「阿冷社」，境內的山則叫「阿冷山」。

因此，目前的天冷、白冷、中冷、裡冷（日本時代的裡冷包括白冷和中冷），地名由來都是泰雅族聚落的名稱。

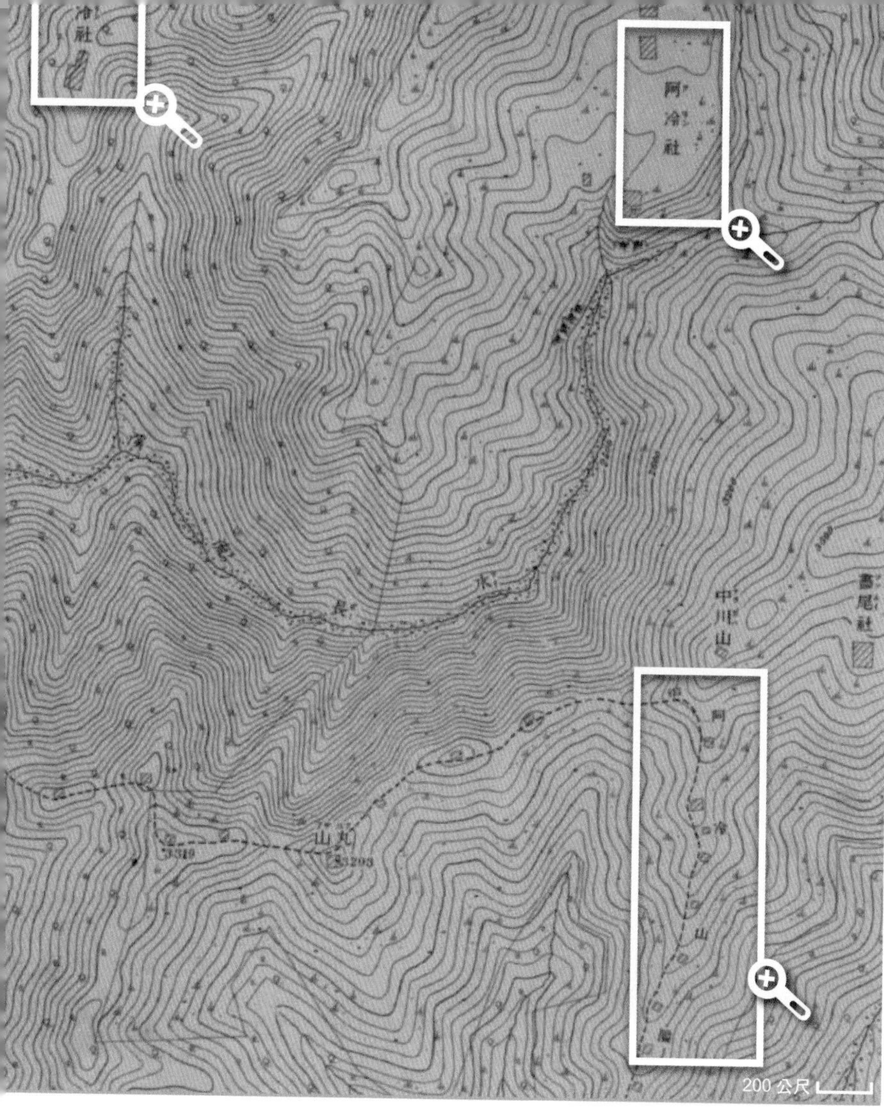

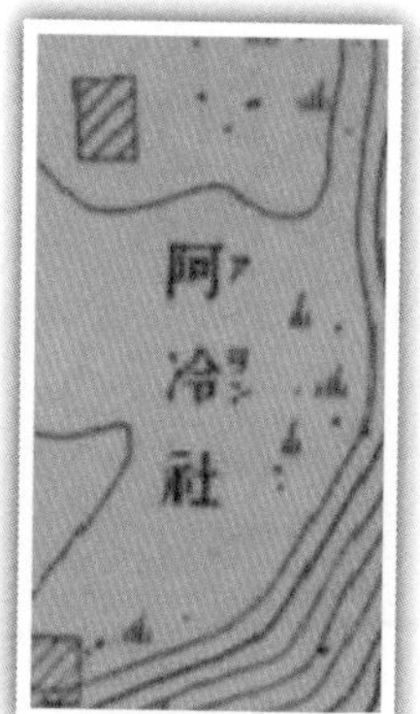

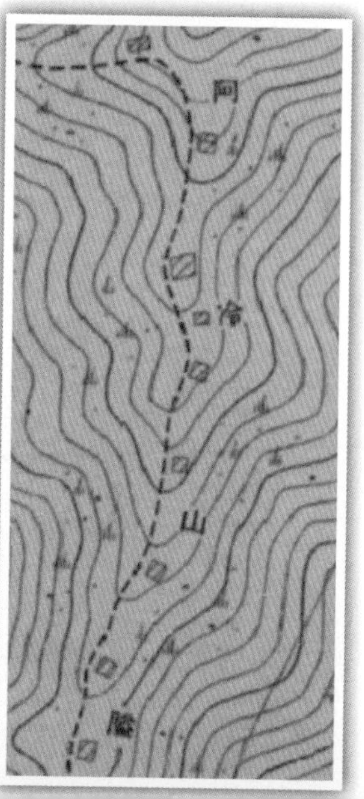

▲《台灣堡圖》（明治版），二萬分之一。

與泰雅族、賽德克族聚落有關的地名

泰雅語（賽德克語）Aran（Alang）是聚落的意思，還可找到兩個例子：新北市烏來區泰雅族的「烏來部落」，泰雅族稱之Aran Ulai。南投縣仁愛鄉賽德克族的「廬山部落」，原名「波瓦倫部落」，賽德克族稱之Aran Bwarang。南投縣仁愛鄉的霧社，賽德克族稱之Alang Paran，即巴蘭部落。

此外，南投縣埔里鎮的愛蘭里，舊名「烏牛欄」（台語音Oo-gû-lân），有人望文生義以為與養牛的柵欄有關，還有人聽了以為是黑公牛的生殖器。其實，這個地名可能也與泰雅語（賽德克語）的**Auran**有關。

在台中與東勢鄰近的豐原、神岡一帶，早年有一個原住民聚落叫「烏牛欄社」，在荷蘭文獻標示**Aboan Auran**，**Aboan**是社名之前的接頭詞，**Auran**是社名，被漢人音譯為「烏牛欄」。烏牛欄社的原住民也可能與泰雅族或賽德克族有關，所以「烏牛欄」一詞的意思就是聚落。

十九世紀中葉的清代，台中一帶的幾個原住民族群，因受到漢人移民的壓迫，大量遷往南投埔里。烏牛欄社也在當時遷徙，並把社名帶到埔里，後來被視為當地大族「巴宰族」的一個聚落。直到戰後，烏牛欄地名才改名「愛蘭」。

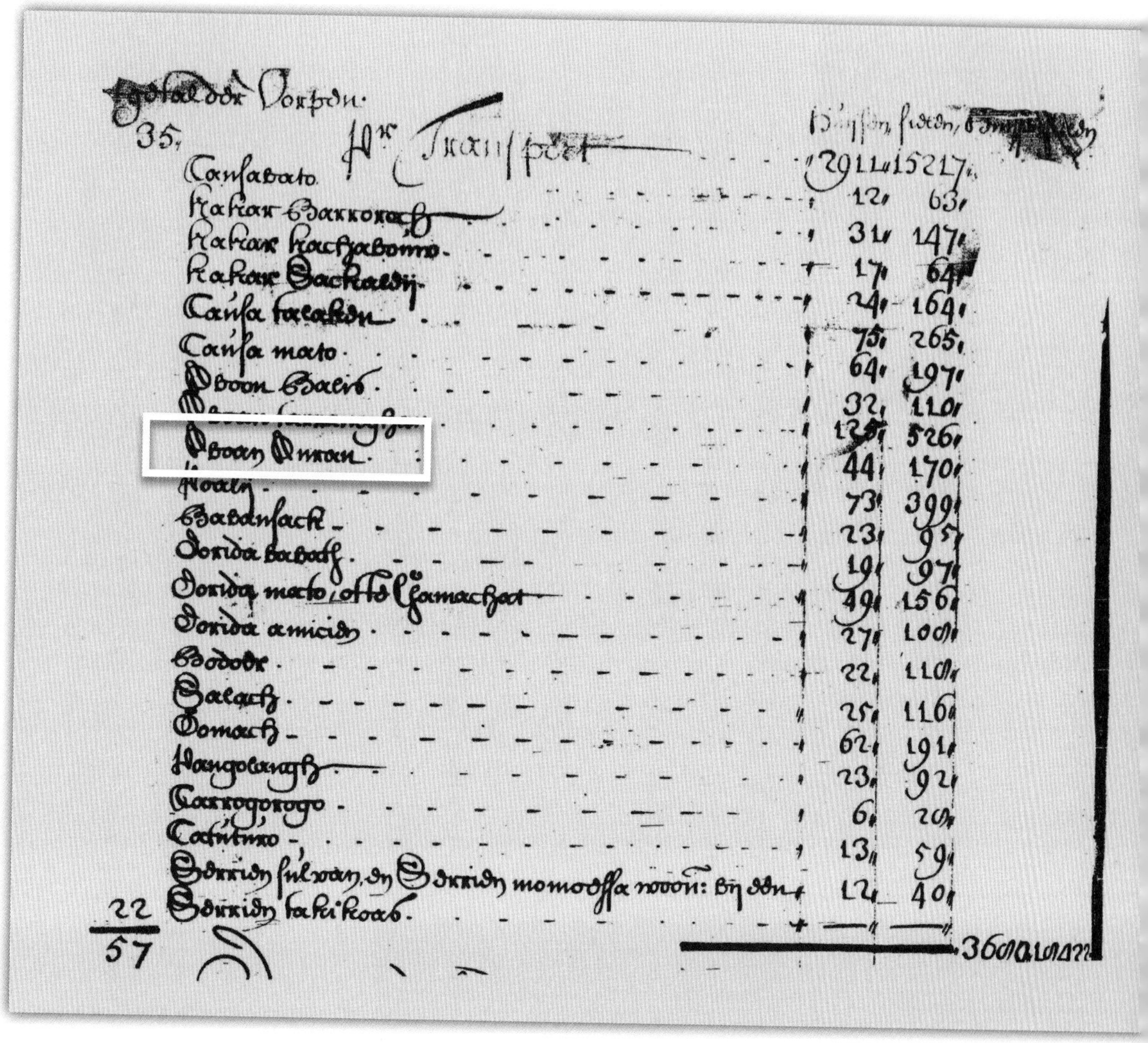

Totaal der Dorpen

35 Transport

Cansabato	2911	15217
Kakar Barkoragh	12	63
Kakar Kachabormo	31	147
Kakar Backaldy	17	64
Cansa falakan	24	164
Cansa mato	75	265
Aboan Balis	64	197
Aboan [illegible]	32	110
Aboan Auran	135	526
Noaly	44	170
Babansack	73	399
Dorida babach	23	95
Dorida mato, of te Chamachat	19	97
Dorida amicidy	49	156
Bodolr	27	100
Salach	22	110
Tomach	25	116
Hangolangh	62	191
Carrogorogo	23	92
Catirtirro	6	20
Dorridy fulwan, en Dorridy momoffa noon: by den	13	59
Dorridy takikoab	12	40

22

57

▲番社戶口表中標示Aboan Auran社。右方兩欄數字，分別表示番社戶口數（左）和人口數（右）。
資料出處：荷蘭東印度公司檔案（圖源：海牙國家檔案館）

凍頂是冷凍的山頂？藏在台語之下的客語地名

台灣茶界說「北包種，南凍頂」，「北包種」指的是台北市文山區的包種茶，「南凍頂」指的是南投縣鹿谷鄉的凍頂烏龍茶，市場和名氣都更大。很多人好奇，「凍頂」是什麼意思？

有人猜想，好茶要種在高山上，茶樹的頂端如果凍過，品質才會更好。這種說法，茶農聽了大驚，茶樹雖然耐寒，但也不能受凍啊！

有人去查了資料才知，原來「凍頂」是地名，指的是鹿谷鄉種植烏龍茶的「凍頂山」。這座山爲什麼以「凍頂」爲名？一般觀光及飲茶資訊都說：據說是因爲先民早年無鞋可穿，寒冬必須「凍著腳尖上山頂」而得名。這種說法，讓人聽了好笑，就算望文生義也不能太離譜，以前也有草鞋啊！

客家移民史中的「凍頂」

凍頂地名由來，從早年南投有很多客家移民的歷史來看，才找到了答案。原來，台語「凍頂」源自發音相近的當地客家

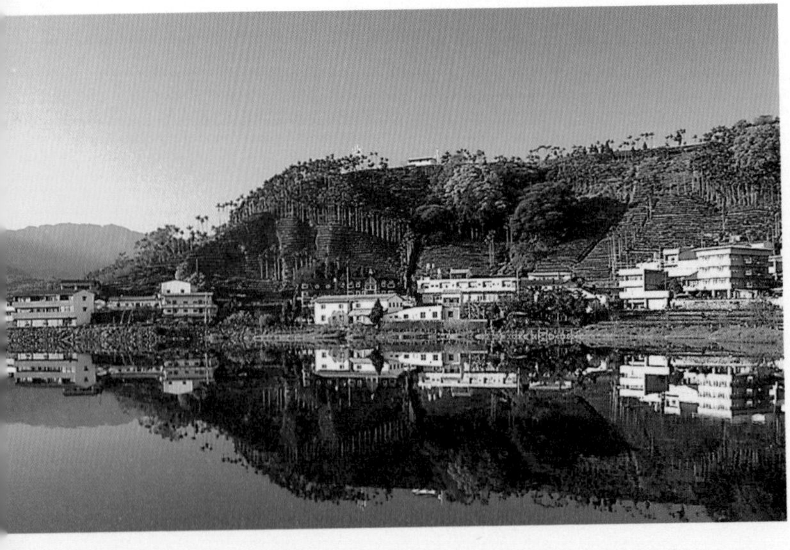

◀今日凍頂山。圖片授權自達志影像。

語「崠頂」，而崠頂就是山頂的意思。所以，凍頂山本是「崠頂山」（清代文獻也有這樣寫），凍頂烏龍茶本是「崠頂烏龍茶」，就是種在山頂的茶，與冷凍完全無關。

我們可以想像，當年鹿谷客家茶農說的「崠頂」（Dung-den，標音依教育部台灣客家語常用詞辭典），福佬人聽了就以台語書寫成「凍頂」（Tòng-tíng，標音依教育部台灣閩南語常用詞辭典，這裡的凍是文讀音）。後來，「凍頂」二字通行了，福佬人也念成現在常聽的 Tàng-tíng（這裡的凍是白讀音）。

「崠頂」變「凍頂」的例子，讓我們注意隱藏在台語地名底層的客家語。

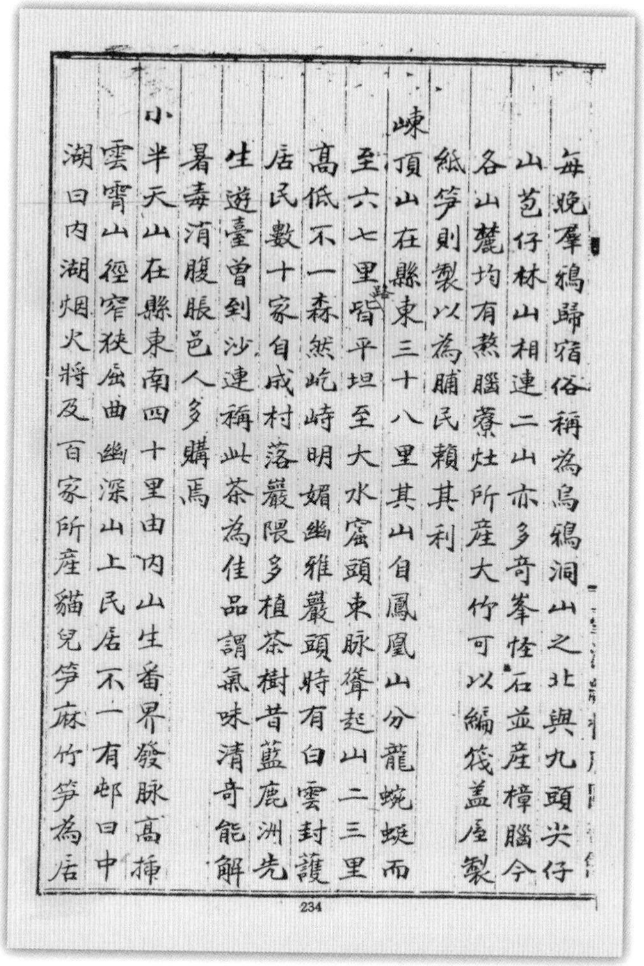
每晚羣鴉歸宿俗稱為烏鴉洞山之北與九頭尖仔
山苞仔林山相連二山亦多奇峯怪石並產樟腦今
各山麓均有熬腦寮灶所產大竹可以編筏蓋屋製
紙筍則製以為脯民賴其利
崠頂山在縣東三十八里其山自鳳凰山分龍蜿蜒而
至六七里路皆平坦至大水窟頭東脉聳起山二三里
高低不一森然屹峙明媚幽雅巖頭特有白雲封護
居民數十家自成村落巖隈多植茶樹昔藍鹿洲先
生遊臺曾到沙連稱此茶為佳品謂氣味清奇能解
暑毒消腹脹邑人多購焉
小半天山在縣東南四十里由內山生番界發脉高插
雲霄山徑窄狹屈曲幽深山上民居不一有郵曰中
湖曰內湖烟火將及百家所產貓兒筍麻竹筍為居
234

▲清光緒二十年（一八九四）《雲林縣采訪冊》〈沙連堡〉中關於崠頂山之記載。一八八七至一八九五年的雲林縣範圍含括今日南投縣南部地區，此時鹿谷崠頂山屬沙連堡之境內。

隱藏在台語地名底層的客家語

生番空

南投縣埔里鎮有一個叫「生番空」（台語音Tshenn-huan-khang）的地方，這是清代就有的「生番空庄」。當年「生番」指未漢化的原住民，所以一般地名由來都說：當年這裡的原住民被殺光或被迫搬離，「生番」爲之一「空」。

事實上，當年這裡的客家人稱這裡爲「生番坑」，當地客家語（大埔腔）「坑」發音Kang，就是山谷的意思。但福佬人聽了以爲是台語的「空」（Khang），因爲發音完全一樣，就寫成生番空。因此，生番空本是客家語的生番坑，指的是當年原住民居住的山谷。

番仔吧

南投縣中寮鄉有一個地方叫「番仔吧」（台語音Huan-á-pa）。這裡的「吧」（正字是「炰」）指的是烤乾的食物，例如台語的烤小鳥叫Tsiáu-á-pa。因此，這裡的地名由來就被說成是當年原住民在這裡被燒焦。

事實上，當年這裡的客家人稱這裡爲「番仔垻」，當地客家語「垻」（或寫作壩）發音ba，就是溪邊沙地的意思。但福佬人聽了以爲是台語的「吧」，就寫成番仔吧。因此，番仔吧本是客家語的番仔垻，指的是當年原住民居住的溪邊沙地。

番仔吧後來改名「廣興」，顯示這裡是客家地區。早年閩粵移民來台灣創業，希望興盛繁榮，所以出現很多福建人的地名「福興」、「福隆」，以及廣東客家人的地名「廣興」、「廣隆」。

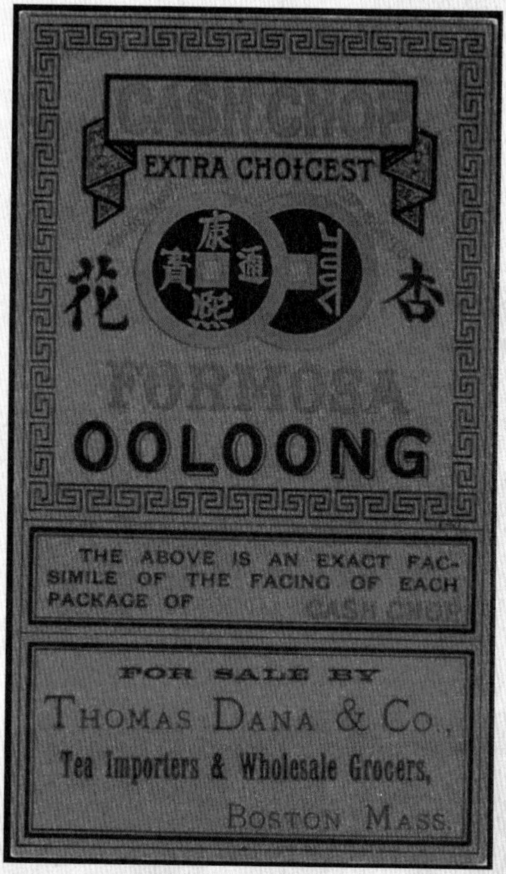

烏龍茶小歷史

台灣的茶大都是烏龍茶種，以發酵、揉捻、烘焙等不同而有不同名稱的茶。台灣現在的各種烏龍茶（包括包種茶）都是輕發酵或半發酵，但清代在北部種植、製造的烏龍茶卻是重發酵，以Formosa Oolong Tea 名稱外銷歐美。

德化社為何改名伊達邵？

南投縣魚池鄉的日月村，日月潭東南岸的「德化社」，只是一個原住民邵族的小聚落，但二〇〇一年邵族正名，德化社跟著改名「伊達邵」，卻具有很大的象徵意義，因爲日月潭是台灣數一數二的觀光勝地，原住民的族名和地名獲得正名很快廣爲人知，彰顯了原住民文化的不同和珍貴。

目前介紹伊達邵地名由來大都這樣說：邵語稱Barawbaw，清代文獻稱爲卜吉社、剥骨社，漢人稱北窟，日本時代稱化蕃社，戰後改名德化社。

但這樣的解說，讓人質疑。第一、如果邵語的地名是Barawbaw，這是什麼意思？爲什麼清代文獻會音譯成發音差很大的卜吉、剥骨、北窟呢？從台語來看，這三個音譯名稱發音相近，看來指相同的地方。

第二、日本人爲什麼會稱一個原住民聚落爲化蕃社呢？日本人雖然沿襲清代對原住民生番、化番、熟番的三分法，但以「化蕃」（日本人把番寫作蕃）作爲原住民聚落名稱，並不合理。

第三、爲什麼戰後要改名德化社？「德化」代表什麼意義？

小筆記

漢人稱原住民為「番」的歧視用詞，日本人雖然沿用，但加了草頭寫成「蕃」，稱原住民為「蕃人」。為什麼呢？因為日文漢字「番」有號碼、順序、值班、看守等意思，日本人看到「番人」二字會以為是看守者、值班人。

▶「化蕃之由來」木牌內容：「距今二百四十餘年前，靈元天皇上御代天和元年的春天，嘉義廳下後大埔豬母蚋社（鄒族）蕃丁二十四人，八通關山及巒大山狩獵，見一頭白鹿於是欲捕捉之，白鹿往東北方向逃逸，跟隨著足跡而前往追捕，卻意外的發現了日月潭本潭並且移居於此。現在戶數二十七戶，人口男四十七名，女三十六名。昭和六年四月」

清代的「拔仔埔」

回答以上問題，必須回到歷史。清代，從水里鄉進到日月潭後，一直到伊達邵一帶，那是一大片生長番石榴（台語、客語都稱拔仔）的平地，漢人稱之「拔仔埔」（台語 Pat-á-poo）。在拔仔埔內，因有一些邵族的小聚落，並有漢人混居，所以清代文獻上也稱之「拔仔埔社」、「拔社埔庄」。

在拔仔埔的北端，就是今天伊達邵的地方，有一個邵族聚落，漢人最早的音譯是「剝骨」（台語音 Pak-kut），在清末也寫成帶有吉利的「卜吉」，以及「北窟」。

日本時代的「化蕃」

日本時代，日月潭因興建發電廠，造成水位上升，影響很多住在潭邊的邵族人，所以就把本來散居的邵族人集中到卜吉社。日本人稱邵族為「化蕃」，但並沒有更改卜吉社的名稱。

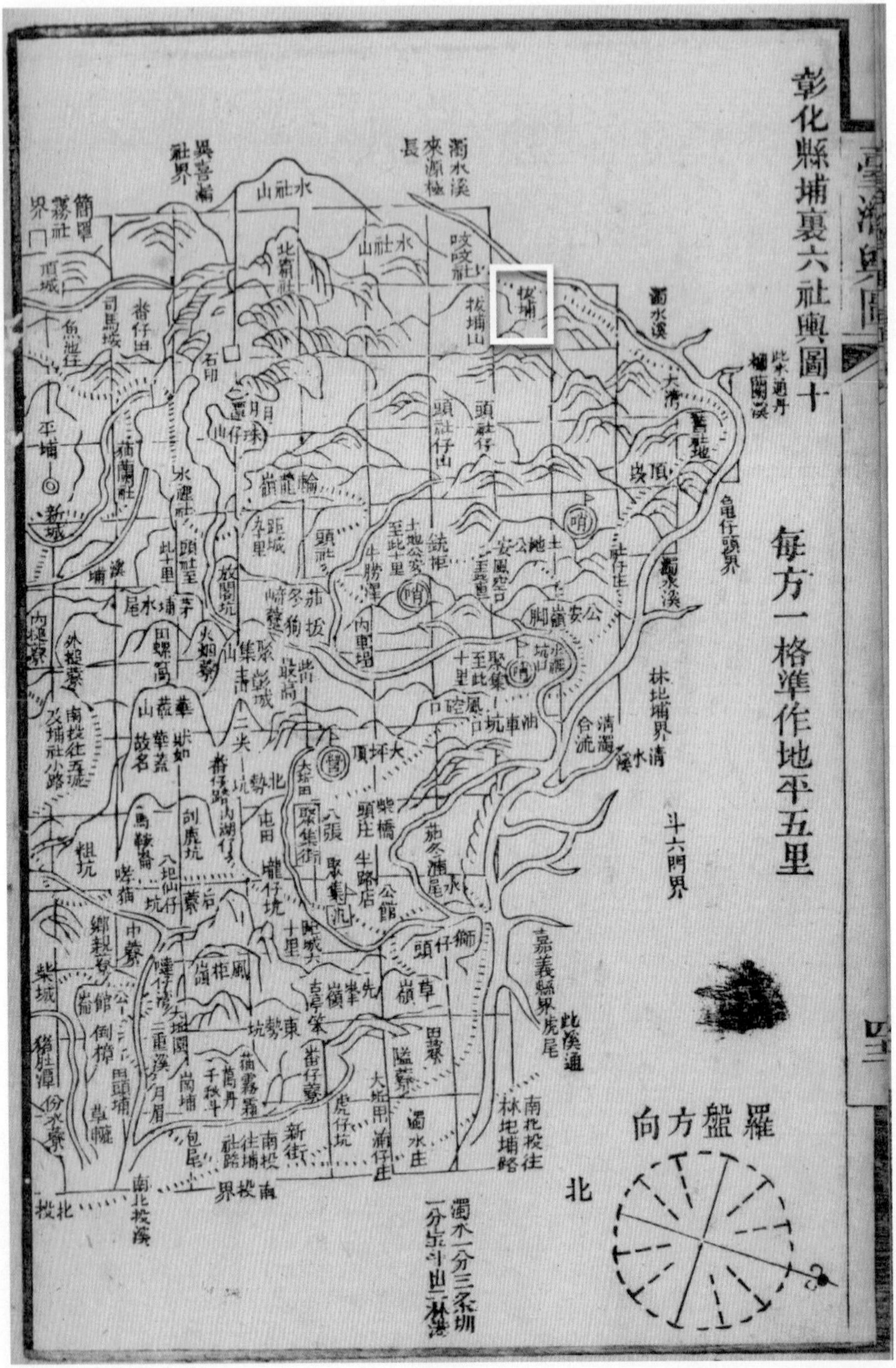

▶位於濁水溪旁的拔埔。本圖出自光緒六年（一八八〇）《臺灣輿圖》一書。

戰後的「德化社」

戰後的一九五〇年代末期，卜吉社改名德化社，當地的日月潭國民學校水社分校也跟在一九五八年改名德化分校。改名「德化」是在當地經營歌舞團的邵族人毛信孝（被稱毛王爺、毛酋長）所提出，傳說是當時蔣中正總統或幕僚授意的。當年蔣宋夫婦喜歡日月潭，並在涵碧樓設有行館。

「德化」就是以德感化、教化，這是以漢文化爲中心來看待不同民族的大漢沙文主義。事實上，台灣的第一個德化社並不是在日月潭。清雍正十年（一七三二年），台中大甲一帶的原住民族因受欺壓而聯合抗官，清廷派兵平定這次大規模的「番亂」後，把大甲西社改名「德化社」、沙轆社改名「遷善社」、牛罵社改名「感恩社」。

回到第一個質疑，邵語 Barawbaw 是怎麼來的呢？一九五〇年代有台灣人類學者前往德化社訪查，當地邵族人告知這裡過去叫 Barawbaw，就以爲這是邵語。事實上，Ba-raw-baw 的音就是上述的「拔仔埔」！

正名運動

二〇〇一年，邵族脫離鄒族獲得正名，打破台灣原住民長期只有九族，成爲第十個原住民族，當時邵族人口只有四百多人。邵族正名後，德化社隨即正名「伊達邵」（Ita Thau），邵語 Ita 是我們，Thau 是人。雖然「伊達邵」一詞未必合乎邵語文法，但一般都說是「我們是人」的意思。

另外，伊達邵所在的日月村，以及村內的德化國小，邵族人也認爲應該正名。

◀日本時代日月潭邵族捕魚。

◀邵族的獨木舟。

(臺灣) 日月潭水社化蕃の部落
115 Savage village at Suisha, Jitsugetsutan, Formosa.

▶日月潭周圍的原住民聚落。

107 (臺灣) 日月潭情調 杵の音 SAVAGE MUSIC
ON PESTLES AT JITSUGETSUTAN, FORMOSA.

▶邵族著名的「湖上杵歌」。

蒜頭糖廠用蒜頭製糖？

以「台語搖滾」著稱的台灣歌手伍佰（吳俊霖），在剛出道時受訪說：他來自嘉義縣的鄉下——六腳鄉蒜頭村；他的老爸是「童乩的祕書」——「桌頭」，就是靈媒被神明附身講話時，在一旁當「翻譯」的人。

這個鄉下的地名真讓人好奇，六腳鄉是怎麼來的？蒜頭村是生產蒜頭嗎？那裡還有一個著名的「蒜頭糖廠」（日本時代稱蒜頭製糖所，二〇〇二年關閉工廠，改成蔗埕文化園區），曾有人問蒜頭可以製糖嗎？

六腳

先來談「六腳」。六腳鄉位於嘉南平原北部，讓人聯想台南市的六甲區。六甲地名由來，與台灣民間計算農地、林地面積的單位「甲」（台語音kah）有關，早年移民開闢了以甲為單位、很多面積不同的土地，就以「一甲」、「二甲」、「三甲」、「五甲」、「六甲」、「七甲」等命名，台南至今還保留這些地名。

以此來看，「六腳」（Lak-kha）的發音與「六甲」（Lak-kah）相近，六腳會不會就是六甲的意思呢？

但這種推測可能無法成立，因爲六腳的舊名是「六腳佃」。清代，六腳鄉稱之六腳佃庄（台語 **Lák-kha-tiān-tsng**），日本時代一九二〇年行政區域畫分及地方制度改革，並以所謂的簡化、雅化原則更改地名，當時把六腳佃庄簡化爲六腳庄。

六腳佃的地名由來，一般都說：傳說在清乾隆年間，有漳州人招佃農來此開墾，最早來了六家，故稱之「六家佃」，因台語「家」（文讀 **ka**，白讀 **ke**）的發音接近「腳」（正字是跤，音 **kha**），六家佃後來被誤寫成六腳佃。

這種說法聽來很勉強，因爲台語在計算家庭單位通常用「戶」，而且把「家」錯寫成「腳」也太離譜。

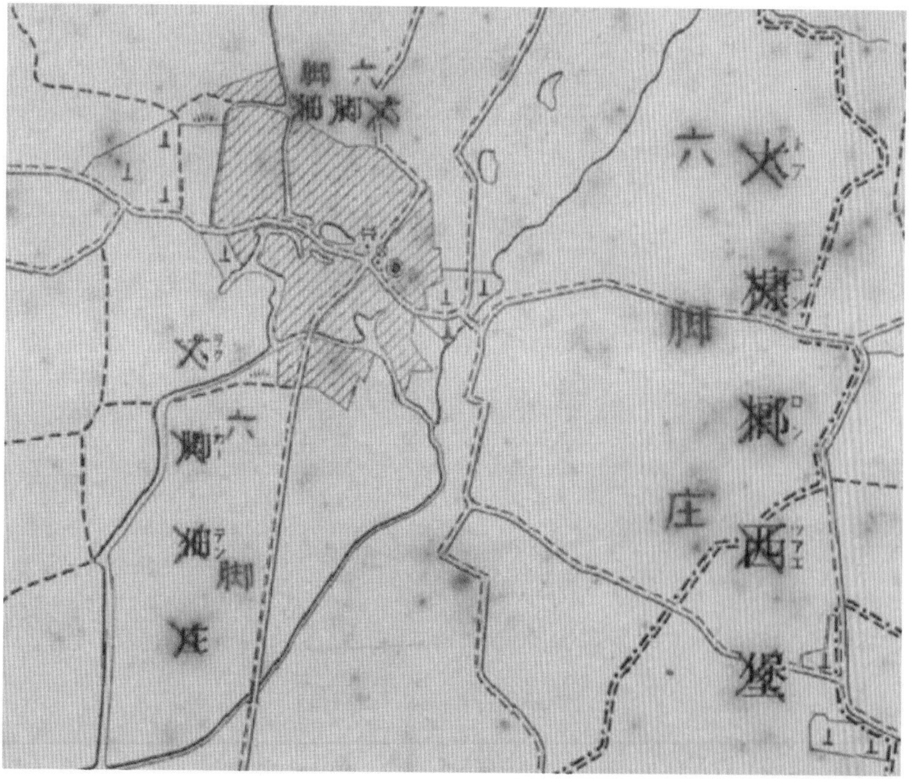

▶《台灣堡圖》（大正版），二萬分之一。

100 公尺

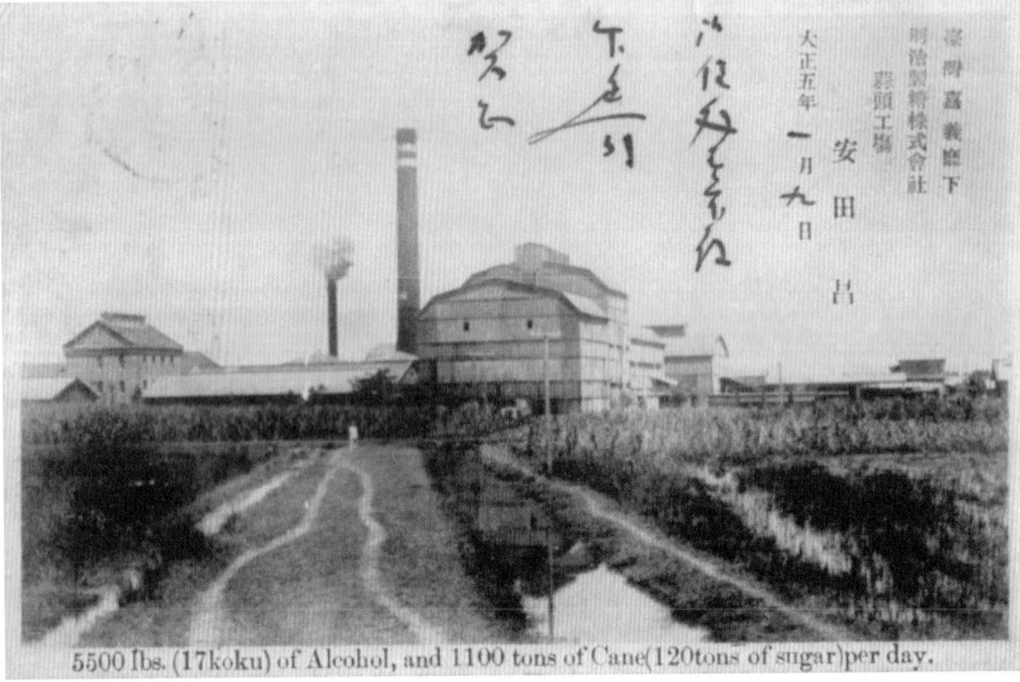

◀日本時代蒜頭糖廠。

蒜頭

再來談「蒜頭」。首先，蒜頭村根本不產蒜頭！其次，不要以爲蒜頭可以製糖，蒜頭糖廠的蒜頭只是地名。

從清代以來，蒜頭村就是六腳鄉的行政中心，蒜頭是在清乾隆年間就已使用的地名。在日本時代的一九一一年，當地就設立了第一所新式小學「蒜頭公學校」（今蒜頭國民小學）。

蒜頭的地名由來，目前常見的說法是：當地早年富庶，有「九萬二七千」的俗諺，就是說「萬兩戶」有九家，「千兩戶」有二十七家。因有錢人家與鄰近地方相比最多，「算來是頭」（頭是第一的意思），故稱「算頭」。因「算」（文讀 suàn，白讀 sǹg）的音同「蒜」（suàn），算頭後來被誤寫成蒜頭。

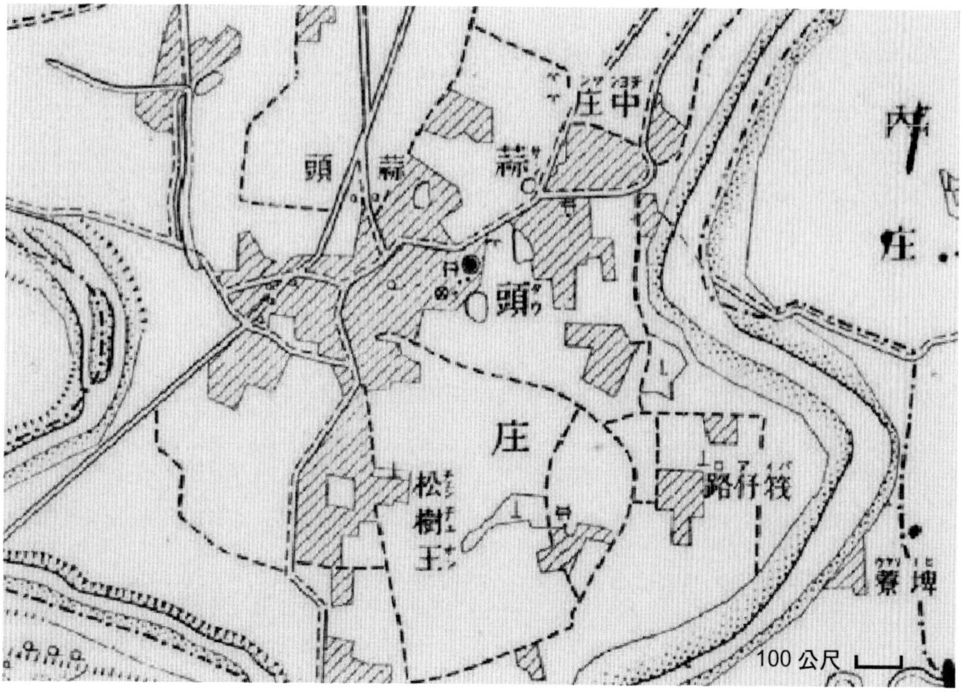

▶《台灣堡圖》（明治版），二萬分之一。

這種說法聽來也很勉強，因爲台灣其他地方也有以「九萬二七千」、「九萬十八千」等數字俗諺來形容富庶，而且「算頭」的用法在字典查不到，更不用說最後還變成了「蒜頭」。

如此，六腳、蒜頭現有的地名由來說法，都不具說服力。但這也無妨，因爲當地已利用蒜頭的地名創造了「蒜頭餅」名產。

我們對不甚合理的地名由來提出質疑，雖然還找不到更具說服力的答案，但希望可以鼓勵大家一起來探討！

阿里山以阿里命名？

阿里山可說是台灣最著名的觀光勝地，還有人說沒來過阿里山就不算來過台灣。阿里山的日出、雲海、櫻花、巨木群、森林鐵路、鄒族文化等名聞遐邇，但阿里山地名由來卻說法不一，各種導覽解說常以訛傳訛。

首先說明，阿里山並不是一座山，而是一群山。阿里山山脈由十八座主要山巒構成，其中沒有一座叫阿里山。阿里山國家風景區位於嘉義縣，橫跨番路、竹崎、梅山、阿里山等四個鄉鎮，海拔三百至兩千六百公尺。

阿里山地名考證史

阿里山地名由來，一般都根據一九六七年出版《嘉義縣志》的說法：「清康熙五十六年（一七一七年）即二百四十五年前所修《諸羅縣志》〈山川總圖〉，已有阿里山之名稱。吳鳳鄉柳竹青云：阿里山本狩獵地區，相傳昔日山胞首領名曰阿里，遂將此獵區稱爲阿里山。」（文中的吳鳳鄉在一九八九年正名阿里山鄉，山胞在一九九四年正名原住民。）

「阿里」的官方說法，自然成爲各種媒體介紹阿里山的依據。後來，又出現了另一種頭目名字是「阿巴里」的說法。

根據清代文獻，清乾隆五十三年（一七八八年）高宗皇帝七十八大壽，清廷曾安排協助平定林爽文事件有功的台灣原住民及義民首領共四十二人，前往北京商壽，其中有一位是「阿里山總社」的「番頭目阿巴里」。

不知「阿巴里」之說是否來自這位「阿巴里」？但阿里山之名早在阿巴里之前就有了。

阿里山地名由來的似是而非，引起生態學家陳玉峰的不滿，他在二○○三年特別寫了〈阿里山的大烏龍〉一文指出，經他實地查證《嘉義縣志》所提到的消息來源「吳鳳鄉柳竹青」，「阿里」之說當出自柳氏之口，或縣志撰稿人假藉柳氏之名，在一九六二年撰寫縣志時「以漢人思維所創造想像的神話」。

日本時代日本人安倍明義在一九三八年出版的《台灣地名研究》一書，也對阿里山地名由來提出說法：阿里山名稱的由來已無從考查，阿里山的「阿里」（Arii）之名，可能源自鳳山平埔原住民稱阿里山原住民爲「傀儡」（Karii），因原住民語有K頭發音的字，常被台語省略。

但這種說法也遭到質疑，因爲在台灣講的「傀儡」（Kale）原住民，都是指高屏地區的排灣族或魯凱族，應該不會變成阿里山的鄒族。

小筆記

乾隆皇帝詩文中有一篇關於台灣番社頭目赴京之記載：〈嘉平二十一日於西苑觀年班各部並臺灣生番，示以冰嬉即事得句〉：「……今歲並有臺灣生番頭目俯伏道傍瞻覲。……旋據福康安奏：各番目情願來京謝恩；嘉其誠懇，因允所請。……阿里山總社番頭目阿巴里及所轄八社番目……共四十二人班迎西華門外，隨入西苑賜食，並令與觀冰嬉。……」（《台灣詩鈔》卷三）

阿里山鄒族自己怎麼說呢？鄒族學者巴蘇亞・博伊哲努（浦忠成）在二〇一一年發表論文〈阿里山在哪裡？阿里山認知差異初探〉指出，「傀儡」與「阿里山」原住民在清初已被列「歸化生番」，故混淆的可能性不高；阿里山鄒族對此山區已以Psoseongana（松樹之地）名之，何以還要再稱「阿里山」？何況族人向來以土地山川特徵命名，而非以人名命名。

隨時代變遷的阿里山位置

事實上，阿里山地名的出現，比清代文獻所知更早，可能早在十七世紀中葉就有了。根據荷蘭文獻，在現在阿里山外面的平地或淺山，標示Arisangh，這應該是當年在地平埔族原住民的命名，漢人音譯「阿里山」。

以此來看，最早的阿里山並不包括現在的阿里山，清代以後的阿里山才涵蓋現在整個阿里山山區。

另外，「阿里山」一詞本來與山無關。這就像嘉義市舊名「諸羅山」，但嘉義市位於嘉南平原北端，其實也不是山。

如果知道「阿里山」之名本來不是山，就不會只拿「阿里」去望文生義了。

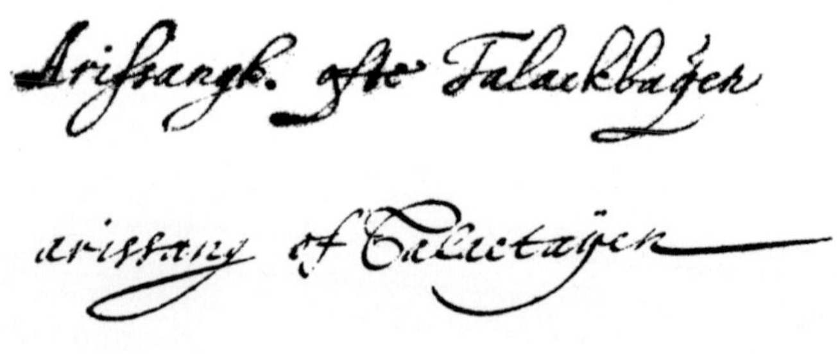

▶此兩行分別出自《熱蘭遮城日誌》第二冊的二份檔案，均提及：阿里山，又名「斗六東」。

▲日本時代阿里山明信片。

小筆記

荷蘭文獻對嘉義市標示 Tirocen 或 Tiracen，這是當年嘉義原住民聚落的名稱，漢人音譯「諸羅山」（台語音 Tsu-lô-san 或 Ti-ló-san）。

阿里山
大龜佛山
大山
大槺榔
北鯤身
南鯤身
蚊港
青峰闕

▶由圖中可見，阿里山的位置與今日的阿里山山脈有落差。今日阿里山應位於圖中玉山右下側。本圖收入康熙五十六年（一七一七年）《諸羅縣志》〈山川總圖〉。

奮起湖是蔣總統命名？

嘉義縣竹崎鄉中和村的奮起湖，爲阿里山國家風景區的著名景點，海拔一千四百餘公尺。奮起湖車站是阿里山森林鐵路主線最大的中途站，奮起湖老街是台灣海拔最高的老街。不過，很多人都是看到7-ELEVEN自二〇〇二年開賣的奮起湖便當，才開始認識奮起湖。

很多人到了奮起湖，吃了原版的奮起湖便當，才第一次聽說：原來奮起湖並不是一個湖！

奮起湖地名由來，一般都這樣說：奮起湖原名「畚箕湖」，以其三面環山、地勢低窪，形如畚箕而得名。相傳當年蔣經國總統前來視察，認爲「畚箕」二字不雅，改名「奮起」。另有相傳蔣中正總統乘坐阿里山鐵路時，覺其名稱不雅而改名奮起湖。

從糞箕湖到奮起湖

其實，「畚箕」的地名，以及兩位蔣總統改名「奮起」之說，都是錯的！

掃地時裝垃圾的竹編器具，國語寫作「畚箕」或「糞箕」，但台語以前都寫作「糞箕」（Pùn-ki，糞與畚同音）。因此，奮起湖的舊名並不是畚箕湖，而是「糞箕湖」（台語Pùn-ki-ôo）。

奮起湖 名稱由來
奮起湖因東、西、北三面環
山，地勢低窪，中間低平，
形如畚箕，雲霧環擁如湖，
故而舊稱「畚箕湖」。

▶今日奮起湖車站中貼有名稱由來的說明牌。

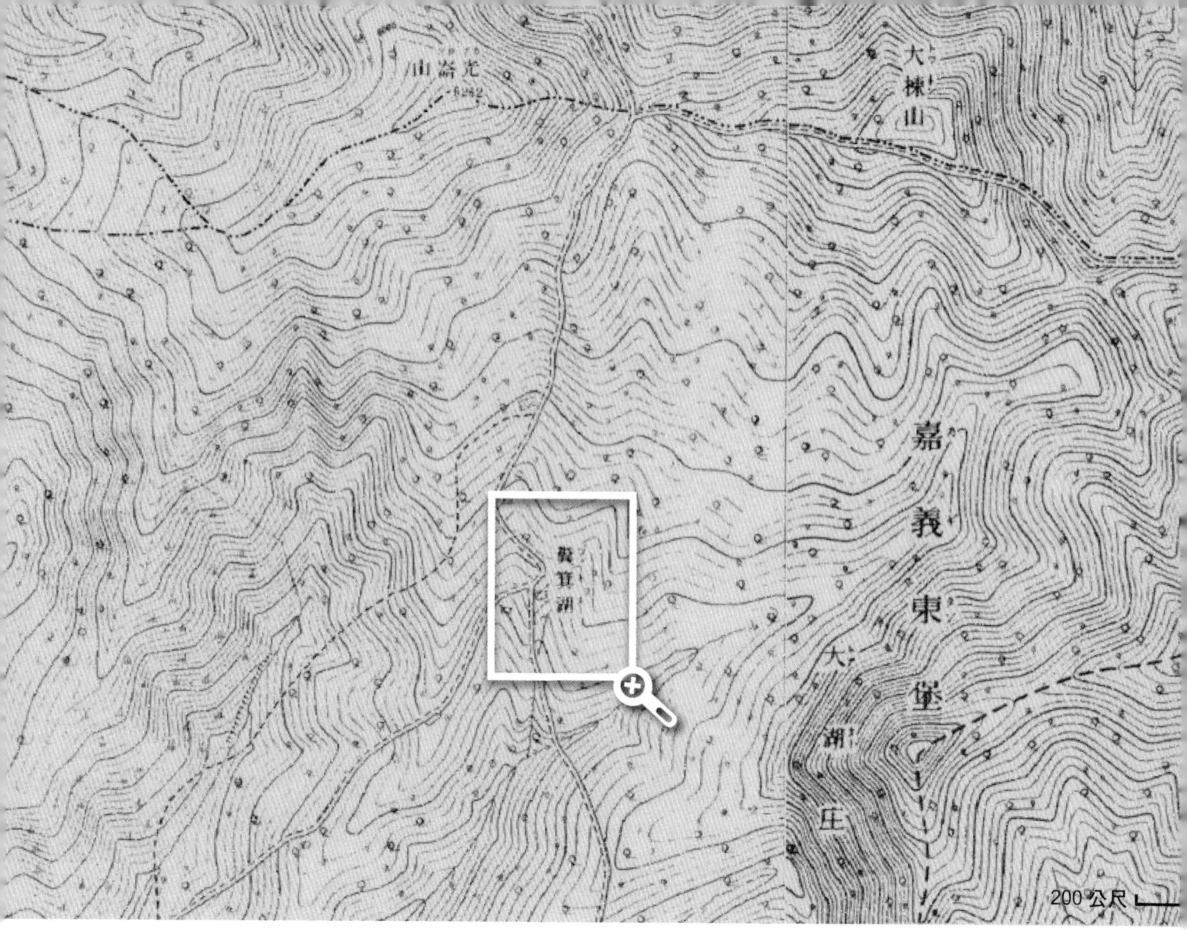

▲《台灣堡圖》（明治版），二萬分之一。

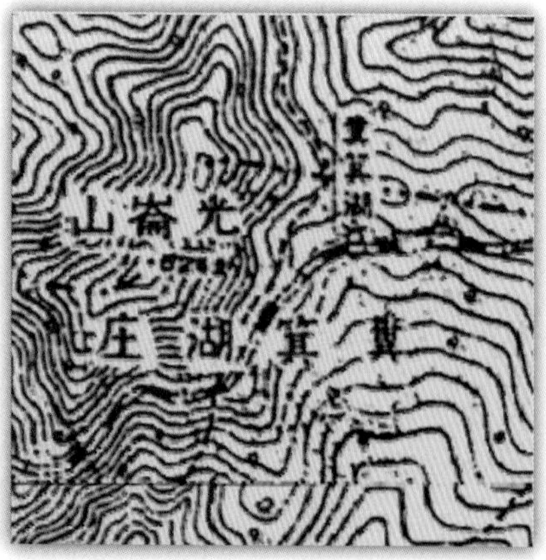

◀《日治蕃地地形圖》（一九〇七年），五萬分之一。

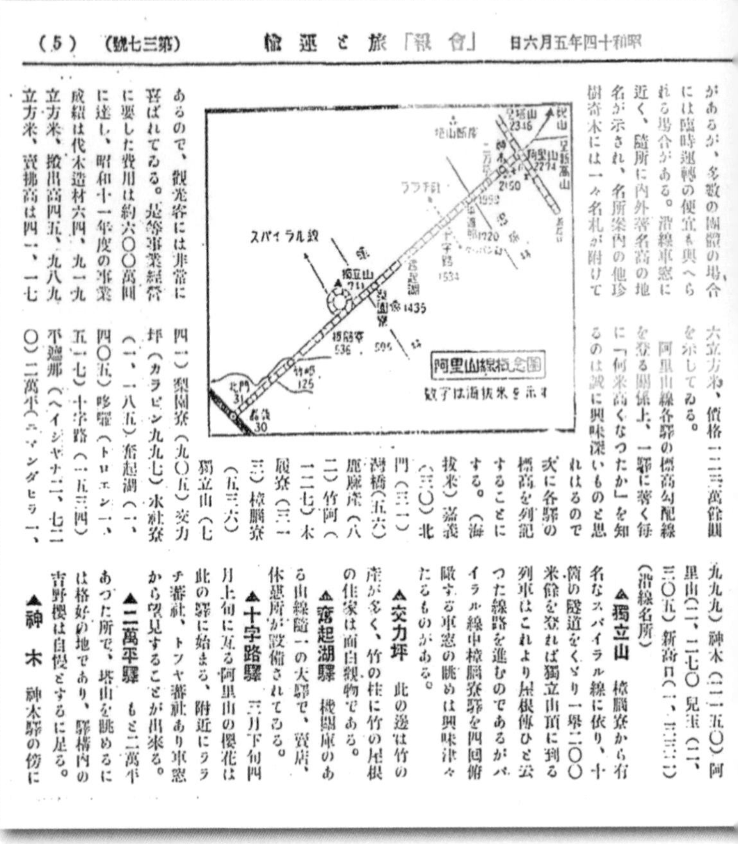

昭和十四年五月六日　「會報」旅と運輸　（第三七號）（5）

があるが、多数の團體の場合には臨時運轉の便宜も與へられる場合がある。沿線車窓に近く、隨所に内外著名高の地名が示され、名所案内の他珍樹奇木には一々名札が附けてあるので、觀光客には非常に喜ばれてゐる。是等事業經營に要した費用は約六〇〇萬圓に達し、昭和十一年度の事業成績は代木造材六四、九一九立方米、撥出高四五、九八九立方米、賣拂高は四一、一七六立方米、價格一二三萬餘圓を示してゐる。

阿里山線各驛の標高勾配線を登る關係上、一驛に著く毎に「何米高くなつたか」を知るのは誠に興味深いものと思はれるので次に各驛の標高を列記することにする。（海拔米）嘉義（三〇）北門（三一）渦橋（五六）鹿麻產（八二）竹崎（一二七）木屐寮（三一三）樟腦寮（五三六）獨立山（七四二）梨園寮（九〇五）交力坪（カラピン九九七）水社寮（一、一八五）奮起湖（一、四〇五）哆囉（トロエン一、五一七）十字路（一五三四）平遮那（ヘイシヤナ二、七二〇）二萬平（ニマンダヒラ一、九九九）神木（二一五〇）阿里山（二、二七〇）兒玉（二、三〇五）新高口（二、三三二）

（沿線名所）

▲獨立山　樟腦寮から有名なスパイラル線に依り、十箇の隧道をくぐり一哩二〇〇米餘を登れば獨立山頂に到る。列車はこれより屋根傳ひと云つた線路を進むのであるがスパイラル線中樟腦寮驛を四回俯瞰する車窓の眺めは興味津々たるものがある。

▲交力坪　此の邊は竹の產が多く、竹の柱に竹の屋根の住家は面白觀物である。

▲奮起湖驛　機關庫のある山線随一の大驛で、賣店、休憩所が設備されてゐる。

▲十字路驛　三月下旬四月上旬に亙る阿里山の櫻花は此の驛に始まる。附近にララチ蕃社、トンヤ蕃社あり車窓から望見することが出來る。

▲二萬平驛　もと二萬平あつた所で、塔山を眺めるには格好の地であり、驛構内の吉野櫻は自慢とするに足る。

▲神　木　神木驛の傍に

▲日本時代報紙上報導的阿里山森林鐵路沿線資訊。從路線圖中可以見到沿途各站，如奮起湖、交力坪，以及配合險峻地形建設的獨立山螺旋鐵道。

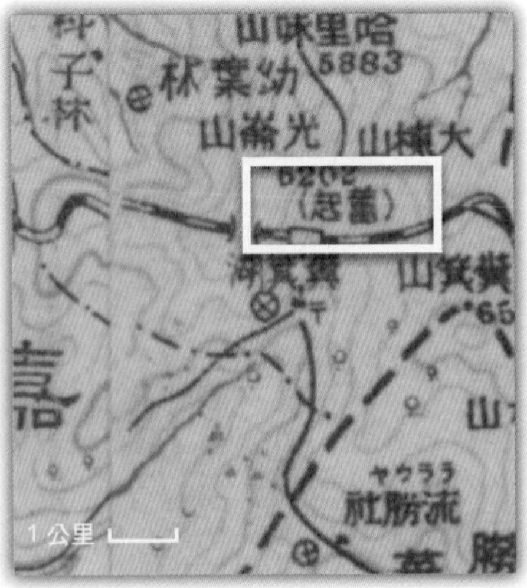

◀一九二四年台灣全圖，三十萬分之一。

最晚在清代的一八八〇年前後，就有漢人前來糞箕湖開墾、伐木。日本自一八九五年起統治台灣，在一九〇四年繪製完成《台灣堡圖》，呈現清代的地方行政區畫及地名。由於《台灣堡圖》對此地標示「糞箕湖」，可見這是清代就有的地名。

到了日本時代，最初在此地設「糞箕湖庄」。一九二〇年，台灣總督府行政區域畫分及地方制度改革，此地改屬嘉義郡竹崎庄之下的「糞箕湖」。由此可見，糞箕湖在日本時代是正式的地名。

那麼，爲什麼說不可能是兩蔣把糞箕湖改名奮起湖呢？答案很清楚，從日本時代一九一二年開始營運的阿里山鐵道，在糞箕湖所設的中途站，站名就叫「奮起湖驛」（驛是日文漢字，車站的意思），可見「奮起湖」一詞在日本時代已經使用了。

原來，日本統治台灣不久，台灣總督府就開始視察、開發阿里山區的森林資源，並建造阿里山鐵道，當時發現糞箕湖作爲鐵道站名非常不雅，就把「糞箕」改成日文漢字發音相近的「奮起」（フンキ，Funki）。「奮起」在日文就是喚醒、奮發的意思。

因此，阿里山鐵路自一九一二年至今，一直有奮起湖的站名。在日本時代，糞箕湖、奮起湖兩個地名都有人用。

「湖」的地名

最後來談一下「湖」的地名。奮起湖的地名明明就有個「湖」字，爲什麼不是湖呢？因爲台語的「湖」，傳統用法都是指窪地。事實上，台灣有「湖」字的地名，大都不是湖而是窪地，例如新竹的湖口；有些則指曾經是湖的窪地，例如台北陽明山的竹子湖。

台語的「湖」與客家語的「湖」都是指窪地。客家語的「窩」（vo）指深谷低窪而開口向外之地，所以新竹湖口的客家語舊地名就是「大窩口」。台語的「糞箕湖」，就是客家語的「糞箕窩」。

這種形狀有如畚箕的窪地，在台灣別的地方也有，所以至今還保留十多個糞箕湖、糞箕窩（新竹苗栗客家地區）的地名，但只有嘉義竹崎的糞箕湖改名奮起湖。

糞箕湖改名奮起湖，或許看來較有精神，卻失去先民以地形爲鄉土命名的原味了。

▶阿里山運材列車。

八掌溪是八槳溪？

台南、嘉義的界河八掌溪，本來知名度不高，因「八掌溪事件」而聞名全台。八掌溪全長超過八十公里，在台灣河流長度排行榜中名列前十二大，但「八掌」之名從何而來，至今莫衷一是。

二〇〇〇年七月二十二日傍晚，嘉義縣番路鄉八掌溪的河床上正在施工，因溪水突然暴漲，有四名工人走避不及、受困溪中，只能緊抱一起等待救援。但政府在兩小時內救災失敗，最後四人在電視直播及家人眼前被溪水沖走。此一事件，其實可說明台灣溪流大都寬度小、坡度大、水流急的特色。

八條支流？

一般來說，台灣的河流名稱大都從地名而來，但台灣目前沒有「八掌」的地名，很多人以為「八掌」只是溪名，所以在探討八掌溪地名由來時，常會局限在河流中思考。最常見的說法是：八掌溪以支流甚多，高達八條以上而得名。

但這種以支流甚多有如掌形的說法，看來是望文生義，也沒有人真的去算那「八條以上」的支流，如果是九條，是不是就要叫九掌溪呢？

事實上，在清代文獻中，這條溪的名字除了「八掌」，還有「八撐」、「八獎」、「八槳」等發音相近的寫法，到了日本時代才逐漸統一寫成「八掌」。如果寫成「八獎溪」，又要如何講呢？

八槳船？

最新的說法則是：中國古代的船依大小有二槳、四槳、六槳、八槳之分，所以推測八掌溪以前是以「八槳船」（暱稱八槳仔）做擺渡，所以應該稱為「八槳溪」才對。

但這種說法也遭到反駁，因為一般不會用頗大的八槳船來航行溪流，而且八掌溪河道並不甚寬，使用竹筏即可擺渡，需要用到八槳船嗎？

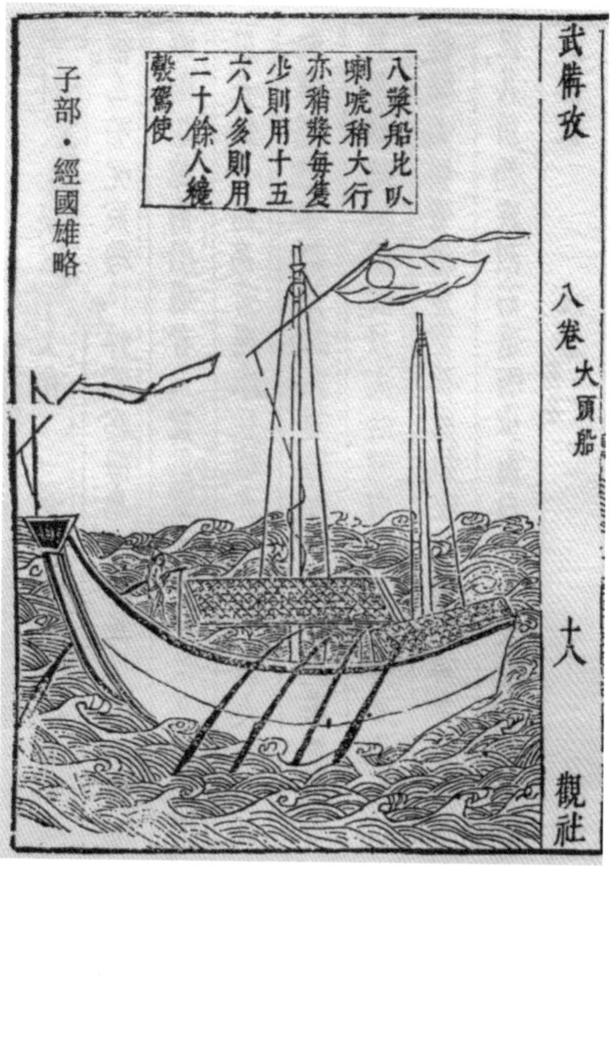

▶明《經國雄略》中收錄的八槳船圖像。

清文獻中的「八掌」

在幾種發音相近、用字不同的溪名中，最常見的是「八掌」。早在十七世紀末郁永河的《裨海紀遊》中，就提到他從台南前往嘉義時，曾「夜渡急水、八掌等溪」。

事實上，在清代文獻中，除了有八掌溪，也有「八掌庄」，可見「八掌」在早年也是地名。

再從更早的荷蘭文獻來看，所標示的名稱 Vatiouw / Vatiou，發音 Ba-tio（當時還沒有鼻音符號），接近台語的「八掌」、「八獎」（Pak-tsióng），與「八槳」（Pak-tsiúnn）的音較遠。而且，荷蘭地圖的標示文字是在陸地，可見「八掌」同時是地名和溪名。

總之，「八掌」之名在荷蘭時代就有了，既是地名也是溪名，可能源自原住民語，而漢人的中文音譯有不同寫法，後來地名消失，只存溪名了。

八掌溪地名由來，我們雖然質疑了一些目前的說法，但也未能解釋「八掌」的意義，只能讓八掌溪保留一點神祕感，由後人繼續探討。

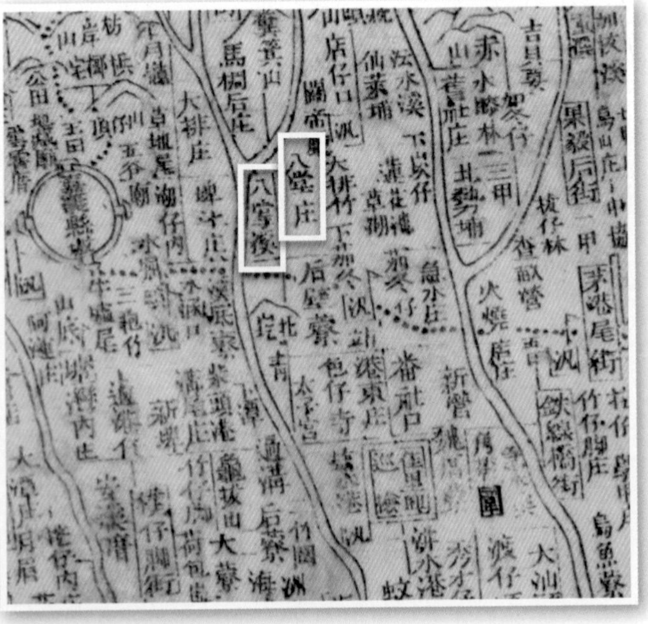

▶清光緒四年（一八七八）《全臺前後山輿圖》上的「八掌溪」與「八掌庄」。

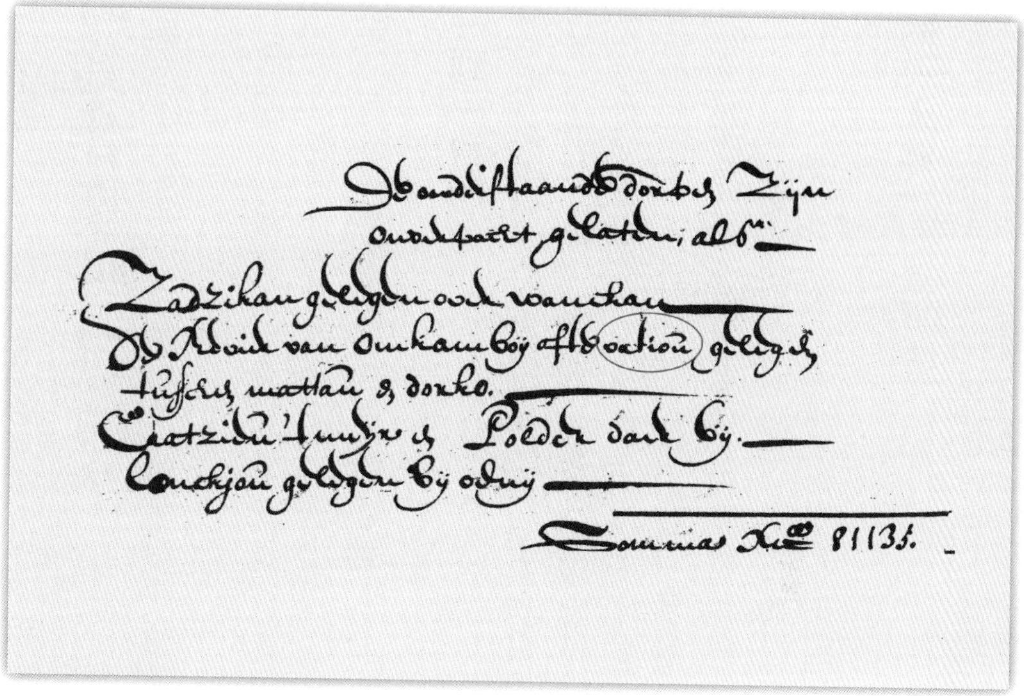
Ende dit staande dorpen zijn
onverpacht gelaten, als
Zaccikan gelegen ende vaulhau
de Revier van Omkamboy oft de Vatiou gelegen
tusschen mattau en donko.
Caatzidu 't hiugte en Polder daer by
Lonckjou gelegen by oduij
Sommas Rs 81135.

▲文獻記載麻豆與哆囉嘓之間的溪名叫Omkamboy（茅港尾），或Vatiou（音近「八掌」）。
資料出處：東印度公司檔案編號VOC 1176, fol. 1022.

台灣爲什麼叫台灣？

台灣之名從何而來？台灣又是什麼意思？常見的說法是從台南原住民西拉雅族部落「台窩灣」社轉化而來。這是日本時代日本學者的說法，被沿用至今，但從荷蘭時代的文獻來看，日本人的說法並沒有根據，而台灣的地名可能源自海上的「大灣」。

從「大員」到「台灣」

台灣這個地名，最早指今天的台南市安平區。十七世紀初，安平是位於台南沿岸、七個狀似鯨背相連的沙洲（合稱七鯤鯓，分稱一至七鯤鯓），與台灣本島隔著台江內海。當年往來此地的漢人，來自泉州、漳州、福州、潮州等，對此地的地名有「大員」、「大圓」、「大灣」、「台員」、「台灣」等發音相近但用字不同的寫法，其中「大員」較被現代人所知。

一六〇三年，福州連江文人陳第發表的台灣遊記〈東番記〉，就出現了「大員」的寫法。鄭成功在一六六一年驅逐荷蘭人的前後，「台灣」的用法取代了「大員」。鄭氏王朝在一六八三年投降大清帝國後，「台灣」才由安平一帶逐漸擴大成爲全島的稱呼。

荷蘭時代的「大灣」

荷蘭人曾在一六二四年至一六六二年統治台灣。根據荷蘭文獻，荷蘭人初到台南外海的一鯤身沙洲，那裡無人居住，鄰近的北線尾沙洲（今四草溼地）僅有幾間漁夫的草寮，只有對岸本島

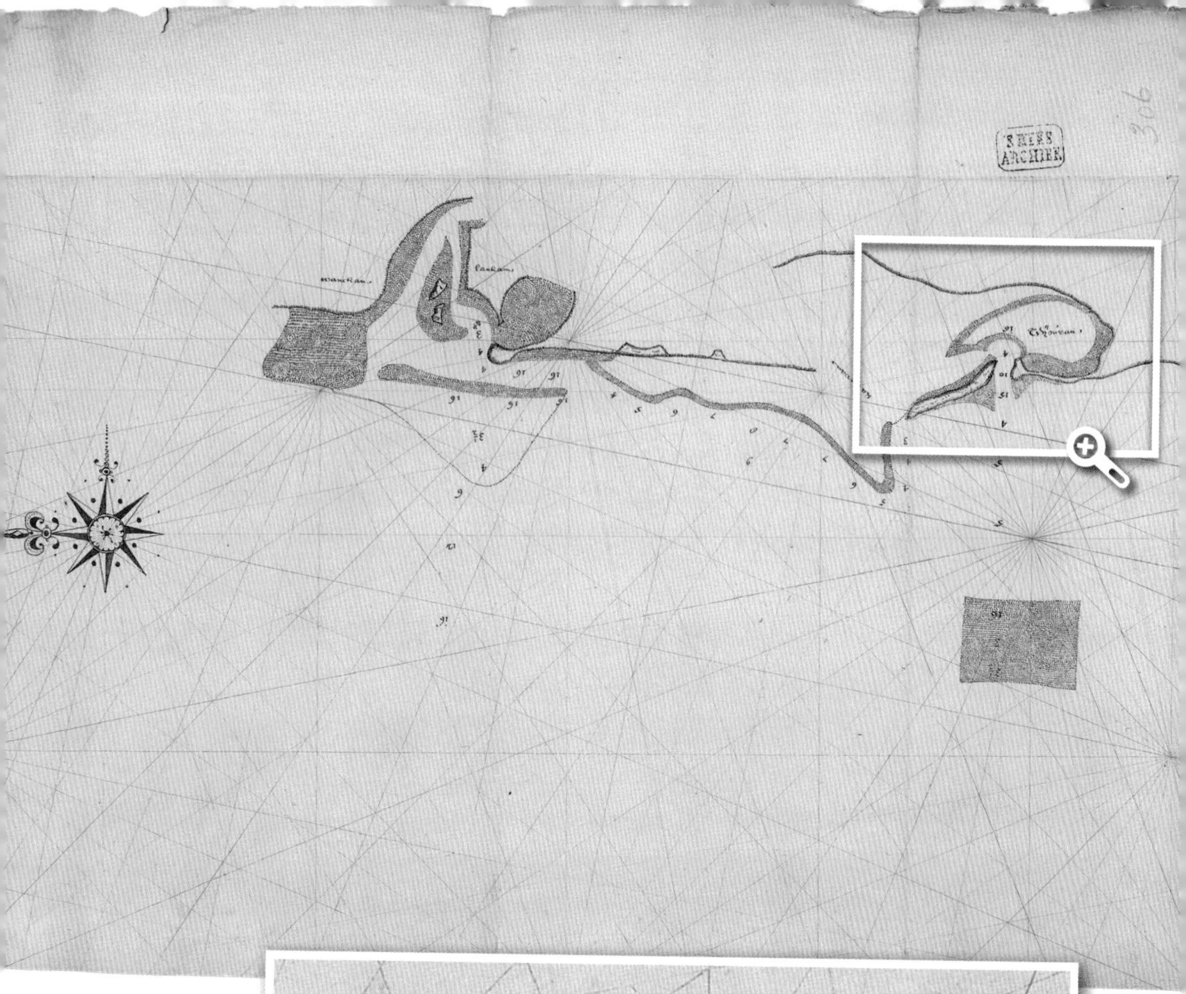

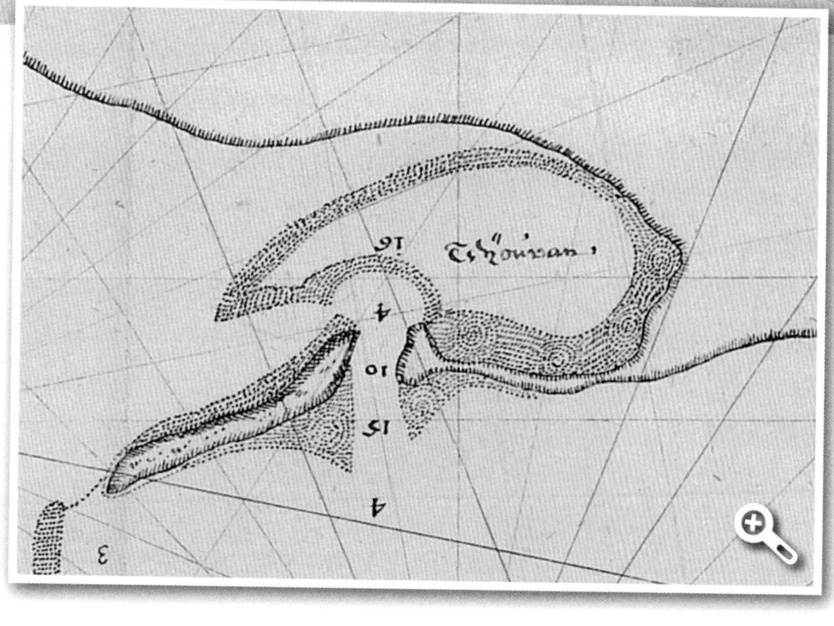

▶台江內海標示著Tayouan。
▲一六二〇年荷蘭地圖。
（圖源：海牙國家檔案館）

的赤崁才有原住民、漢人、日本人的聚落。後來，荷蘭人就選擇在一鯤身沙洲建立行政中心熱蘭遮城（今安平古堡）。

荷蘭人在進駐台灣的前兩年間，已先由漢人通譯陪同前來台南一帶測量，記錄台江內海是一個大海灣（荷文 Groote baye，即英文 Great bay），並根據漢人翻譯當地居民的說法，在地圖上台江內海的位置標示 Tayouan。我們可以據此推論，當時是漢人居民稱這個大海灣為「大灣」。

從台江內海的古地圖來看，船隻從一鯤身沙洲與北線尾沙洲之間的水道開進去，就會看見大海灣形狀的台江內海，所以早年漢人稱之「大灣」，但由於記音者各有不同籍貫的口音，才出現「大員」、「大圓」、「台員」、「台灣」等不同的寫法。後來，荷蘭人在一鯤身沙洲上築城，就稱那裡為 Tayouan、Teijouan。

荷蘭文 Tayouan、Teijouan，發音都與「台灣」的台語 Tâi-uân 相近。但後來日本人把荷蘭文 Tayouan 音譯為タイオワン（音 TAI-O-

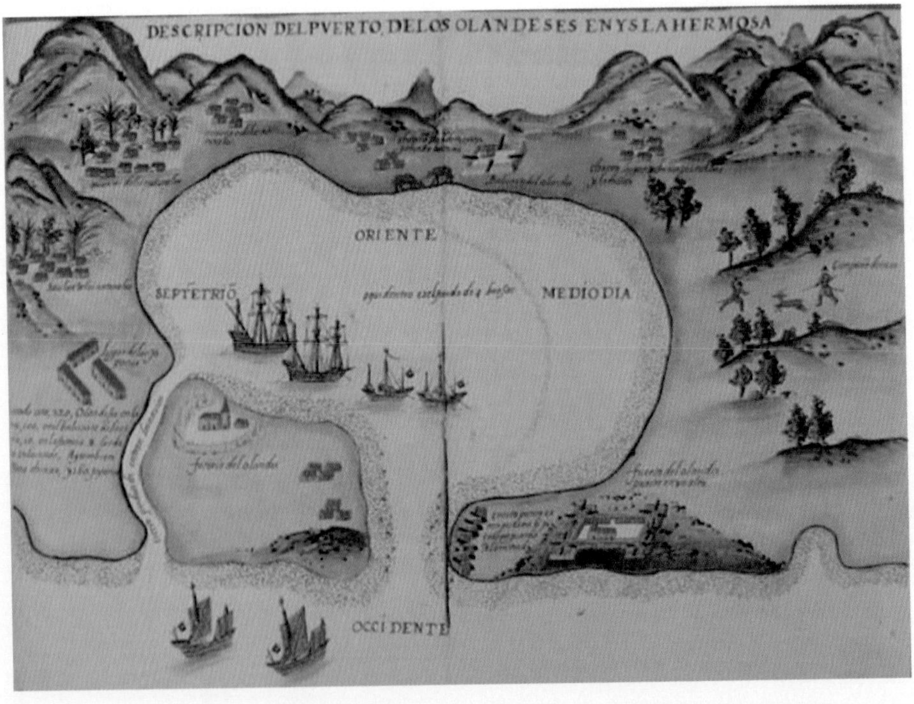

▲一六二六年葡萄牙人、西班牙人繪製的台江內海地圖，右下角是熱蘭遮城。

WAN，中間多了一個O），可能戰後再據此轉譯中文時就出現了「台窩灣」的說法。

「台灣」源自「大灣」，為我們增添了歷史想像。遙想當年，多少因閩粵原鄉窮困而前來台灣討生活的移民，都曾迎向一個大海灣，那彎彎的岸，彷彿母親張開雙臂、充滿溫暖的懷抱。但台灣早年移民對台灣原住民族的傷害，則當有歷史正義的省思和作為。

連橫的「埋冤」說

至於說「台灣」源自「埋冤」（台語音Tâi-uan），日本時代文人連橫在《臺灣通史》中寫道：「台灣原名埋冤，為漳、泉人所號。明代漳、泉人入台者，每每為天候所害，居者輒病死，不得歸，故以埋冤名之……」，這當只是附會而已。

大清時代前期採海禁政策，閩粵移民大都偷渡來台灣，面對海上的黑水溝，陸上的瘴癘之氣，確實埋葬了很多冤魂，但與台灣地名無關。

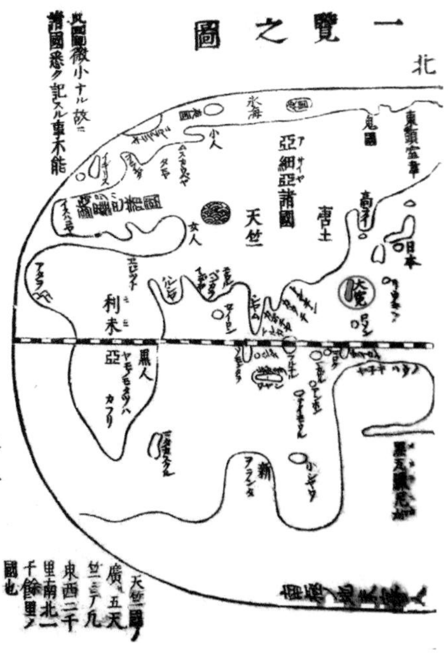

▶十七世紀《華夷通商考》中台灣被標示成大冤。

麻豆是什麼豆？

台南市麻豆區是台灣早期的著名鄉鎮，「麻豆社」在荷蘭時代是台南原住民西拉雅族的四大社群之一，「麻豆文旦」在清代、日本時代就是貢品，但「麻豆」是什麼豆？或是什麼意思呢？

首先說明，麻豆在清代的地名是「蔴荳堡」的「蔴荳庄」。日本時代的一九二〇年，台灣總督府進行自一八九五年統治台灣以來最大規模的行政區域畫分，並以簡化、美化的原則更改了很多舊地名，「蔴荳」就是此時被去掉草頭簡化寫成「麻豆」。

原住民語的「眼睛」

麻豆（台語音 Muâ-tāu）地名由來，最常見的說法是來自原住民西拉雅語 mata，就是眼睛的意思。

事實上，mata 是南島語，還有另一個字 babui（包括發音相近的 babi、baboy、fafuy 等，豬或豬肉的意思），這兩個字目前還保留在全球大多數南島語族的南島語中。這也就是說，台灣各族原住民、菲律賓人、馬來人、印尼人、紐西蘭毛利人等所說的 mata，都是指眼睛。

還有人說麻豆（Mattau）比 mata 多了 au 的尾音，au 音近台語的「澳」，據此推論麻豆是漢人以原住民語 mata 命名的港灣。但這種「麻豆港」的說法有三個問題：第一、au 的音與台語的

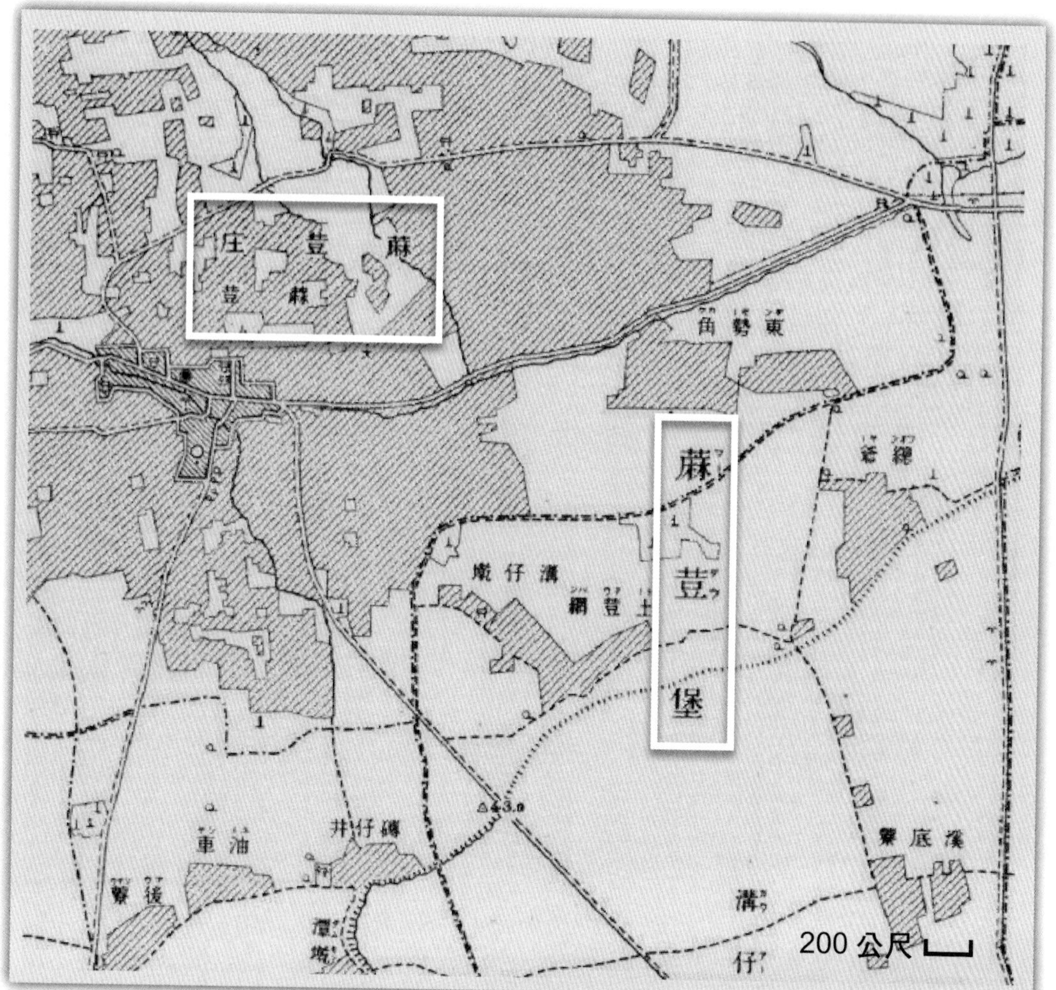

▲《台灣堡圖》（明治版），二萬分之一。

「澳」（ò）有差。第二、早年麻豆地區雖然有河道、海灣，但並不適合大船停泊，故不能稱之港口。第三、台語地名的「澳」雖然指港灣，但只出現在從基隆到花蓮的海岸，例如基隆市的深澳（番仔澳）、新北市的卯澳、宜蘭縣的蘇澳等，並未用在中南部的海岸。

回到十七世紀荷蘭時代來看，當時台南原住民西拉雅族的四大社群：新港社、麻豆社、蕭壠社、目加溜灣社，與漢人從事鹿皮、鹿肉交易，有很多漢人定居在原住民部落，因此這四個社的名稱也可能是漢人命名。例如新港社，新港是早在一五七〇年代就有的漢人地名，海賊林鳳曾來此地與原住民爭戰。依地名慣例，新港是相對於舊港，但目前已不知舊港的位置。

荷蘭文獻的標示方法

事實上，荷蘭文獻對新港社標示了兩個地名：「Sinkan，又名 Tachloeloe」，表示前者是漢人地名新港，後者是原住民地名。對麻豆社的標示是「Mattau，又名 Toukapta」，表示前者是漢人地名麻豆，後者是原住民地名。蕭壠社的標示是「Souloangh，又名 Touaminig」，漢人地名蕭壠不明其義，但原住民地名可能是西拉雅語指「北邊的社」。對目加溜灣社的標示只有一種Backoloan，所以就是原住民地名，但不明其義。

那麼，麻豆如果是漢人命名，又是什麼意思呢？目前還找不到答案，就算是豆類，也沒有一種豆叫麻豆。台南的麻豆就像台北的干豆（關渡的舊名），留給我們繼續探源。

雖然找不出麻豆地名由來，但如果有人問：「台灣第一麻豆」是誰？很多人都知道是台灣第一名模林志玲。原來，「麻豆」因為國語發音接近英語 Model（模特兒），已變成「台式國語」的用詞了。

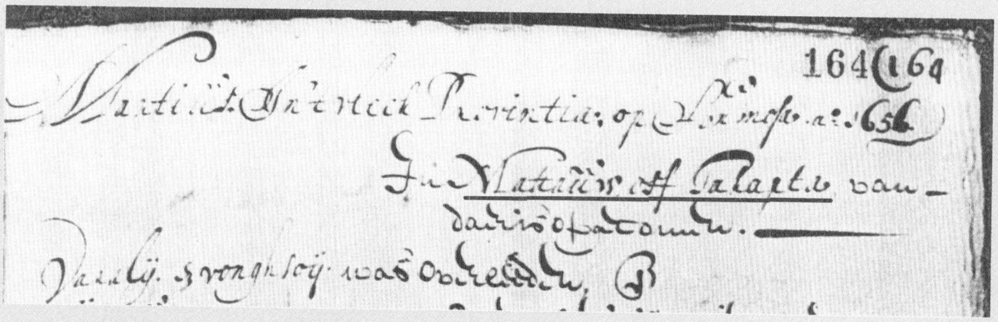

▲Mattau，又名 Toukapta。從荷蘭文獻中可以看到當時記錄內容之習慣，前者通常是漢人地名音譯，後者是原住民地名音譯。

資料出處：東印度公司檔案編號 VOC 1218, fol. 164r.

高雄是打狗還是打鼓？

高雄的舊地名，一般都說是「打狗」（台語音 **Tá-káu**），此語據聞源自原住民語。但在清代文獻中，高雄的舊地名除了提到打狗，也有過另一個發音相近而不同的名稱「打鼓」（台語音 **Tá-kóo**），如果從漢人打擊樂器的「鼓」來探討，則可發現不同的地名由來。

打狗是「刺竹」的意思？

打狗之說，由日本時代著名文化人類學者伊能嘉矩所提出。根據伊能嘉矩的說法，打狗是漢人音譯，源自高雄沿海原住民對此地的稱呼，意思是刺竹，可大量種植以作防禦之用。

原住民語「打狗」是不是指刺竹？現在已無法查證。在清代文獻中，在高雄也沒有叫「打狗社」的原住民聚落。不過，高雄港附近有個地方叫「大竹」（高雄市鳥松區大竹里），刺竹俗稱大竹，這可能是刺竹之說的由來，因爲在住宅周圍種植刺竹可以防盜。

此外，根據更早的荷蘭文獻，高雄也沒有原住民部落，在高雄一帶的海灣被標示「生理人之島」（Handelaars Eylandt），可見當時已有自稱「生理人」（Sing-lí-lâng，就是生意人）的閩南商人住在此地形成聚落。

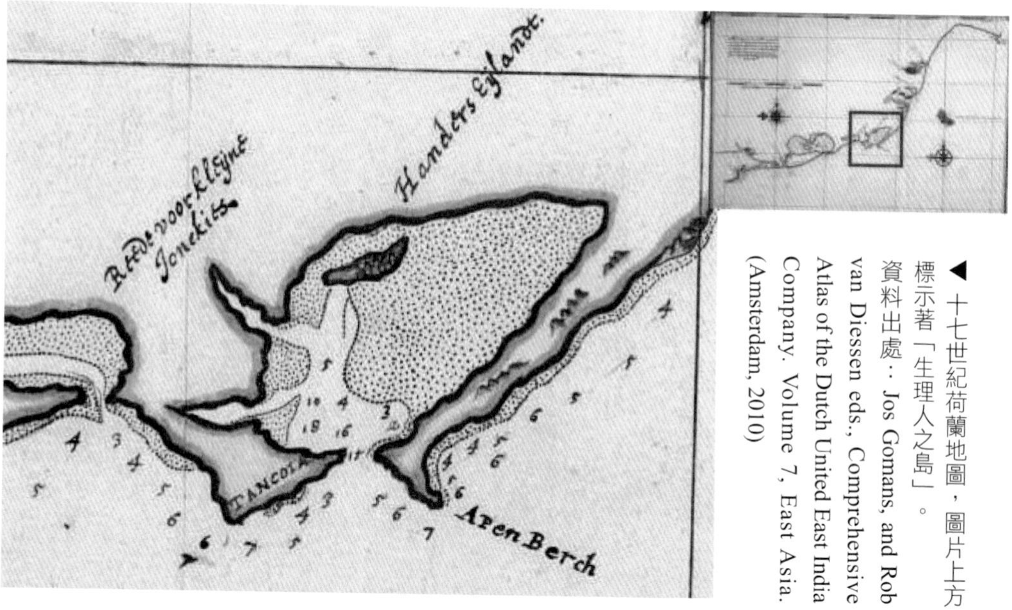

▲十七世紀荷蘭地圖，圖片上方標示著「生理人之島」。資料出處：Jos Gomans, and Rob van Diessen eds., Comprehensive Atlas of the Dutch United East India Company. Volume 7, East Asia. (Amsterdam, 2010)

是打鼓不是打狗

當年荷蘭人對高雄標示Tancoia（音Tan-koo-a），接近台語「霆鼓仔」（霆音tân，霆雷公就是打雷），據此可以推測那時漢人已爲此地命名「打鼓」。

在荷蘭人來台灣之前，福建漳、泉人已經航行前往菲律賓貿易，而高雄是中途站，因當地海濤洶湧彷彿擊鼓，可能就以「打鼓」命名。後來，在記音上又出現文讀音相仿的「打狗」寫法，最後才以「打狗」通行。

一六〇三年，福州連江文人陳第發表他前一年隨軍來台灣、考察台灣西南沿海民情生活所寫的遊記〈東番記〉，也提到了打狗。以福州話來說，打狗的「狗」，如果是文讀，發音同「鼓」。

清代通用的地名打狗，到了日本時代才被改名。一九二〇年，台灣總督府進行自一八九五年統治台灣以來最大規模的行政區域畫分，並以簡化、美化的原則更改了很多舊地名，其中有不少是直接以日本內地的地名取代，打狗就在此時被改名「高雄」。

日本人根據什麼把打狗改名高雄？因爲日文漢字高雄（Taka-o），與台語打狗（Tá-káu）發音相近。

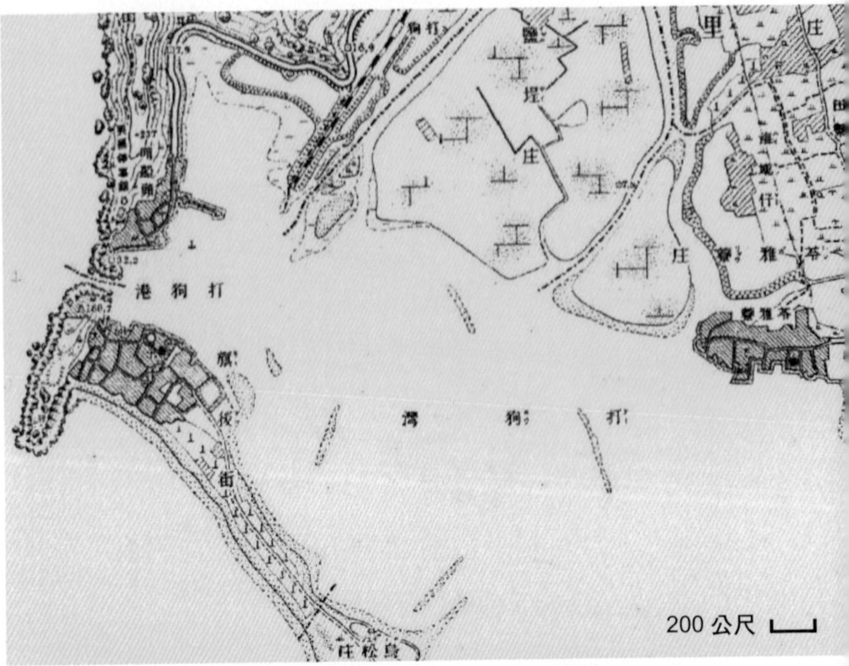

▶《台灣堡圖》（明治版），二萬分之一。改名前的打狗港。

▶一九二四年日治地形圖，五萬分之一。改名後的高雄港。

戰後，日文的高雄變成中文的高雄，用字雖然不變，但發音卻完全改變了，高雄的國語發音念成ㄍㄠ ㄒㄩㄥˊ，台語發音念成 Ko-hiông。

台灣的北、南兩大港口，雞籠雖然在清代改名基隆，但台語至今仍保留原音 Ke-lâng；而打狗在日本時代改名高雄，發音還算接近，但到了戰後就失去原音 Tá-káu 了。

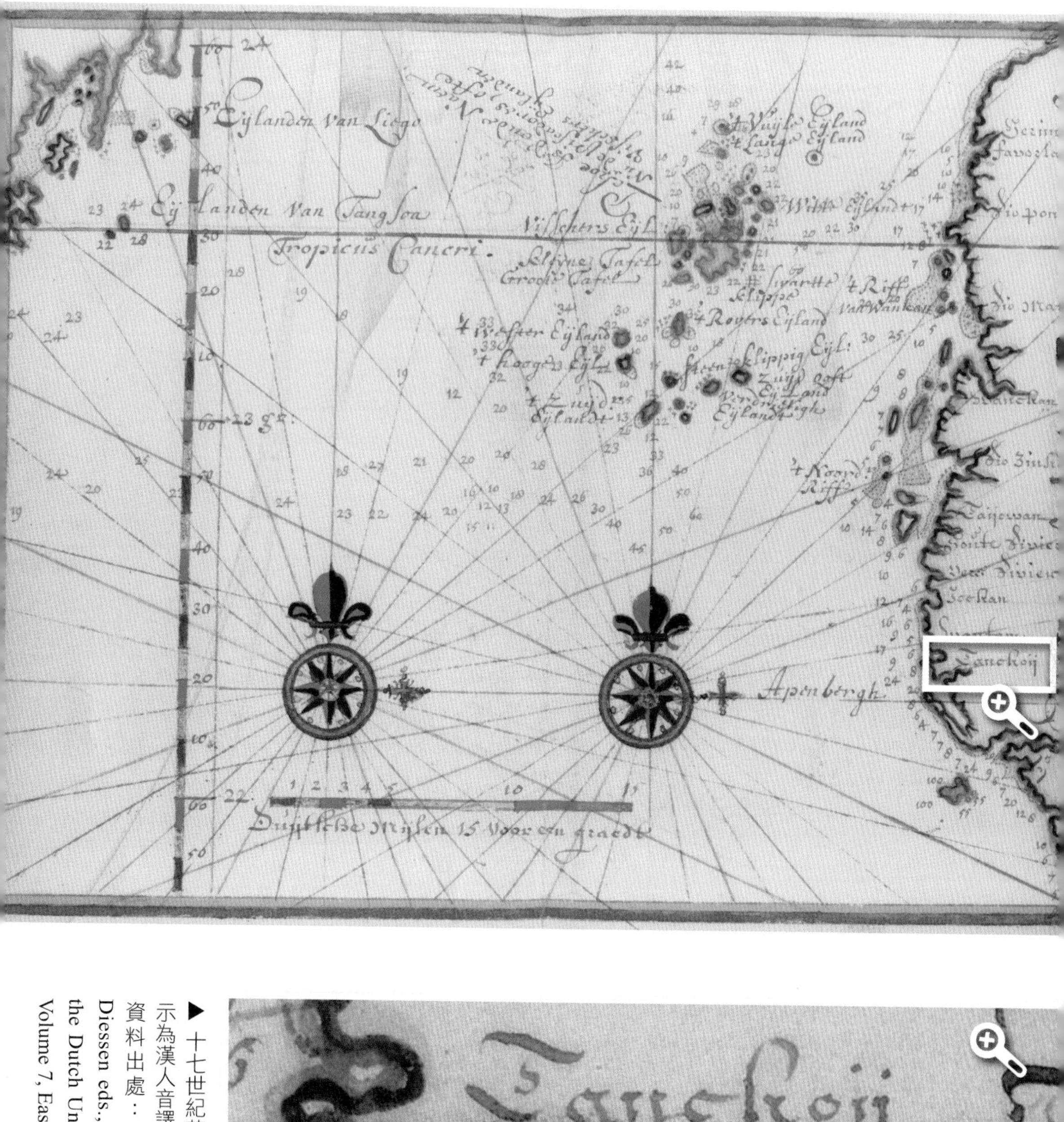

▶十七世紀荷蘭地圖中將高雄地區標示為漢人音譯的Tanckoij。
資料出處：Jos Gomans, and Rob van Diessen eds., Comprehensive Atlas of the Dutch United East India Company. Volume 7, East Asia.(Amsterdam, 2010)

楠梓是楠仔還是湳仔？

高雄市的楠梓區，著名的楠梓加工出口區就在這裡。「楠梓」二字看來是樟樹和梓樹兩種喬木，這就是地名由來嗎？

根據楠梓區公所的說法：楠梓舊名「楠仔坑」，早年福建漳泉移民在此形成村落，因溪畔遍植楠木故得名。到了日本時代改名楠梓，但一般民眾仍稱楠仔坑。

楠仔坑是什麼意思呢？台語的「楠仔」（lâm-á）指楠樹，這是樟科楠屬大喬木，木材質地堅硬，可用來造船。「坑」是常見的地名，指溪谷或山谷之地。因此，楠仔坑就是有很多楠樹的谷地。

在清代文獻中，楠仔坑也寫成楠子坑、楠梓坑，這三個名稱的差別是中間的三個字「仔」、「子」、「梓」。在台語中，「仔」常被簡化為「子」，「子」則常被美化成同音的「梓」。因此，楠梓的「梓」與梓樹無關，楠梓就是楠仔。

這樣解釋楠梓的地名由來，似乎很清楚明白了，但我們卻發現了一個問題：在清代文獻中，楠仔坑也曾被寫成「湳仔坑」，這樣就有很大的差別，到底是「楠」還是「湳」呢？因為「湳」的意思大不相同。

台灣各地的「湳仔」

台語的「湳」（lam）指爛泥地，「湳仔坑」顧名思義就是指泥濘的溪谷地。有一個最明顯的例子，南投縣名間鄉的舊名就是「湳仔」。此外，台北市士林區蘭雅里的舊名也是「湳仔」。

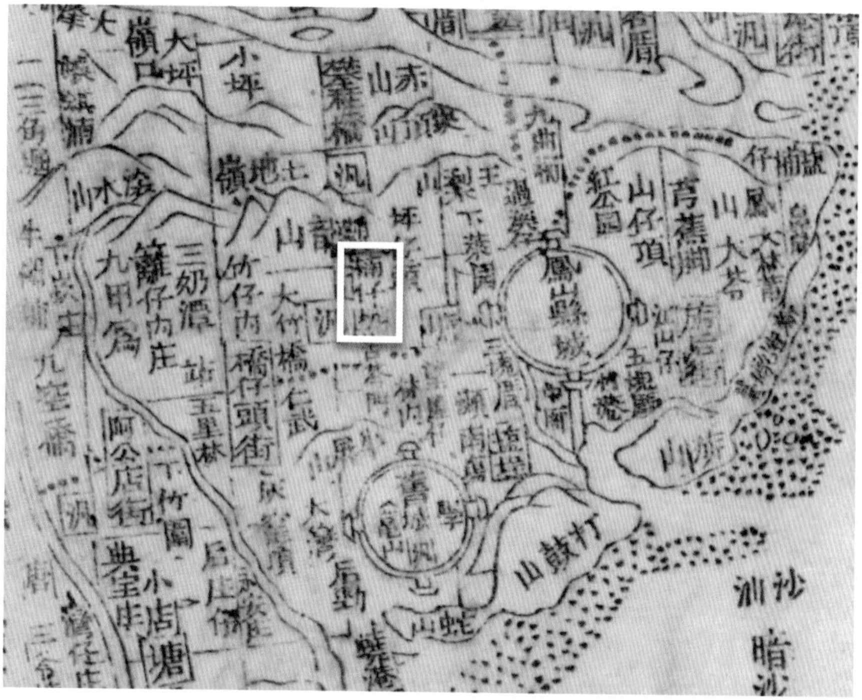

▶一八七八年全臺前後山輿圖。清代楠仔坑。

▶一八九九年日治台灣全圖，四十萬分之一。日治楠梓坑。

根據名間鄉公所的說法：名間舊名湳仔的由來，是因現今南雅村、中正村、中山村一帶，昔日地形低窪，四周雨水匯集，地質泥濘，長年間成爲湳沼，地方俗稱湳仔。

至於南投的「湳仔」爲何變成「名間」？那是日本時代一九二〇年行政區域畫分時改的，當時把「湳仔」（Làm-á）改成日文漢字訓讀發音相近的「名間」（なま，Nama）。同樣的例子還有「打狗」（台語 Tá-káu）改成「高雄」（日語 Takao）、艋舺（台語 Báng-kah）改成「萬華」（日語 Manka）、「鹹菜甕」（客語 Ham-choi- vung）改成「關西」（日語 Kansai）等。

楠仔還是湳仔？

高雄市楠梓區以前會不會也是「湳仔」？事實上，楠樹通常不生長在低海拔，而這裡因地勢低窪造成排水不易，一直是高雄市最常淹水的地區之一。如此，我們從文獻和地理脈絡來解釋，推論「湳仔坑」可能才是楠梓本來的地名。當年因「湳仔」被寫成發音相近的「楠仔」，後來才望文生義出現先民在此種植楠樹的說法。

從高雄市楠梓區，讓我們想到高雄市那瑪夏有一條楠梓仙溪。那瑪夏區舊名三民區，這是戰後的政治命名，當地原住民一直要求改名，終於在二〇〇七年以當地溪流的原住民語名稱 Namasia 之中文音譯改名爲「那瑪夏區」。這條 Namasia 溪，漢人一直稱之楠梓仙溪，本來可能寫作楠仔仙溪。

楠仔仙溪與高雄市楠梓區兩個地名中的「楠梓」，有沒有可能有關係呢？一般認爲楠仔仙溪源自原住民命名 Namasia 溪的音譯，但如果是漢人命名，這裡的「楠仔」會不會也是「湳仔」呢？

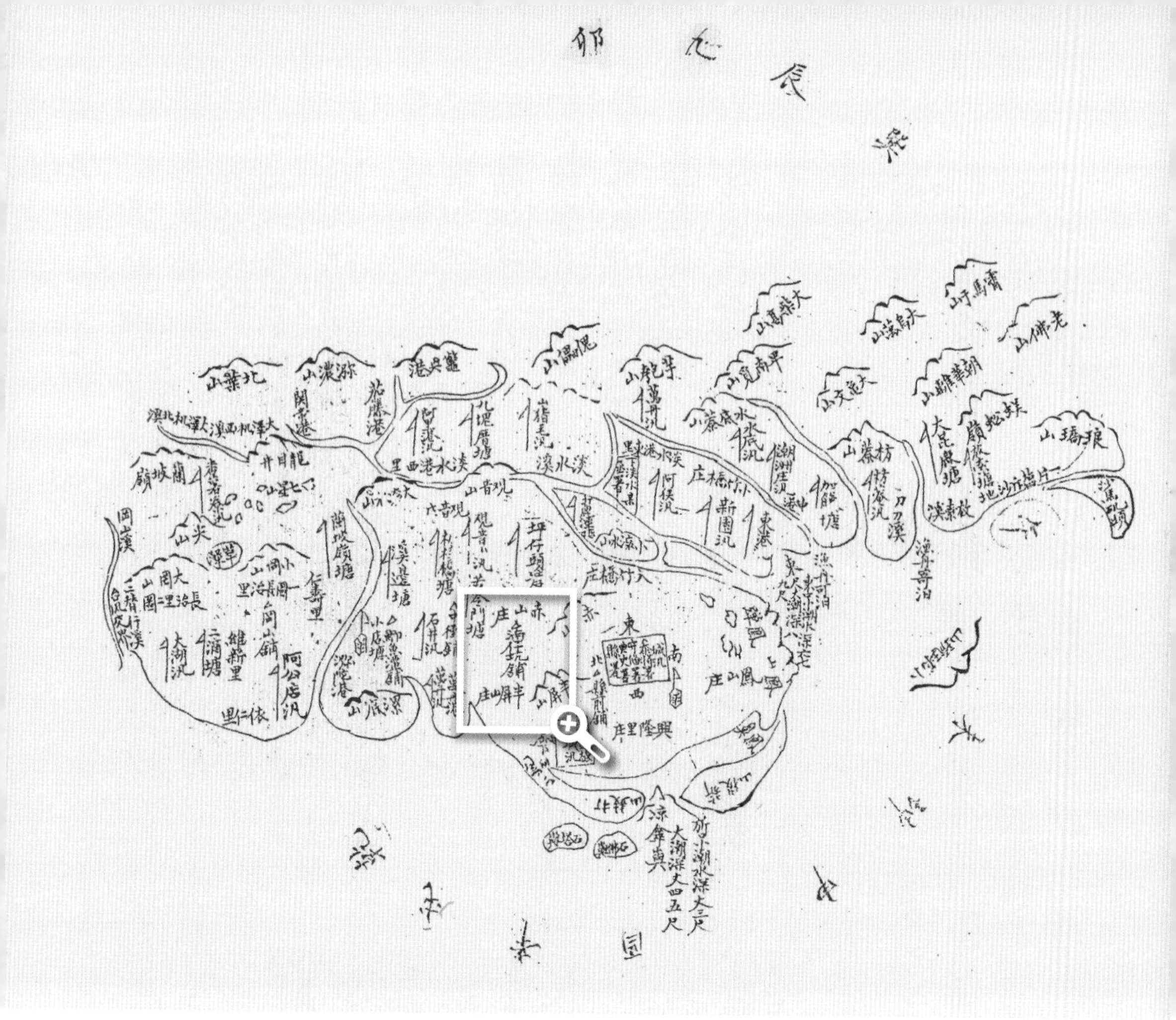

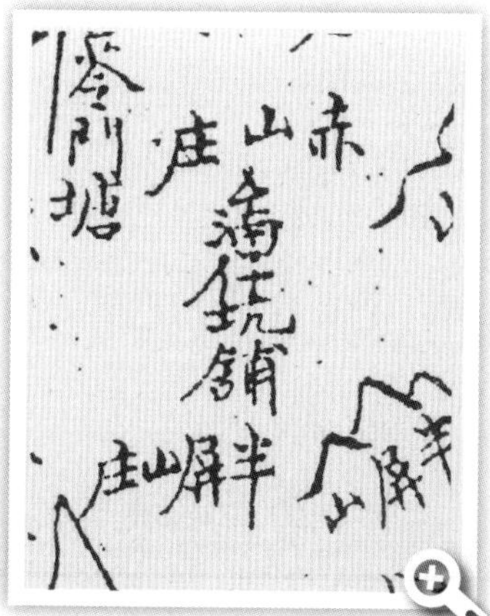

◀清同治年間的《鳳山縣輿圖纂要》一書所收地圖，中央偏下有一地名為「湳仔坑舖」，同書文獻（第七行）則記載為「楠仔坑舖」。當時「楠仔」與「湳仔」的寫法或許相通。

下淡水縣丞署　在下淡水港西里
興隆庄巡檢署　在興隆庄 即舊城
鳳山縣典史署　在縣城東畔
舖舍
縣前舖
東南至下淡水舖三十里　北至楠仔坑舖二十里
楠仔坑舖
南至縣前舖二十里　北至中衡舖二十里
中衡舖
南至楠仔坑舖二十里　北至鯽魚潭舖二十里
鯽魚潭舖

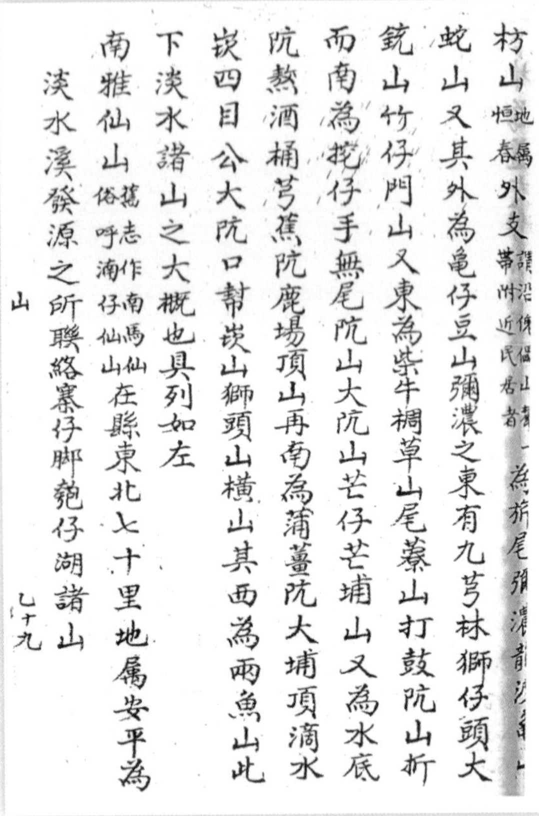

枋山（地屬恒春）外支（讀沿僻偏山截帶附近民居者）一為旂尾彌濃龍
蛇山又其外為亀仔豆山彌濃之東有九芎林獅仔頭大
銃山竹仔門山又東為紫牛𥕢草山尾蓁山打鼓阬山折
而南為挖仔手無尾阬山大阬山芒仔芒埔山又為水底
阬熬酒桶芎蕉阬鹿場頂山再南為蒲薑阬大埔頂滴水
崁四目公大阬口幫崁山獅頭山橫山其西為兩魚山此
下淡水諸山之大概也具列如左
南雅仙山（舊志作南馬仙俗呼湳仔仙山）在縣東北七十里地屬安平為
淡水溪發源之所聯絡寮仔脚匏仔湖諸山
山
七十九

▲從清同治十年（一八七一）《鳳山縣采訪冊》可見到在今日高屏溪（舊稱淡水溪）發源地有一座南雅仙山，以前曾寫作南馬仙，俗稱湳仔仙山。

▲清光緒四年（一八七八）《全臺前後山輿圖》中的「湳仔仙山」與「湳仔仙庄」。

我們再從文獻和地理脈絡來解釋，楠仔仙溪是高屏溪的兩大源頭之一，附近可能因為山水沖刷，造成土地爛軟，所以清代文獻對當地地名也有「湳仔」、「南馬」、「南雅」的寫法。以此來看，楠仔仙溪也可能是漢人命名，「楠仔」就是「湳仔」，但不知「仙」字從何而來？

那瑪夏鄉的原住民卡那卡那富族，在二〇一四年六月被政府認定爲台灣第十六個原住民族。對Namasia一詞的由來，該族傳說是一位爲拯救全村而犧牲生命的少年的名字，但並沒有明確的說法。

因此，如果說Namasia是從漢語音譯而來，也不是沒有可能。事實上，那瑪夏區很早以前就有漢人居住。

根據荷蘭文獻，Kanakanvu（即今卡那卡那富族）有一個部落叫Paksia，顯然就是漢人名稱「瞨社」（台語pák-siā）的音譯，可見荷蘭時代就有漢人在那裡經商。瞨社是荷蘭時代的承包制度，荷蘭人把轄下原住民聚落的交易權公開招標，漢人得標後即可獨占交易權（並繳交易稅），以布、鹽、鐵鍋等物品，交換原住民生產的鹿皮、鹿肉，再轉售賺取利潤。

順帶一提，台南市的楠西區，以位於楠梓仙溪之西而得名。

鵝鑾鼻與貓鼻頭

台灣本島最南端的恆春半島有兩大岬角：東南端的「鵝鑾鼻」、西南端的「貓鼻頭」，中間的海灣稱之「南灣」。鵝鑾鼻、貓鼻頭、南灣的地名由來有各種說法，看來有鵝有貓，但追根究柢發現可能與龜有關。

鵝鑾鼻

很多人聽到國語發音的「鵝鑾」鼻，誤以為是「鵝卵」石。鵝鑾鼻地名由來，一般都根據日本時代日本人安倍明義的說法：原住民語「Goroan」＋台語「鼻」，「鵝鑾」是當地原住民排灣族語言 Goroan（日文標音ゴロアン）的音譯，為帆船之意，因附近海灣有岩石似帆船，而台語稱岬角為「鼻」。

這種說法已沿用了幾十年，但無法應證，目前的排灣語也查不到 Goroan 這個字。如此，「鵝鑾」這個名稱的由來，有沒有其他的可能呢？

從清代歷史來看，當年恆春半島的排灣族共有十八個聚落，稱之「瑯嶠十八社」，今天的鵝鑾鼻就位於其中的「龜仔甪」（台語音 Ku-á-lut）聚落。龜仔甪也寫成發音相近的「龜仔律」、「龜那禿」，西方文獻寫成 Kualut。

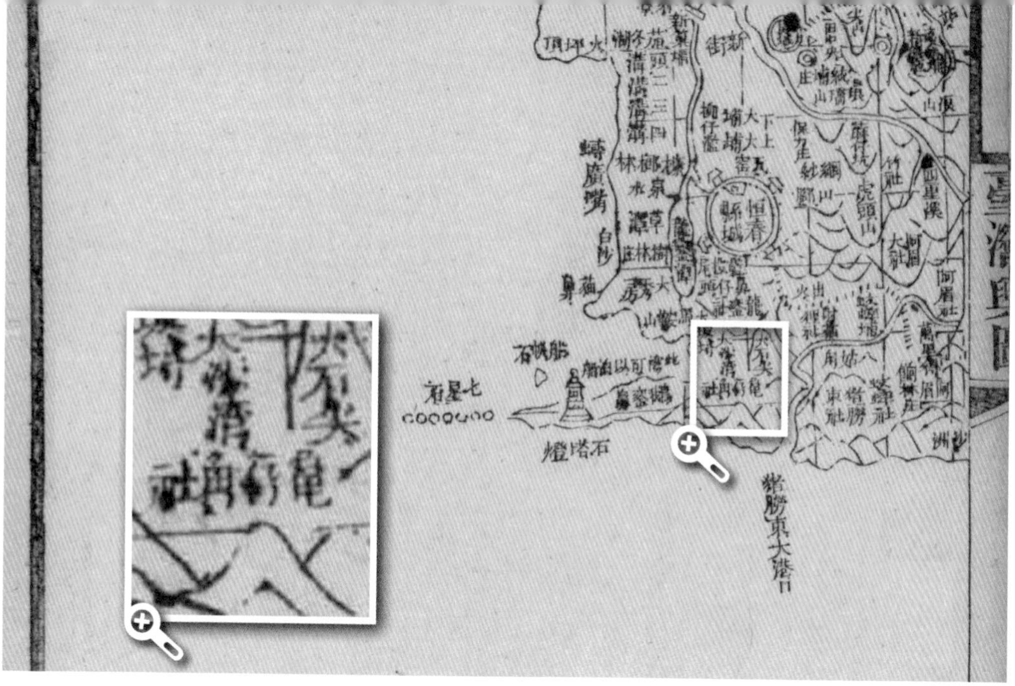

▶光緒六年（一八八〇）《臺灣輿圖》中的龜仔用社。

我們在此推論：如果當年以龜仔用聚落的名稱，作爲當地岬角的名稱，稱之「龜仔用鼻」（Ku-á-lut-phīnn），發音是不是很像「鵝鑾鼻」（Gô-luân-phīnn）呢？「龜仔用」是否有可能被雅化爲「鵝鑾」，成爲鵝鑾鼻地名由來？

鵝鑾鼻的地名在一八七〇年代就出現了，尤其鵝鑾鼻燈塔在清光緒九年（一八八三年）建成啓用後，使鵝鑾鼻的地名更廣爲人知。在日本時代，鵝鑾鼻寫成「鵞鑾鼻」，或以日文片假名寫成「ガランピ」（Garanpi）。

現在，我們要進一步探討，「龜仔用」可能是原住民語的音譯，但會不會也是台語與龜有關的命名呢？

首先，台語有「雞用仔」、「鴨用仔」的用詞，指的是未成熟的雞、鴨，專業術語是亞成雞、亞成鴨。那麼，「龜仔用」會不會也是指龜呢？

從荷蘭文獻來看，對貓鼻頭標示 Zuyde eynde van Leques，意思是台灣南端，對鵝鑾鼻標示 Suid hoek，意思是南角，對貓鼻頭、鵝鑾鼻中間的南灣則標示 Schilpads bay（Schildpadsbaai），英文譯成 Turtle bay，就是「龜灣」的意思。龜灣的「龜」並不是音譯，而是指龜類動物。

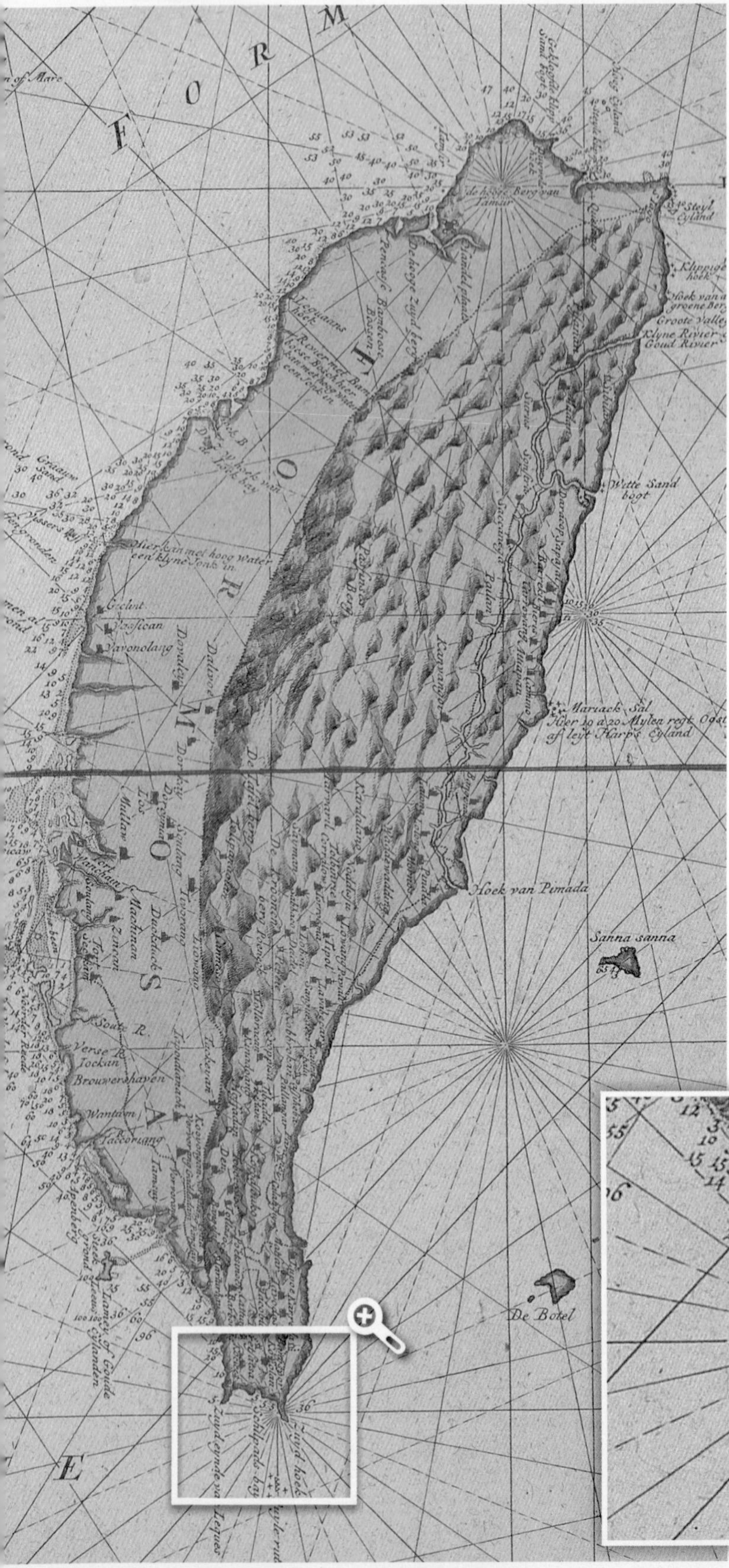

▼Schilpads bay（Schildpadsbaai）
烏龜灣／龜仔用灣
十七世紀中荷蘭人Van Keulen繪製
中國沿岸閩粵沿海及臺灣島航線圖。

▶日本時代的鵝鑾鼻燈塔。

據此，我們可以想像，早年恆春半島南端海岸一定有很多龜，多到成爲明顯的風景，讓人以龜來爲南灣、鵝鑾鼻原住民聚落命名。

貓鼻頭

再來談貓鼻頭，一般的說法是：這個岬角有一大塊從海崖上斷落的珊瑚礁岩，其外型狀若蹲仆之貓，因而得名。這種說法不夠說服力，那塊礁岩像不像貓也很難說。

從清代文獻來看，貓鼻頭最早稱「沙馬磯」、「沙馬磯頭」、「沙馬磯頭山」，從台灣府（台南）南抵沙馬磯頭稱之「南路」。但是，我們至今不知「沙馬磯」是什麼語言、什麼意思？

清代文獻也稱沙馬磯爲「龜鼻山」，清末已出現貓鼻頭的地名。爲什麼曾經稱「龜鼻」，而後來稱「貓鼻」呢？

讓我們做個大膽的推測，由於貓鼻頭的岬角，比起鵝鑾鼻相對扁平，「貓鼻」二字會不會來自台語形容鼻子較扁的「Mauh 鼻」或「鼻仔 moh-moh」呢？

高樹是什麼樹？

屏東縣高樹鄉地名由來，一般說法是：日本時代初年設「高樹下庄」，到了一九二〇年整併後把地名簡化爲「高樹庄」。高樹地名由來，傳說因早年村內有一棵高大的木棉樹而得命。

首先，對於稱高大的樹爲高樹，我們要提出質疑。華人形容樹木高大，會說「大樹」，不會說「高樹」。事實上，中文辭典也沒有「高樹」這條詞彙。在日本，雖然有「高樹」的姓氏，但一般都以「大樹」、「巨木」來形容樹木高大。

其次，如果依照上述的地名沿革，「高樹下」、「高樹」都是日本時代才有的地名。但日本時代一九〇四年繪製的《台灣堡圖》，這裡的地名已標示「高樹下」。由於此一《台灣堡圖》通常會呈現清代遺留下來的地方行政區畫分（堡里、街庄），根

▲木棉樹。
（圖源：ManicSylph@Wikimedia Commons）

據此圖可以查出清代的台灣地名，因此「高樹下」應該是清代就有的地名。

或許也可以這樣說，「高樹下」在清代還不是正式地名，民間文書也未記載，但不排除日常生活口語中已在使用。

歷史上，高樹的移民客家人比福佬人早，後來是閩客混居情形。相對於福佬人的地名常用「樹名＋腳」，客家人則常用「樹名＋下」。福佬人常用的「頂」，客家人則常用「上」。以此來看，「高樹下」是客家人的命名方式。

高樹是什麼樹？

但高樹的樹是否就是傳說的木棉樹呢？在清代、日本文獻上並未有此記載。木棉是落葉大喬木，可長到二十五公尺高，而從地理上來看，高樹大都是溪流沖積扇的低地，樹能否長得那麼高？值得懷疑。事實上，木棉是著名的樹，木棉花盛開時非常美麗，如果說客家人只能稱木棉爲「很高的樹」，會不會侮辱客家人的智慧？

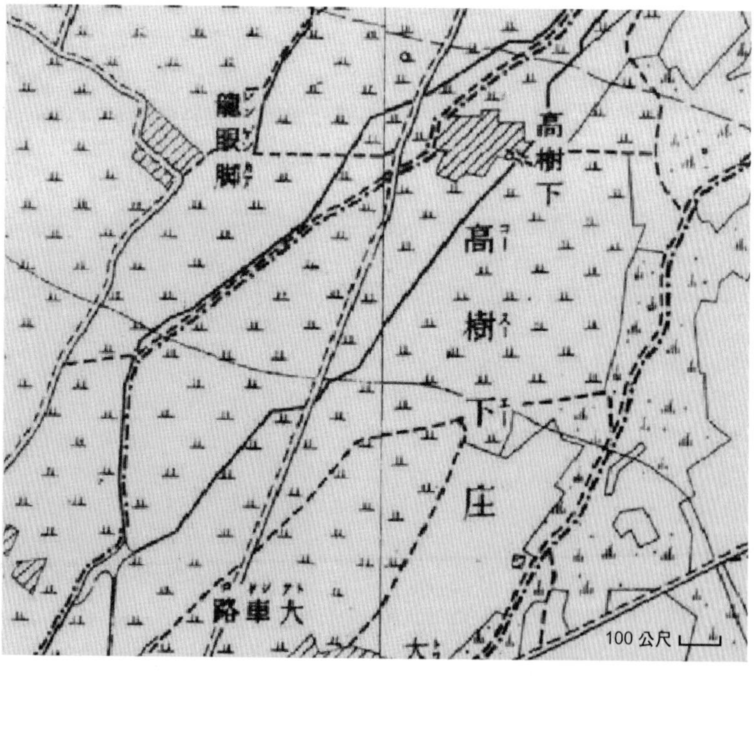

▶《台灣堡圖》（明治版），二萬分之一。

我們進一步查證，發現高樹早年最大的「大埔」聚落，之下有一個「龍眼腳」的小地名，以此推測高樹的樹可能與龍眼樹有關。

▼龍眼樹。（圖源：Mk2010 @ Wikimedia Commons）

爲什麼呢？福佬人所說的龍眼，客家人稱之「牛眼」，這樣兩個族群在命名上就會有所衝突。然而，客家語會用「果樹」（四縣腔 Go-su）來通稱所結果實可供食用的樹，所以如果客家人稱那棵龍眼樹爲「果樹」，也能說得過去。

巧合的是，客語的「果」與「高」發音都是Go，客語的「果」也與台語的「高」發音相近。因此，我們推測「高樹」可能就是從客家語「果樹」而來，而且可能是龍眼樹。

日本人最初沿用清代「高樹下」的地名，以日文漢字音讀念作Kozyuka，但後來把地名簡化爲「高樹」後，則改以日文漢字訓讀念作Takagi。因此，高樹在日本時代是日式地名，戰後才恢復本來讀音。

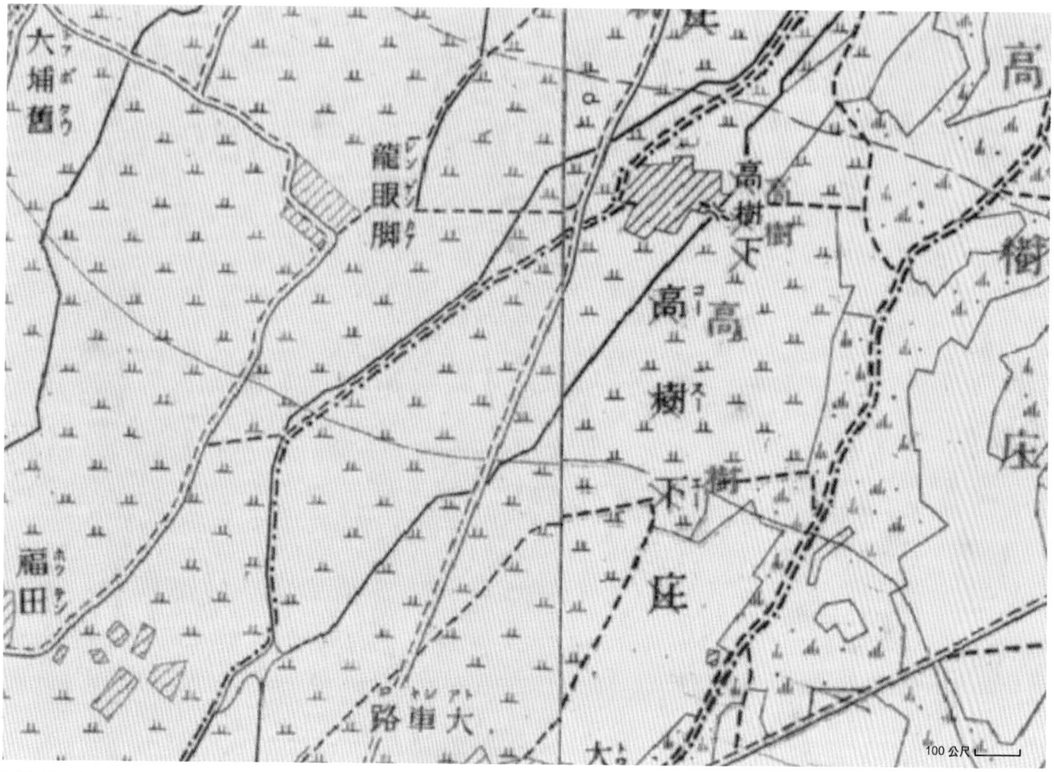

▲「高樹下」簡化改作「高樹」。《台灣堡圖》（大正版），二萬分之一。

蘇澳是姓蘇的人開發的港灣？

台語和國語的「澳」，都可用來指停靠船舶的天然港灣。在台灣，「澳」字之前冠上特定用詞，即形成地名，例如新北市瑞芳區的深澳、新北市貢寮區的卯澳、宜蘭縣頭城鎮的外澳等。

宜蘭縣蘇澳鎮的南方澳、北方澳、東澳，以及宜蘭縣的南澳鄉，其中的「南方」、「北方」、「東」、「南」都是以方位來爲港灣命名（南、北方澳或說是南、北風澳），但蘇澳這個以「蘇」爲名的港灣，又是怎麼來的呢？

蘇士尾的傳說

蘇澳地名的由來，一般都是根據一九三八年日本人安倍明義所著《台灣地名研究》的說法，指「一百多年前移民團統領蘇士尾」率人來此港灣，故以「蘇」姓命名。戰後，另有資料指「相傳清嘉慶年間有福建泉州人蘇士尾率鄉勇來此墾荒定居」，這大概是附會安倍明義的說法。

但蘇澳之名來自蘇士尾的說法，並沒有直接證據，因爲在清代文獻中找不到有關移民「頭人」或「墾首」名叫蘇士尾的資料，此人是否存在只能存疑。此外，現今蘇澳並沒有流傳蘇士尾的事蹟，而蘇姓在蘇澳也不是大姓。

事實上，蘇澳地名的出現，大概比安倍明義所說蘇士尾來到的時間更早。因此，蘇澳的「蘇」如果不是源自漢姓，那就有源自原住民語或西班牙語的可能性。

▲十七世紀荷蘭地圖在今日蘇澳位置標示 St. Lourens。（圖源：海牙國家檔案館）

行經東北海岸的西班牙人

西班牙人早在十六世紀中葉以後，就從美洲殖民地墨西哥由東向西橫渡太平洋到達菲律賓，在馬尼拉設立亞洲總部，並於一六二六年從菲律賓北上，沿著東台灣航行，最後陸續在基隆、淡水築城，統治北台灣直到一六四二年被荷蘭人驅逐離開台灣。

當年西班牙人沿著台灣東、北海岸航行所經之處，都以西班牙文命名，目前確認留存的西班牙文地名，包括花蓮古地名「哆囉滿」（Duero）、新北市的「三貂角」（Santiago）、「野柳」（Diablo）等。

台灣從西班牙到日本時代，蘇澳一直是台灣東部唯一能夠停靠大船的避風港灣。根據西班牙文獻，這個港灣的原住民地名Catinunum，西班牙人重新命名San Lorenzo，作爲馬尼拉與基隆之間的中途站及戰備港。Lorenzo的發音接近台語「路連蘇」（lōo-liân-soo，重音落在第三音節soo，大家可以把Lorenzo貼到Google翻譯聽聽看），所以漢人有可能據以稱這個港灣爲「聖．路連蘇」澳，後來簡稱「蘇」澳。

▶蘇澳港。日本時代明信片，內容提到此為宜蘭線的終點，東海岸第一良港。三面環山，風景絕佳。

推測蘇澳地名源自西班牙文的說法，從台灣的西班牙文地名來看有其系統性，而且這也增添了十七世紀西班牙人在台灣的文化遺產。像是宜蘭縣從蘇澳以北向內彎曲的海岸，當年西班牙人命名 Santa Catalina，只是這個地名沒有流傳下來。

西班牙文 San Lorenzo 是什麼意思？San 是神聖，Lorenzo 是基督教（天主教）的聖徒之名。西班牙文 San Lorenzo 的英文是 Saint Lawrence，中文從英文譯作聖・勞倫斯。聖・勞倫斯是西元三世紀的基督教徒，被教會認爲是最堅貞、勇敢的殉道者之一。傳說，當年掌權者要聖・勞倫斯交出教會的財產，他則召集很多貧窮的教徒，並指著這些教徒對掌權者說：「基督已住在他們裡面，他們就是教會最珍貴的財產！」最後，他被施加酷刑並燒死。

蘇澳的地名如果不是源自來歷不明的蘇士尾，而是源自「爲義受逼迫」而犧牲生命的聖・勞倫斯，是不是有意思多了？

小筆記

在台灣，勞倫斯是英文常見人名和地名的中文音譯，例如著名的英國電影「阿拉伯的勞倫斯」（Lawrence of Arabia）。

馬賽有馬？

台灣很多人知道法國的大城和大港馬賽（Marseille），卻不知道宜蘭縣蘇澳鎮也有個地方叫馬賽，而馬賽的地名又從何而來？

從歷史上來看，台灣這個馬賽的地名與法國無關。法國與台灣的接觸在清法戰爭（一八八四年至一八八五年），當時法軍曾攻占基隆，後來留下一座法國公墓，以及一句有關汽水的台語歇後語：「法蘭西水——食一點氣」（法國人發明的汽水，台灣民間稱之法蘭西水）。

宜蘭蘇澳的濱海公路（省道台二線），在進入馬賽地區的路口，可以看見寫著「歡迎光臨馬賽」大字的地標，還有一座馬的雕像。以馬來代表馬賽，主事者當不至於望文生義，以為馬賽的地名由來與馬有關，但這種做法卻會讓人誤解。

蘇澳的馬賽是舊地名，在日本時代的「馬賽庄」，相當於今天蘇澳的存仁、永榮、隘丁、新城等里，今天蘇澳仍有馬賽的名稱，包括馬賽路、馬賽國小、馬賽夜市、馬賽派出所，以及當地統一、全家超商的馬賽門市。

此社為淡水流番

馬賽地名由來，一般都根據日本時代日本文人安倍明義所著《台灣地名研究》（一九三八年）的說法：一、「馬賽」是原住民語。二、清代文獻指馬賽這個原住民聚落「此社原淡水流番」。

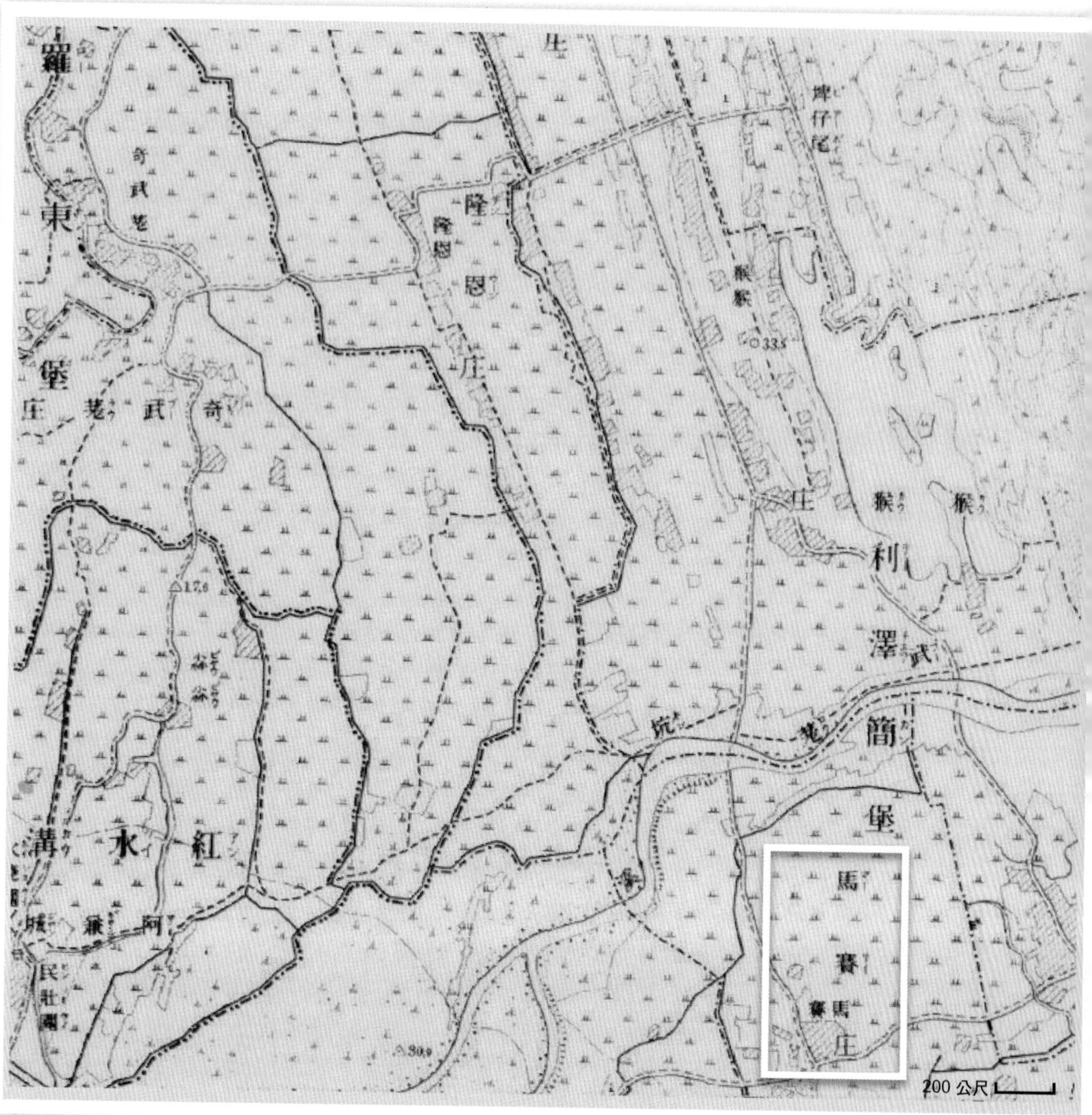

▲《台灣堡圖》（明治版），二萬分之一。

三、台中當年屬淡水廳（轄區南起大甲溪、北至三貂嶺），在嘉慶九年（一八〇四年），台中有幾個番社共千餘人，不堪漢人欺壓，翻山越嶺前來宜蘭開墾，其中有一個叫馬賽社。

安倍明義在說明馬賽這個原住民聚落的由來，引述清代文獻所說「此社原淡水流番」，但在解釋淡水時卻弄錯了，文中的淡水並不是指整個淡水廳轄區，而是指台北的淡水，也就是說馬賽這個原住民聚落原本是從台北淡水來的「流番」，並不是從台中來的，事實上清代台中也沒有馬賽社。

由此可見，當年大台北地區的原住民，也移民到宜蘭蘇澳了。

大台北地區原住民族的名稱，一般都根據日本時代文化人類學家伊能嘉矩的說法：大台北地區原住民族自稱「凱達格蘭」（Ketagalan），基隆舊地名「雞籠」（台語音 Ke-lâng）從凱達格蘭族名前後音節 Ke+lan 簡化而來。因此，一九九六年由陳水扁主政的台北市政府，還把總統府前的介壽路改名凱達格蘭大道。

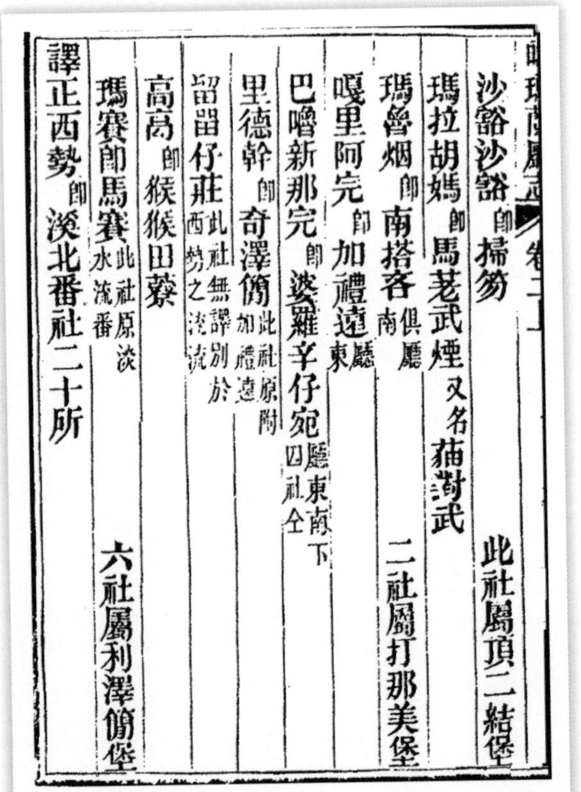
噶瑪蘭廳志　卷二上

沙豁沙豁 即 掃笏　此社屬頂二結堡
瑪拉胡媽 即 馬荖武煙 又名 薌澍武
瑪魯烟 即 南搭吝 俱廳南　二社屬打那美堡
嘎里阿完 即 加禮遠 廳東
巴嚕新那完 即 婆羅辛仔宛 廳東南下 四社仝
里德幹 即 奇澤簡 此社原附加禮遠
留留仔莊 此社無譯別於西勢之流流
高高 即 猴猴田藔
瑪賽 即 馬賽 此社原淡水流番　六社屬利澤簡堡
譯正西勢 即 淡北番社二十所

▲一八五二年《噶瑪蘭廳志》記載的馬賽族。（倒數第二行）

但到了戰後，多年來經過多位歷史學、語言學、人類學者的研究，已逐漸推翻了伊能嘉矩的說法，並證實在十七世紀荷蘭、西班牙的檔案文獻中，當時大台北地區原住民族自稱Basai（或寫作Basay，就是人的意思），此外在清代文獻中也有「馬賽」的音譯。

根據研究，早年大台北地區原住民族馬賽人的活動範圍，涵蓋了台灣的北岸、東北岸及東岸，所以很可能在宜蘭蘇澳留下了馬賽的地名。

今天花蓮的撒奇萊雅族（二〇〇七年正名成功，成爲台灣第十三個原住民族），也與早年的馬賽族關係密切，彼此語言可通。

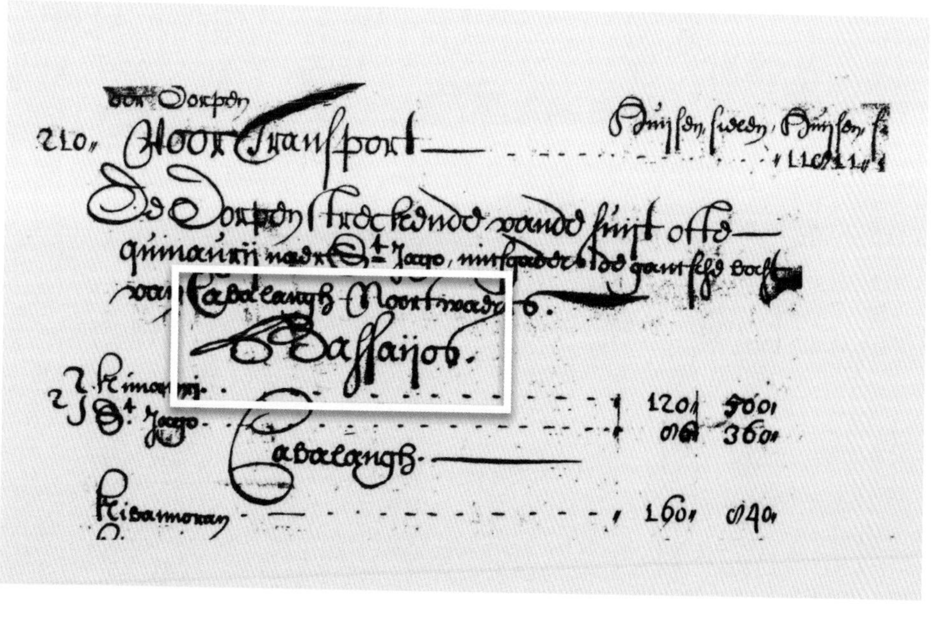

▶番社戶口表中提到Basaijo社。右方兩欄數字，分別表示番社戶口數（左）和人口數（右）。資料出處：東印度公司檔案編號VOC 1169, fol. 269.

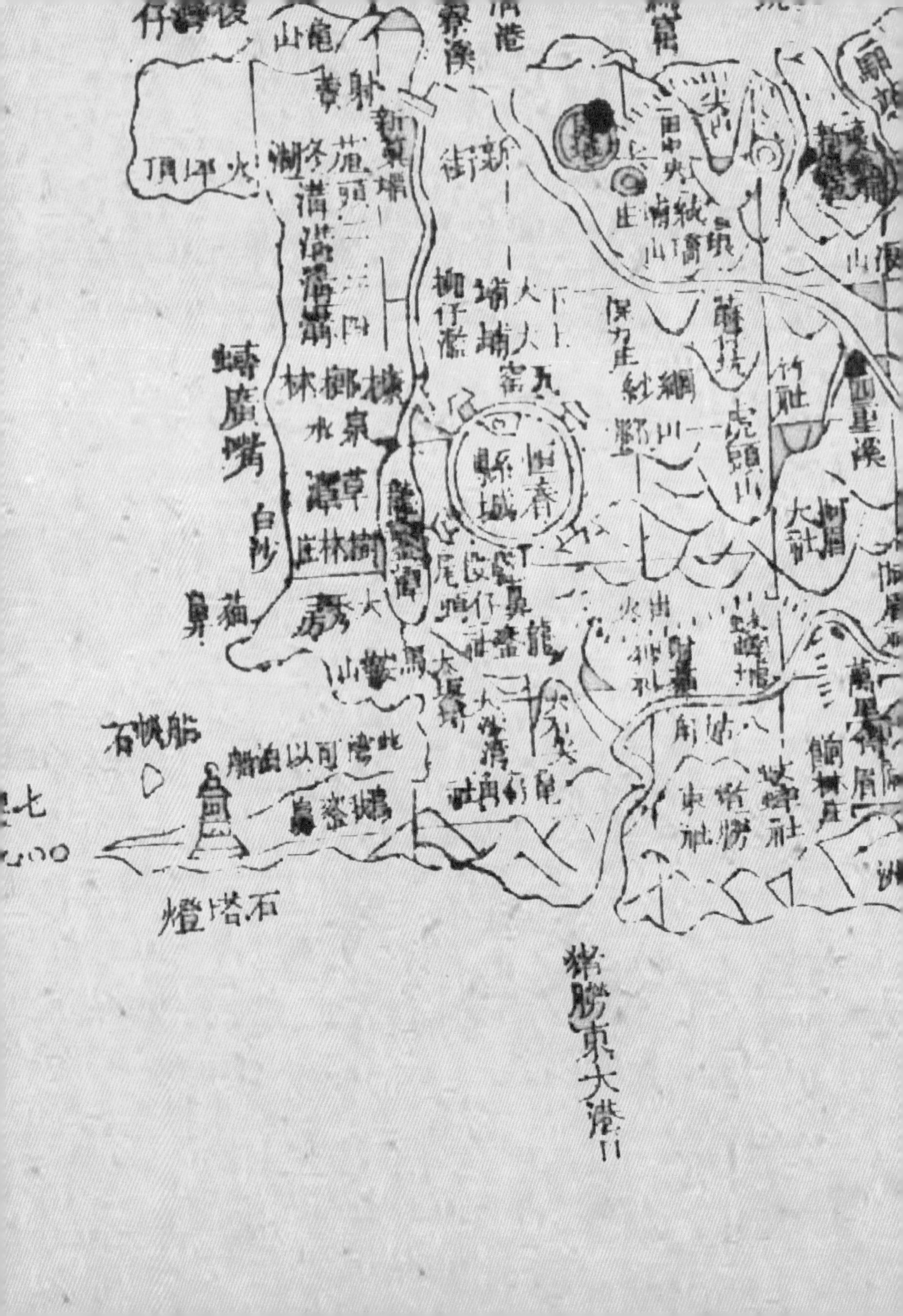

恆春縣城
火坪頂
新街
射寮
白沙
貓鼻
馬鞍山
船帆石
此港可以泊船
鵝鑾鼻
四重溪
猪勝束大港口

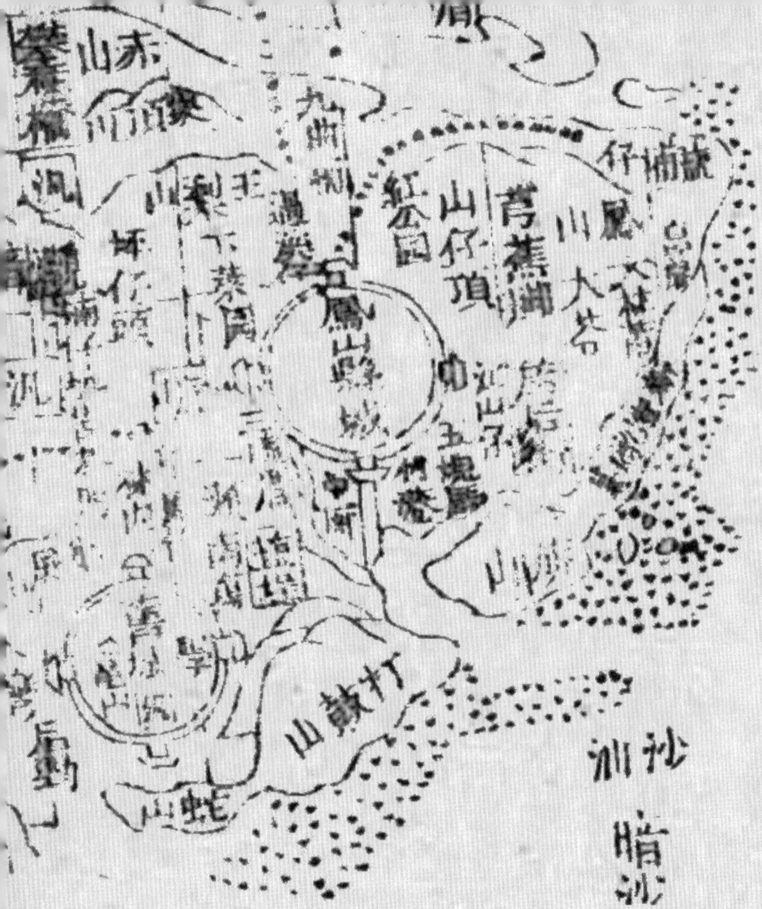

卷二

常見地名

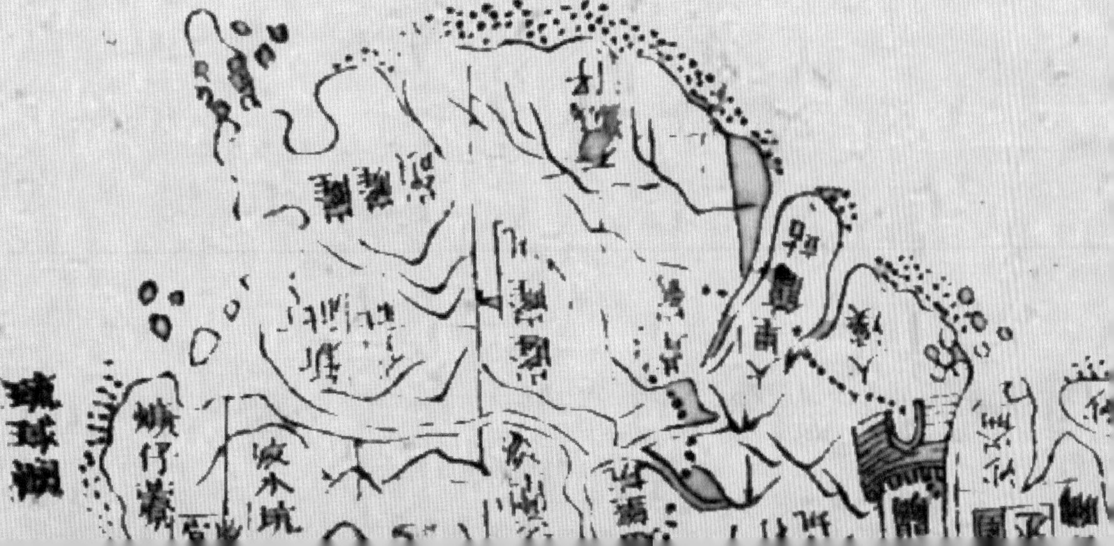

堵的地名

基隆有八堵、七堵、六堵、五堵的地名，那麼四堵、三堵、二堵、一堵在哪裡呢？這是長期以來連基隆人也無法解答的問題，而「堵」又是什麼意思？

「堵」的解釋，多年來大都根據日本時代日本人安倍明義所著《台灣地名研究》（一九三八年出版）的說法，即「往昔防番所築的土垣」，並據此推論八堵就是早年漢人移民爲了防禦原住民攻擊所建的第八道土牆，其餘七堵、六堵、五堵等類推。

這種把「堵」看成防禦設施的說法，有如清代漢人逐步入侵宜蘭原住民噶瑪蘭族的傳統領域，爲了「防番」陸續築土堡、形成聚落的頭圍、二圍、三圍、四圍、五圍等。

但是，清代漢人移民基隆，並沒有像移民宜蘭那樣發生與原住民爭戰的歷史。就算築「堵」之說爲真，既然已有八堵至五堵，那麼四堵至頭堵在哪裡呢？

我們搜尋現有的小地名，雖然剛好可以找到四堵位在新北市坪林區石碇里，頭堵、二堵、三堵位在宜蘭縣冬山鄉武淵村，但與基隆的八堵至五堵對比，看來卻是毫無道理。

爲什麼呢？從防線來看，從頭堵至八堵不可能拉得那麼遠。從排列方向來看，根據從八堵到五堵的方向，四堵至頭堵應該是往汐止、南港、台北的方向才對。

因此，我們有必要再弄清楚「堵」的意思。台語的「堵」（tóo），指的就是牆，或是牆的單位，例如一堵牆，或是看來有如牆。

我們再來看昔日的基隆河流域，五堵、六堵、七堵、八堵都是位在曲流（又稱河曲，河流彎曲使水路形成S狀）地段，而且曲流地段上都有小山丘。如果在河中航行遇到曲流地段，就有如看到一堵牆的阻隔，這應該就是以「堵」命名的由來。

這也就是說，當年漢人先民在基隆河航行，從台北往基隆方向走，先後爲五堵、六堵、七堵（今七堵區）、八堵（今暖暖區）命名。以此來看，基隆河沿岸一定還有頭堵至四堵的地名，而且位在五堵之前、往汐止方向的河段上，只是後來地名消失了。

結果，我們在一份清代的地方契約書上，找到一段「石碇堡土名横柯庄頭堵四透二堵」的記載，證明早年確有頭堵至四堵的地名。

臺灣總督府檔案抄錄契約文書・15年保存公文類纂　鬮分契　光緒十五年

一批明五房登琳順拈得一鬮應分得□買□□合水田一紙址在**石碇堡土名横柯庄頭堵**四透**二堵**的東至山透過溪至□家山田界西至七房田界南至山透過水圳及連田貳坑下至大路□名空界北至**坑仔口**七房田界帶□溪水田圳路至田流灌年配納存祖為一石八斗和四段尚剩六成一石零八□其田經丈下下燈三分三厘八毛四絲正又方今厝地田椅東畔中坵田一半收執承買照今**司單**一紙此業檢交付登琳順仝□為**己業**批照

見：台大台灣歷史數位圖書館

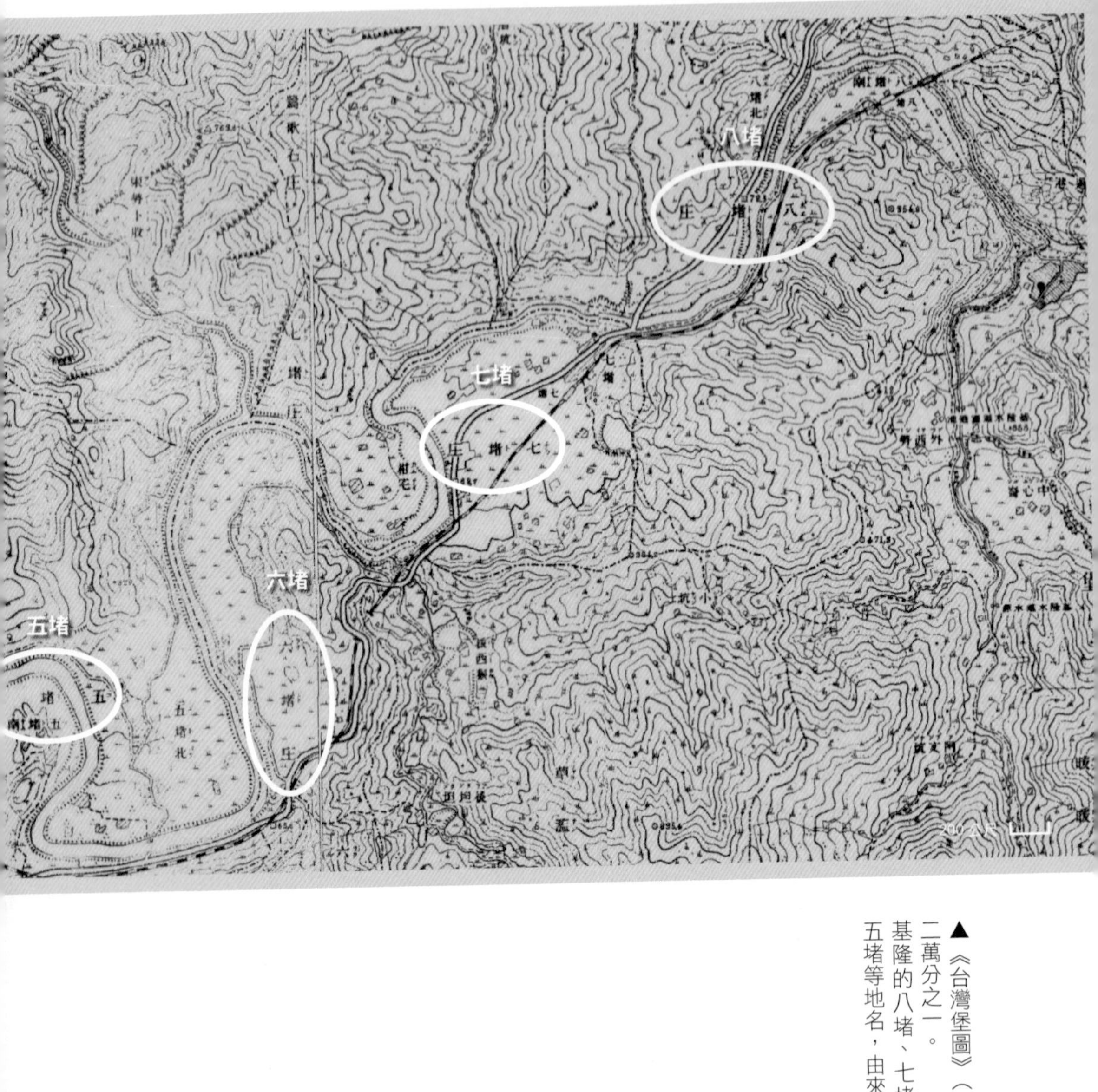

▲《台灣堡圖》（明治版），二萬分之一。基隆的八堵、七堵、六堵、五堵等地名，由來久已。

我們進一步解釋這段話：清代行政區石碇堡範圍包括今新北市的汐止區、平溪區、瑞芳區南部，以及基隆市的七堵區、暖暖區。這份契約書說，有人分遺產抽籤得到「橫柯庄」（今汐止區橫科里）「頭堵」至「二堵」的土地。

以此來看，我們可以證實今天汐止的「橫科口」（隔一條溝就是南港），就是昔日的頭堵，接下來的曲流地段是二堵、三堵、四堵，然後再接基隆的五堵至八堵。頭堵至四堵的地名確實曾經存在，但未流傳下來。

頭堵

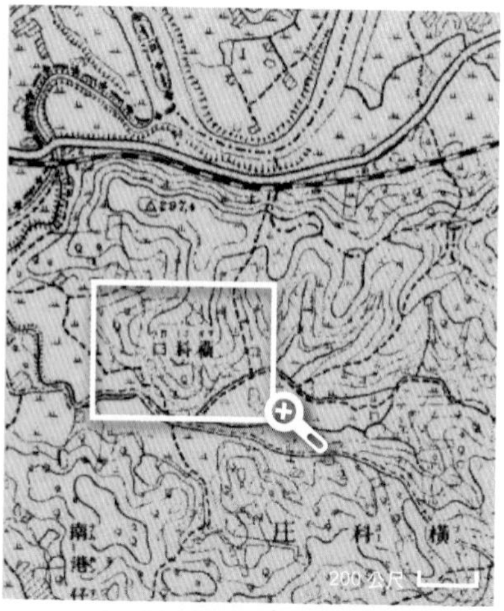

◀《台灣堡圖》（明治版），二萬分之一。

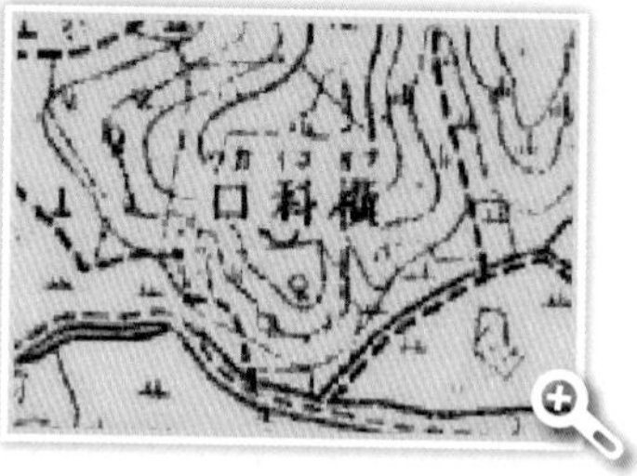

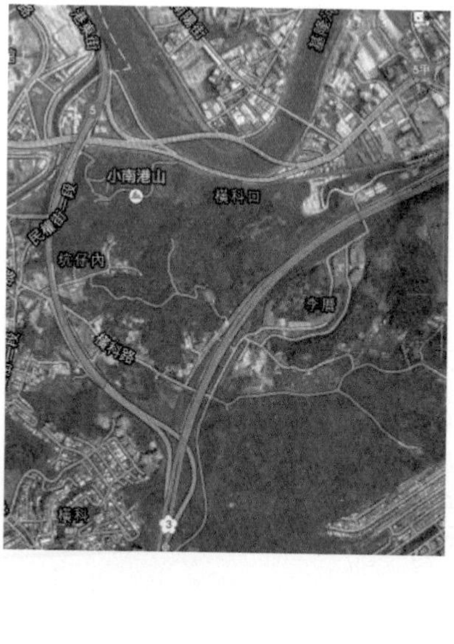

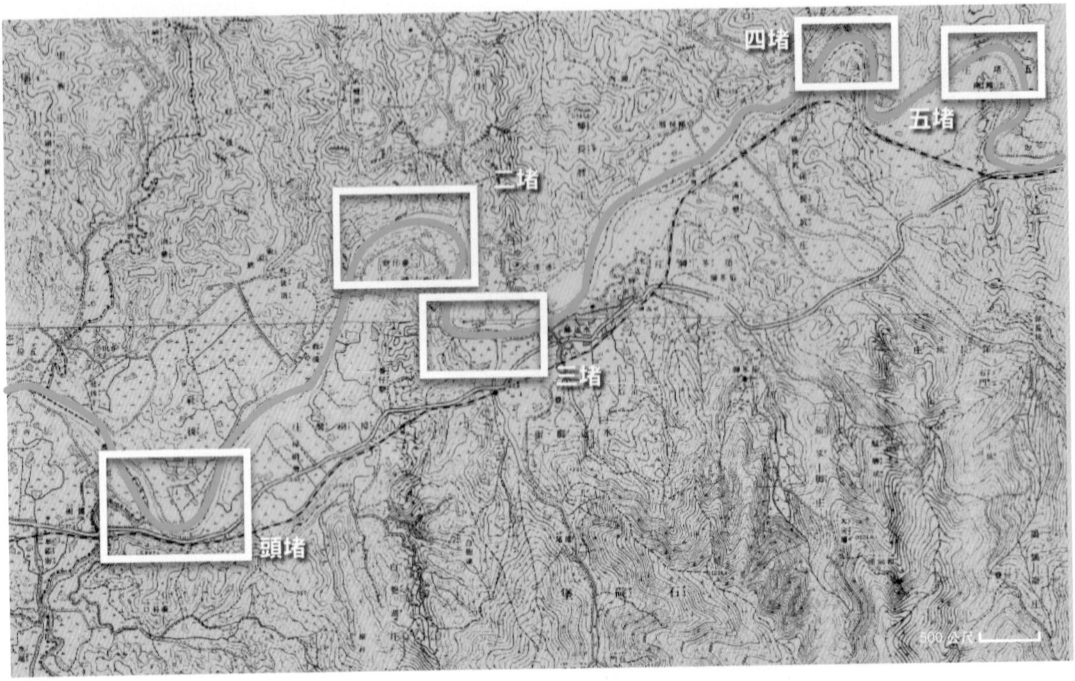

▲▼ 古今對照頭堵到五堵的位置。

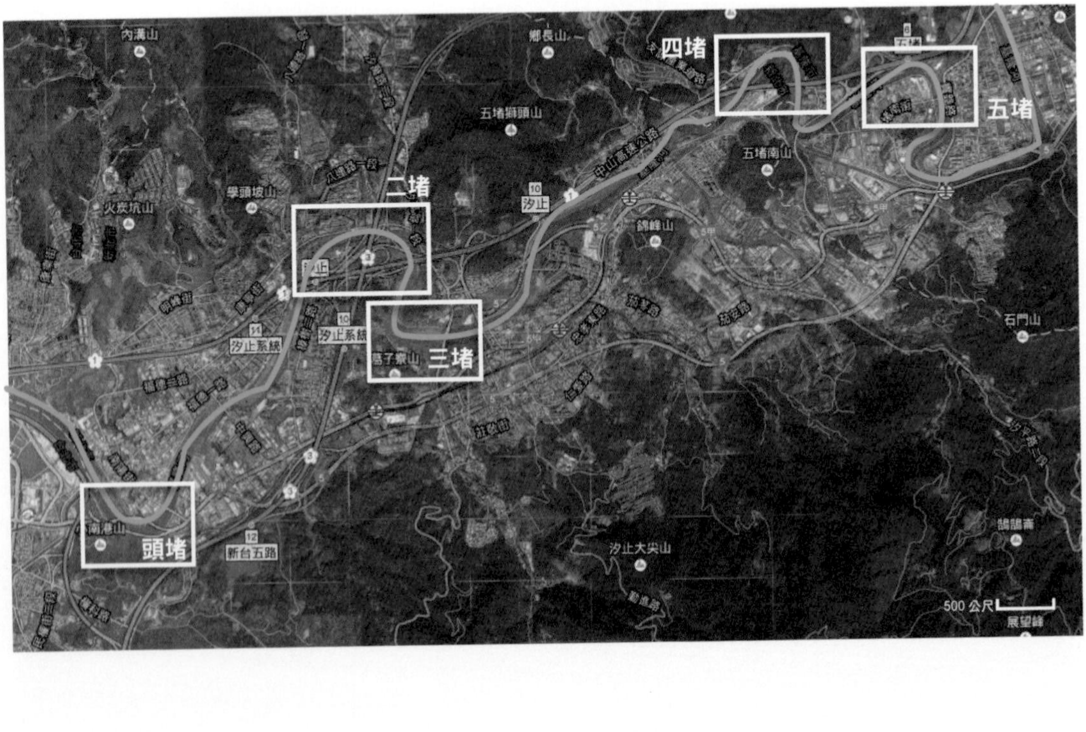

以「堵」是曲流地段之說來看，坪林的四堵位於北勢溪沿岸，宜蘭的頭堵、二堵、三堵位於冬山河沿岸，推測地名由來應該也都與曲流地段有關。

漢人在河流航行中，遇見曲流有如看到阻隔，不管曲流地段上有沒有山丘，應該都可稱爲「堵」。

台北市士林區社子島的「葫蘆堵」，早年是基隆河與淡水河交會而成的沙洲，經常氾濫，這裡的「堵」並非完全是曲流地段，可能有河流橫隔，也可能有一段期間沙洲形狀有如葫蘆，因而被命名爲葫蘆堵。

至於新北市淡水區的埤島里，舊名「埤堵」，這裡的「堵」是台語的「枋堵」（pang-tóo），指的是埤的水門，與曲流無關。

甲的地名

台灣一些有「甲」字的地名，包括以鎮瀾宮媽祖遶境、奶油酥餅著稱的台中「大甲」，以林鳳營牧場著稱的台南「六甲」，以慈濟宮、虱目魚著稱的台南「學甲」，以芋頭、化石著稱的高雄「甲仙」等。這些地名中的「甲」，有沒有關係呢？看來是沒關係，但有的有關係。

大甲

台中市大甲區地名由來，多年來都根據日本時代文化人類家伊能嘉矩所說，源自台灣中北部平埔原住民「道卡斯」族（タオカス，Taokas），這已是公認的說法。

荷蘭文獻對此地標示 **Tackawarre**，**warre** 是原住民語溪流的意思，因此大甲本來的原住民語發音是 **Tacka**（音 Ta-ka），但在音譯爲「大甲」之後，台語發音變成 **Tāi-kah** 或 **Tuā-kah**。由此可見，原住民語被漢字化之後，後人的發音會被漢字誤導。

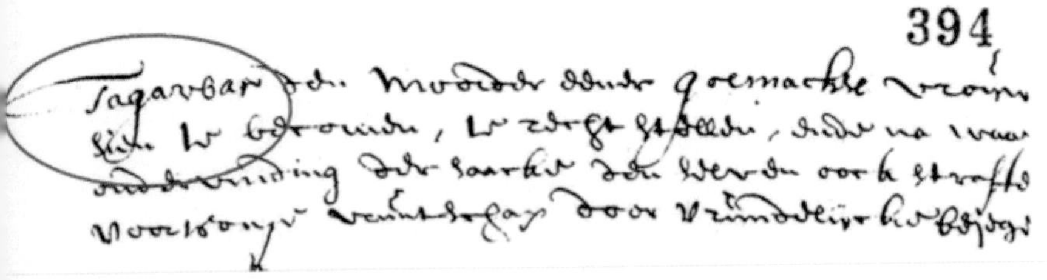

▲檔案內容提到 Tagawar(大甲社)是在清水牛罵社之北的一個番社。資料來源：VOC 1222, fol. 394r

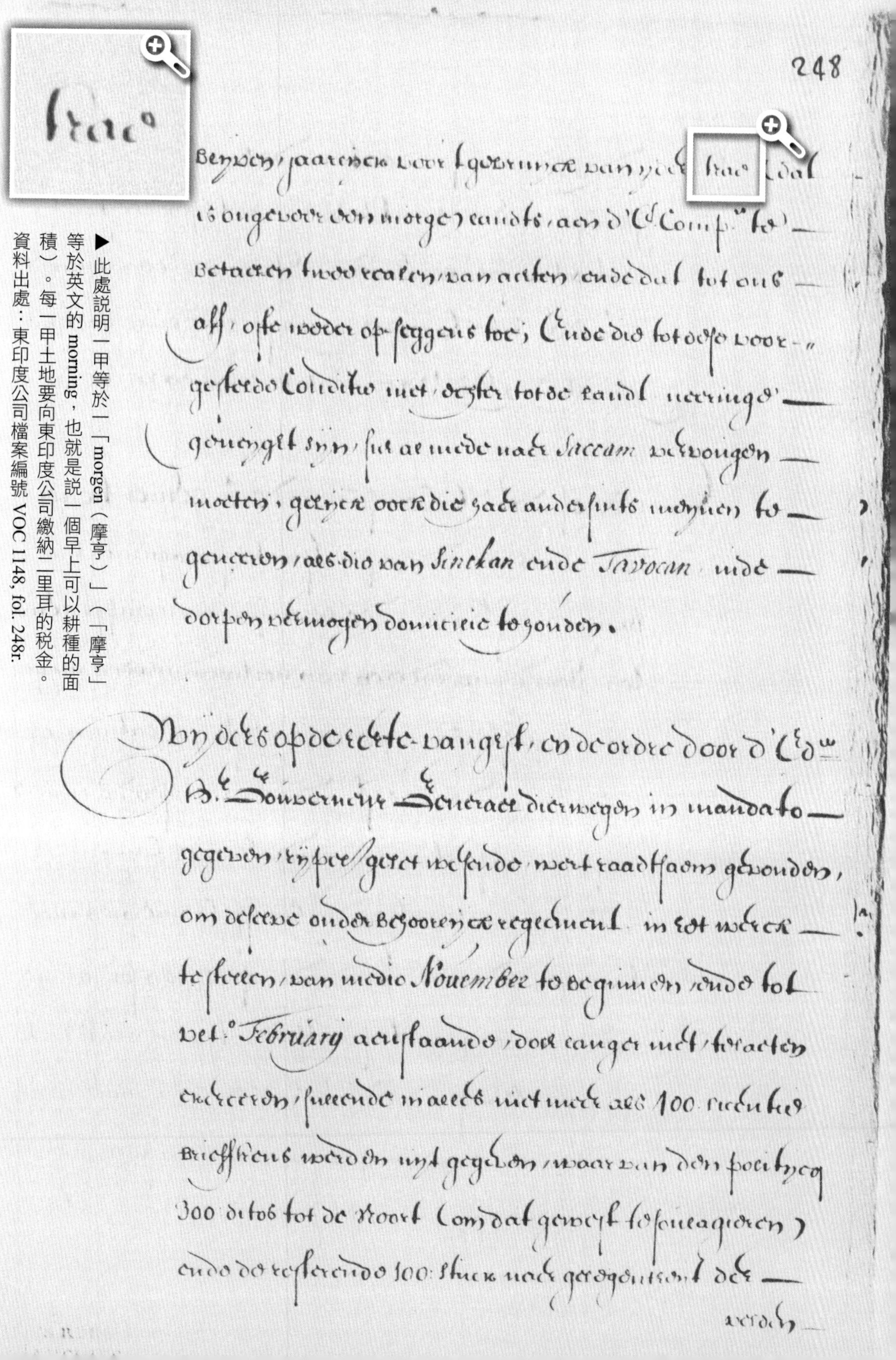

248

Jacq°

beyden, jaerlycx voor t gebruyck van yder Jacq° dat
is ongevaer een morgen lants, aen d'E. Comp.ie te —
betaelen twee realen van achten, ende dat tot ons
aff, offe weder opseggens toe; Ende die tot dese voor-
gestelde Conditie niet, ofte tot de landl. neeringe —
genegen syn, sal aldaer mede naer Saccam vervougen —
moeten; gelyck oock die zaecke andersints meijnen te —
genieten, als die van Sinckan ende Tavocan mede —
dorpen vermogen domicilie te houden.

Op dese op de eerste vangst, ende ordre door d'Ed.
H.r Gouverneur Generael dierwegen in mandato —
gegeven, is per geret wesende wert raedtsaem gevonden,
om deselve onder behoorlycke reglement in t werck —
te stellen, van medio November te beginnen ende tot
ult.° February aenstaande, doch langer niet, te tracten
exerceren, sullende maer niet meer als 100 licentie
brieffkens werden uytgegeven, waervan den poeitynog
300 dito's tot de Noort (om dat gewest te frequenteren)
ende de resterende 100 stucx naer gerogentsont der —
verdeelt —

▶此處說明一甲等於一「morgen（摩亨）」（「摩亨」等於英文的 morning，也就是說一個早上可以耕種的面積）。每一甲土地要向東印度公司繳納二里耳的稅金。
資料出處：東印度公司檔案編號 VOC 1148, fol. 248r.

六甲

台南市六甲區地名由來，與台灣民間計算農地、林地面積的單位「甲」（台語音 kah）有關。甲是從荷蘭時代至今的用法，面積與公頃相當（1公頃約 1.03 甲），有人認爲甲源自荷蘭文，但荷蘭文獻卻說甲（kae，kaa）是台灣漢人的用語。

荷蘭的土地面積單位是 Morgen，即英語 Morning，指一個早上可以耕種的面積。Morgen 的面積雖與甲相當，但發音完全不同。因此，甲可能是台灣閩南先民在荷蘭時代所創的用語，但今天已找不到由來。

當年鄭成功部隊在台南拓墾，開闢了以甲爲單位、很多面積不同的土地，就以「一甲」、「二甲」、「三甲」、「五甲」、「六甲」、「七甲」等命名，台南至今還保留這些地名。

學甲

台南市學甲區地名由來，一般都說是當年原住民聚落「學甲社」所在地，但學甲舊名「史椰甲」（Si-ia-kah），直到清乾隆時期才改名「學甲」。「史椰甲」怎會變成「學甲」呢？「學甲」的台語發音 Hak-kah，但如果「學」以清代官話發音ㄒㄩㄝˊ，就很接近「史椰」，這很可能就是「史椰甲」被簡化爲「學甲」的由來。

小筆記

順便談一下，中國成語「身懷六甲」的六甲是什麼意思？原來，中國古代以天干、地支相配計算時日，傳說甲子、甲寅、甲辰、甲午、甲申、甲戌六個甲日是天帝造物的日子，也是婦女最易受孕的日子，故稱女子懷孕為「身懷六甲」。

那「史椰甲」又是什麼意思呢？根據研究，因爲這裡以前是降清滅鄭大將施琅接管的墾地，所以推測「史椰甲」的音可能指「施爺甲」，「史椰」就是對施琅的尊稱「施爺」（si- iâ），「甲」就是田園。

「甲」是土地面積單位，也可用來指田園，稱之「田園厝甲」。南台灣早年一些富有人家擁有大量土地，所以至今還有「葉厝甲」（高雄市湖內區）、「蘇厝甲」（台南市安定區）、「許厝甲」（台南市永康區）等地名。

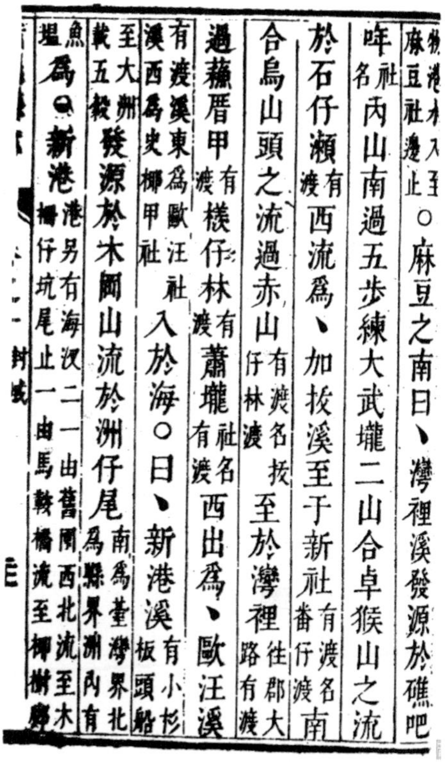
物港水入至麻豆社邊止○麻豆之南曰丶灣裡溪發源於礁吧
哖社名丙山南過五步練大武壠二山合卓猴山之流
於石仔瀨有渡西流爲丶加拔溪至于新社有渡名番仔渡南
合烏山頭之流過赤山有渡名仔林渡拔至於灣裡往郡大路有渡
過蕭厝甲有渡檨仔林有渡蕭壠社名有渡西出爲丶歐汪溪
有渡溪東爲歐汪社溪西爲史椰甲社入於海○曰丶新港溪有小杉板頭船
至大洲載五穀發源於木岡山流於洲仔尾南爲臺灣界北爲縣界洲內有
魚塭爲○曰丶新港港另有海汊二一由舊園西北流至木柵仔坑尾止一由馬鞍橋流至柳樹腳

▶《諸羅縣志》中記載的史椰甲社。（第六行）

甲仙

高雄市甲仙區舊名「甲仙埔」（台語的埔是平地的意思），一般都說是閩南移民取當地原住民「傀儡番」的「傀」（Ka），轉音爲「甲」，再結合當地楠梓仙溪的「仙」，以及平地的「埔」而來。但這種地名由來的說法，會不會太複雜而勉強呢？

探討地名由來，如果找不到具說服力的答案，則不妨提出富想像力的可能。從地理、生物的觀點來看，因爲甲仙的溪流有很多一大螯、一小螯的螃蟹（蟳），有台灣文獻稱之「大腳仙」，所以當地最早可能叫作「大腳仙埔」，後來簡化爲「甲仙埔」。

如果甲仙的地名源自當地螃蟹的暱稱，是不是充滿庶民的趣味呢？

烏鬼指非洲黑人？

南台灣有一些「烏鬼」的地名，一般都說起源於荷蘭人帶來台灣的非洲黑奴，所建造的「烏鬼井」（台南市北區）、「烏鬼橋」（台南市永康區），以及所居住的「烏鬼埔」（高雄市燕巢區）、「烏鬼埔山」（高雄市仁武區）、「烏鬼洞」（屏東縣琉球鄉）等。

在十七世紀，荷蘭人確實曾帶非洲黑奴來台灣，但漢人眼中的「烏鬼」、「烏鬼番」，其實不僅指非洲黑人。

中國漢人在古代以中原華夏自居而稱周邊東夷、西戎、南蠻、北狄，近代則常以番、鬼稱呼異族，例如稱葡萄牙人、西班牙人「黑狗番」，稱荷蘭人、英國人「紅毛番」，稱台灣「東番」，稱台灣原住民「番」。

烏鬼的由來

有關「烏鬼」一詞的由來，一七三〇年（清雍正八年），大清浙江水師提督陳倫烱（曾任台灣最高軍事單位主管「台灣鎮總兵」）他的海洋地理著作《海國聞見錄》中，提到了非洲的「烏鬼國」。

後來的《重修臺灣縣志》也記載：「烏鬼，番國名，紅毛奴也，其人遍體純黑」，並形容他們「入水不沉，走海面若平地」、「頷下生鰓，如魚鰓然，能伏海中數日」。這裡的「紅毛」，

▶日本街道上的荷蘭人與烏鬼。（圖源：阿姆斯特丹王立博物館 Rijksmuseum Amsterdam）

指的就是荷蘭人，荷蘭人的奴隸稱之「烏鬼」。

荷蘭人自十七世紀初，從東大西洋南下，繞過非洲好望角，經印度洋來到印尼的雅加達設立亞洲總部，並於一六二四年在台灣的台南建城，展開三十八年的殖民統治。荷蘭船上的船工，確實有非洲人，但還有印尼等東南亞人。另外，比荷蘭人更早到亞洲的葡萄牙人，也帶來非洲人、印度人當船工。

但對漢人來說，這些黑皮膚的人，不管黑的程度，都稱之「烏鬼」、「烏鬼番」。

這些船工，除了航行、搬貨之外，有的還負責操作槍砲。當年鄭成功軍中就有多名「烏鬼」兵卒，因爲鄭軍的大砲有很多是靠葡萄牙人帶來的非洲人、印度人幫忙操作。

上述台灣文獻誇大水性極佳的「烏鬼」，看來應該就是擅長游泳、潛水的南島語族印尼人。根據荷蘭文獻，印尼船工常幫忙打撈沉船。

烏鬼洞

屏東縣琉球鄉（俗稱小琉球）的著名景點「烏鬼洞」，地名由來必須特別澄清。清代文獻說這裡「舊時烏鬼番聚族而居」，後來出現一種官方說法，即目前屏東縣琉球鄉公所網站所說：「相傳明永曆十五年（一六六一年），明遺臣延平郡王鄭成功，光復台澎，驅走荷人，少數黑奴被棄於此，潛居該洞。」民間說法則又加了一段：數年後，有英軍小艇於此洞西北處登陸，黑奴趁虛搶物燒艇，盡殺英軍。後來救援英艦大肆追捕，黑奴潛伏洞中誓死不出，英軍乃堆柴灌油，將黑奴活活燒死於洞中。

事實上，小琉球的「烏鬼」並不是黑奴，而是當地早年的原住民！

根據荷蘭文獻：一六二二年荷蘭商船停靠小琉球，有荷蘭水手遭原住民殺害。一六三六年，已占領台南十二年的荷蘭人，從台南派艦隊討伐小琉球，最後毀掉島上一千多人的聚落，清空居民，再把土地承包給漢人。

小琉球是珊瑚礁島嶼，有洞穴地形，當年荷蘭士兵看到很多原住民躲到洞穴，就以煙薰洞穴，結果有數百人沒逃出來而死在裡面。所謂的「烏鬼洞」，其實埋藏著原住民的冤魂啊！

▲圖上文字：爪哇人。

另有清代文獻《鳳山縣采訪冊》提及小琉球事件：「相傳舊時有烏鬼番聚族而居，頷下生腮，如魚腮然，能伏海中數日，後有泉州人往彼開墾，番不能容，遂被泉州人乘夜縱火盡燔斃之。今其洞尚存。好事者輒往遊焉」，看來這是錯誤的記載，把荷蘭人放火殺人誤傳是泉州人所爲。

台灣歷史上，各種「烏鬼」、「烏鬼番」命運悲慘，卻被台灣漢人歧視、嘲笑爲「戇番」（戇的台語音gōng，笨的意思）。台灣的廟宇建築，常看到以泥塑或交趾陶做成粗壯的黑人，扛起屋簷、牆梁，稱之「戇番扛廟角」。

沉吟這段歷史，我們除了嘆息，還要更多省思。

▲此為十九世紀由荷蘭人繪製的福爾摩沙圍城事件，故事發生於一六六一至一六六二年，當時鄭軍以Antonio Hambroek牧師的妻和子為人質，要求他前往熱蘭遮城勸荷蘭人投降，他不但未執行鄭軍的要求，反倒激勵荷蘭人的士氣，最後返回鄭營後遇害。此圖也可看到當時在台灣的各色人種。

紅毛專指荷蘭人嗎？

台灣有很多「紅毛」的地名，一般都說與荷蘭人有關，其實未必如此。

十七世紀，中國閩南人以荷蘭人頭髮（閩南語稱頭髮爲頭毛）顏色偏紅而稱之「紅毛」、「紅毛番」，有文獻記載稱葡萄牙人、西班牙人「黑毛」。當時的日本人也稱荷蘭人「紅毛人」，有別於稱更早來日本的葡萄牙人、西班牙人爲「南蠻人」。

到了十九世紀，英國取代荷蘭在東亞的勢力後，福建、台灣、新加坡、馬來西亞的華人也稱英國人「紅毛」。

荷蘭人

荷蘭人在台灣被稱爲「紅毛番」，最有力的證據在澎湖馬公的天后宮。

荷蘭人在一六二四年來到台南之前，曾兩度占領被大明國視爲領土的澎湖。第一次在一六〇四年（明萬曆三十二年），荷蘭船隊司令韋麻郎（Wybrand van Warwijck）率領三艘船艦、三百多士兵抵達澎湖，並派員去福建請求貿易。但明廷派福建都司沈有容率領五十艘兵船、兩千名士兵前往澎湖驅趕，韋麻郎眼看通商無望，留在澎湖又缺乏補給，就率軍離開了。後來，明廷特別在澎湖的媽祖廟天妃宮（後改名天后宮），立了一塊「沈有容諭退紅毛番韋麻郎等」石碑，保存至今。

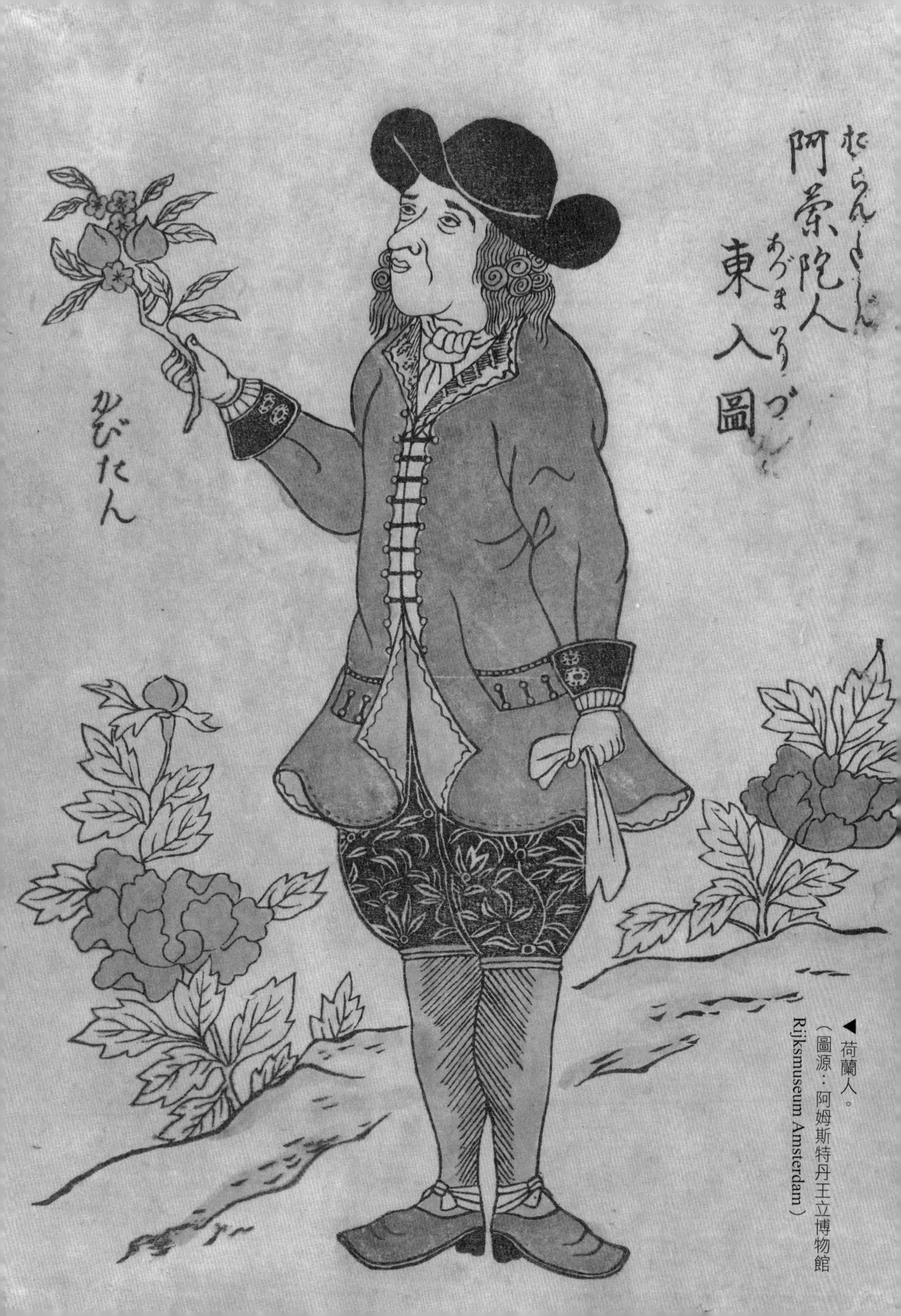

▲荷蘭人。（圖源：阿姆斯特丹王立博物館 Rijksmuseum Amsterdam）

紅毛城

台灣現存最有名的紅毛地名，就是新北市淡水區的「紅毛城」。

西班牙人一六二六年來到北台灣，先在基隆和平島建「聖薩爾瓦多城」，兩年後再在淡水建「聖多明哥城」，但在一六四二年被荷蘭人逐出台灣，兩座城堡也因戰爭毀損。荷蘭人隨即修復聖薩爾瓦多城成爲「北荷蘭城」，並在聖多明哥城原址附近另建「安東尼堡」。

後來，北荷蘭城在一六六八年毀於鄭、荷之戰，安東尼堡則保存下來，民間稱之「紅毛城」，在一八六七年至一九七二年曾被英國政府租用當作領事館，成爲台灣現存最古老的建築之一，也是北台灣著名的國定古蹟。

當年荷蘭人在台南安平沙洲所建的「熱蘭遮城」，也曾被民間稱爲「紅毛城」，今雖只存殘蹟，也被定爲國定古蹟。荷蘭人在台南安平對岸赤崁所建的「普羅民遮城」，則曾被民間稱爲「紅毛樓」，但今也只存殘蹟，目前所稱的「赤崁樓」則是清代在原址所建。

◀清康熙中期（一六八四年後）《台灣地里圖》上，台灣鎮附近可見繪有紅毛樓。

英國人

嘉義市鹿寮里的「紅毛埤」（蘭潭水庫）、高雄市小港區的「紅毛港」，雖然被認爲與荷蘭人有關，但在荷蘭文獻上找不到證據。至於新竹縣竹北市的「紅毛田」，雖然有可能是當年荷蘭人所有、擁有免稅權的田，但也是沒有直接證據。

有趣的是，新竹縣新豐鄉「紅毛港」的地名由來有兩種說法：一是荷蘭人曾在此建港，一是清嘉慶年間英國人來台灣採購樟腦曾由此港運出。雖然這兩種說法都無法確定，但顯示紅毛也可能指英國人。

在台灣人的記憶中，一講到「紅毛」，常會馬上連結荷蘭人，台灣傳統方志有千條以上「紅毛」，都是有關荷蘭人。不過在清代中後期，已見一二文獻提及「暎咭唎國……通稱紅毛」。

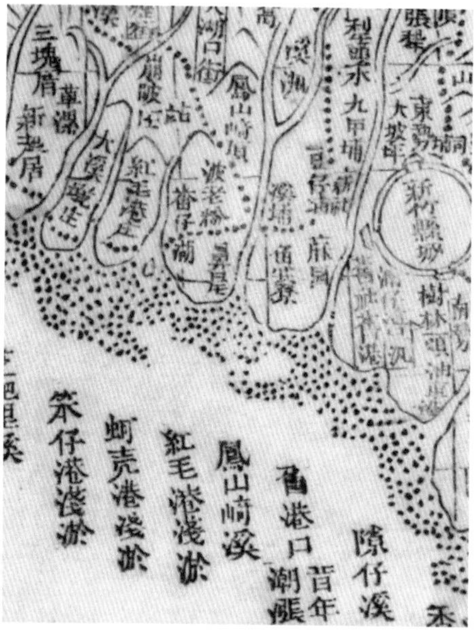

▶清光緒四年（一八七八）《全臺前後山輿圖》中標注紅毛港水淺，容易淤塞。

▶新竹紅毛港。（圖源：Yuriy kosygin@Wikimedia Commons）

參照第十二　同上

同立給店地基字、大奎隆街新義順總理紳董事等僉議、我奎臺王公、前年間有買沈夏瓦店壹坎、前後兩進帶過水、址在新興街、坐南向北、左至毛家暨連爲界、右至沈家暨連爲界、前至後界址、依左右界平、年納地基銀四元正、前因出稅小夫爲店、不料小夫與紅毛番、因借爲角口、被紅毛番鬼、折燬平地多年、欲起蓋乏需費未由、爾地基又無從取出、衆等僉議、今欲議建王公大廟、尙缺資費、姑將此店地、獻還沈夏之侄沈金官、懇辭去掌管起蓋、永遠爲業、免致地基額缺、同堂公議、沈金要備貼出佛面銀五拾六元正、帮貼王公起廟、其銀卽日同場交現年內總理爐主賴武官收訖、存留造廟費用、衆等議定口恐無憑、異日後言、立字炳據、如有異言滋端不明等情、衆等抵當、不干銀主之事、此係衆悅、同立給店地基字壹紙、付執爲照、

卽日同場總理爐主賴武、收過字內佛面銀五拾大元正、完足、再照、

一批明、上手契劵延多年、未知前交帶爐內何人收存、查問未蹤、如查有蓍要據交銀主收存、批明、再照、

代書人　洪廷玉

爲中人　陳連和

謝捷勝　江化霖

張鳴枝　謝應文

謝宗容　林如霖

陳清江　賴武觀

劉清和

業主　同場紳事人

同立給店地基字人　奎隆新義順　總理　何拱辰　董事　王家齊

同治九年十二月　日

四百三十七

▶文獻中提到與紅毛番（英國人）之間的糾紛。
資料出處：臨時臺灣土地調查局，《臺灣土地慣行一班》第二編（一九〇五年）

苗栗縣南庄鄉的蓬萊村，舊名「紅毛館」，南庄鄉公所官網說明地名由來是：「因荷人據台時期，在蓬萊地區採樟腦，鄉人見其棕髮，故叫紅毛人所居之地，便是紅毛館。」這種說法顯然有誤，清代台灣苗栗南庄也是樟腦重要產地之一，但前來採購樟腦的應該是英國人。

此外，基隆廟口建於一八七三年的開漳聖王廟（奠濟宮），有文獻提到曾被「紅毛番鬼」破壞，指的應該是基隆在一八六三年開港後前來的英國人。

另有一個佐證，就是台灣民間稱水泥爲「紅毛土」（台語正字「紅毛塗」，音 Âng-môo-thôo）。有人以爲水泥是荷蘭人引進台灣，其實十七世紀荷蘭人建城是以糯米汁、砂土、蚵灰、糖水攪拌再砌紅磚而成，與中國人的方法差不多，而真正的水泥又稱混凝土，那是一八二四年才由英國人發明並申請專利。

台灣還有很多紅毛的小地名，包括紅毛山、紅毛厝、紅毛寮、紅毛崙、紅毛井、紅毛路等，是不是有荷蘭人、英國人之外的含意？值得繼續探討。

▲荷蘭船隻。（圖源：阿姆斯特丹王立博物館 Rijksmuseum Amsterdam）

國姓都是紀念鄭成功？

今天台灣的「國姓」地名，都與鄭成功有關嗎？鄭成功祖籍福建泉州南安，而台灣在清代常發生族群械鬥，不同族群的人真的一直毫無條件的紀念國姓爺？

南明將領鄭成功本名鄭森，由南明隆武帝朱聿鍵賜國姓「朱」，並賜名「成功」，民間尊稱「國姓爺」（閩南語音 Kok-sing- iâ）。當年從歐洲前來東亞的葡萄牙人、西班牙人、荷蘭人，也都跟著用閩南語稱鄭成功爲 Koxinga。

今天，很多西方人把 Koxinga 念成 Kok-sin-ga，但荷蘭人的念法是 Kok-sing-a。其實，閩南語的「爺」（iâ），當年荷蘭人的拼音也不夠清楚，把 iâ 拼成 a 了。

台中市大甲區鐵砧山的「國姓井」（又稱劍井），台南市安南區鹿耳門附近的「國姓港」，台南市七股區附近的「國姓塭」，也許都有相關文獻佐證與鄭成功或其部將有關。但南投縣的「國姓鄉」（舊名國姓埔或國聖埔），以及新北市萬里區野柳附近的「國姓埔」，主要來自日本時代台灣文人連橫的說法，指與鄭氏王朝軍隊征討原住民或荷蘭人有關，則有待商榷。

國姓埔

有關南投的「國姓埔」，根據連橫在《雅堂文集》所說，明永曆二十四年（一六七〇年），鄭氏王朝部將劉國軒率軍攻打大肚番，追逐至南投的北港溪畔，駐營並開墾，稱之「國姓埔」。

事實上，當年劉國軒征討的原住民斗尾龍岸社，並不是跨族群的大肚番（今台中及部分彰化、南投），而是巴宰族的岸裡社（今台中市神岡區），所以鄭軍並未進入南投。

有關新北萬里的「國姓埔」，根據連橫在《雅言》所說，明永曆十九年（一六六五年），荷蘭人占領基隆，鄭成功之子鄭經派部將黃安率水師逐之，相傳在淡水東北方某處登陸，稱之「國姓埔」。

事實上，荷蘭人在一六六二年被鄭成功逐出台南後，在一六六四年轉進基隆，鄭經確曾派水師攻打基隆，但中文文獻並未說在哪裡登陸，荷蘭文獻則說在淡水登陸。此外，依漢人先民習慣，對某一個「埔」（平地）命名，大都是私人或公廟的財產，未曾見過是登陸地點。

南投縣、新北市萬里區的「國姓埔」，如果在史料上無法支持與鄭成功有關，那麼「國姓」之名有無其他可能的解釋呢？

▶大甲國姓廟。（圖源：Fcuk1203@Wikimedia Commons）

在解答這個問題之前，先來談台灣早年泉州南安移民帶來台灣的原鄉王爺信仰：廣澤尊王，又稱保安尊王，俗稱郭聖公、郭聖王。就閩南語而言，「郭聖」的發音接近「國姓」，所以「國姓」有可能是「郭聖」的訛傳。一般來說，媽祖廟的廟產稱之「媽祖埔」（或媽祖田），所以郭聖公廟的廟產可稱之「郭聖埔」，是不是因訛傳而變成了「國姓埔」呢？

當然這是推測，但也有所根據。清末重臣沈葆楨爲牡丹社事件來台灣善後，以及後來日本統治台灣，大清、日本政權都因政治目的而把鄭成功神話化。大清希望台灣人效法鄭成功的「忠節」，當大清的皇民。日本人則爲了切斷台灣與清國的關係而尊崇鄭成功，因爲鄭成功反清復明，母親又是日本人。另一方面，日本人又視王爺信仰爲迷信，所以有些「聖」王廟都改爲奉祀鄭成功的國「姓」廟。

▲台中市大雅區廣靈宮保安廣澤尊王。（圖源：Suzuki1314@Wikimedia Commons）

以此來看，連橫對南投、萬里「國姓埔」的敘述，也許背後有迎合日本人政策的可能。另外，清末以來台灣一些有關鄭成功或其部將插劍取水的劍潭、劍井傳說，也都可能來自政治正確之考量。

▶鄭芝龍、鄭成功父子圖。

▶鄭成功夫婦肖像圖。

劍潭、劍井都插了鄭成功的劍？

台北市士林區的劍潭、台中市大甲區鐵砧山的劍井，地名由來都有鄭成功插劍取水或擲劍鎮妖的傳說，這是真的假的？

答案很清楚：假的。

首先，南明將領鄭成功在一六六一年四月率軍入台，花了九個月驅逐荷蘭人，再過四個月去世，都沒有離開台南。其次，中國自漢代就有將軍插劍於地、冒出泉水的「劍泉」傳說，台灣劍潭、劍井地名由來出現的類似說法，應該是早年文人雅士的附會之作。事實上，潭的定義是深水池，而台北的劍潭根本就不是潭，這裡本是基隆河的一段。

但民間仍然相傳，鄭成功率軍至此，因沒水喝，就拔劍插地，湧出泉水成潭；或說鄭成功率軍經此河流，遇見巨龜興風作浪，就擲劍於河，制伏妖怪。今天，以劍潭為名的劍潭山（圓山），還有一座主祀國姓爺鄭成功的「大忠宮」，據說創建於日本時代一九二七年，分香自台南的延平郡王祠。

台北劍潭地名的插劍說，除了說是鄭成功插的，還有說是荷蘭人插的。

清代曾在台灣任官十年的尹士俍，在離開台灣前編纂完成的《臺灣志略》（清乾隆三年，一七三八年），有一段關於台北劍潭的記載：「劍潭，有樹名茄苳，高聳障天，大可數抱，峙於潭岸。相傳荷蘭人插劍於樹，生皮合，劍在其內，因以為名。」

此外，《淡水廳志》（清同治十年，一八七一年）也記載：「每黑夜或風雨時，輒有紅光燭天，相傳底有荷蘭古劍，故氣上騰也」，所以「劍潭夜光」曾是淡水八景之一。

日本時代日本文人安倍明義所寫的《台灣地名研究》，對劍潭地名還有一說：鄭成功把荷蘭人趕到台北，荷蘭人棄劍於潭逃走，故名劍潭。

荷蘭人插劍之說，原被視爲無稽之談，因爲完全不知從何而來？但後來從一張一六五四年荷蘭人所繪製的《大臺北古地圖》，找到了此說的依據。

這張地圖以荷蘭文標示很多基隆河沿岸的地名，在劍潭河段標示 **Langeracq**，意思是直長的河段；在劍潭山標示 **Marnats bos**，意思是「馬那特」山林。另根據荷蘭文獻記載，一六五四年前後，荷蘭人因台南需要建材，曾幾次派人到台北劍潭一帶伐木，但發現當地木材不甚合用。

我們可以據此推論：台北劍潭一帶的茄苳樹，質地不夠堅硬，如果解釋成荷蘭人來此砍樹，留下一些工具在樹幹中，也算與傳說相符了。

▶日本時代明信片上的台北圓山劍潭寺。

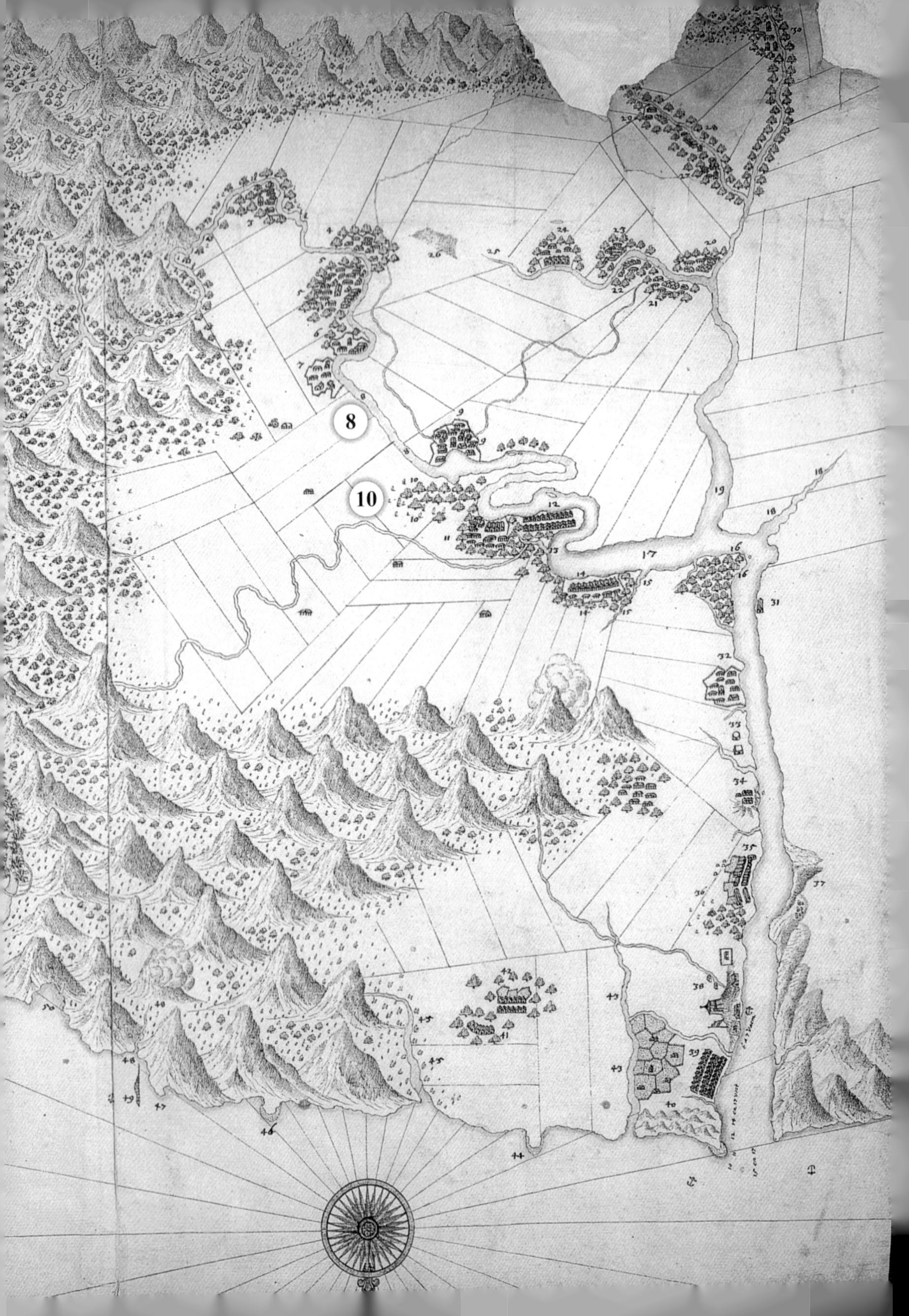
8
10

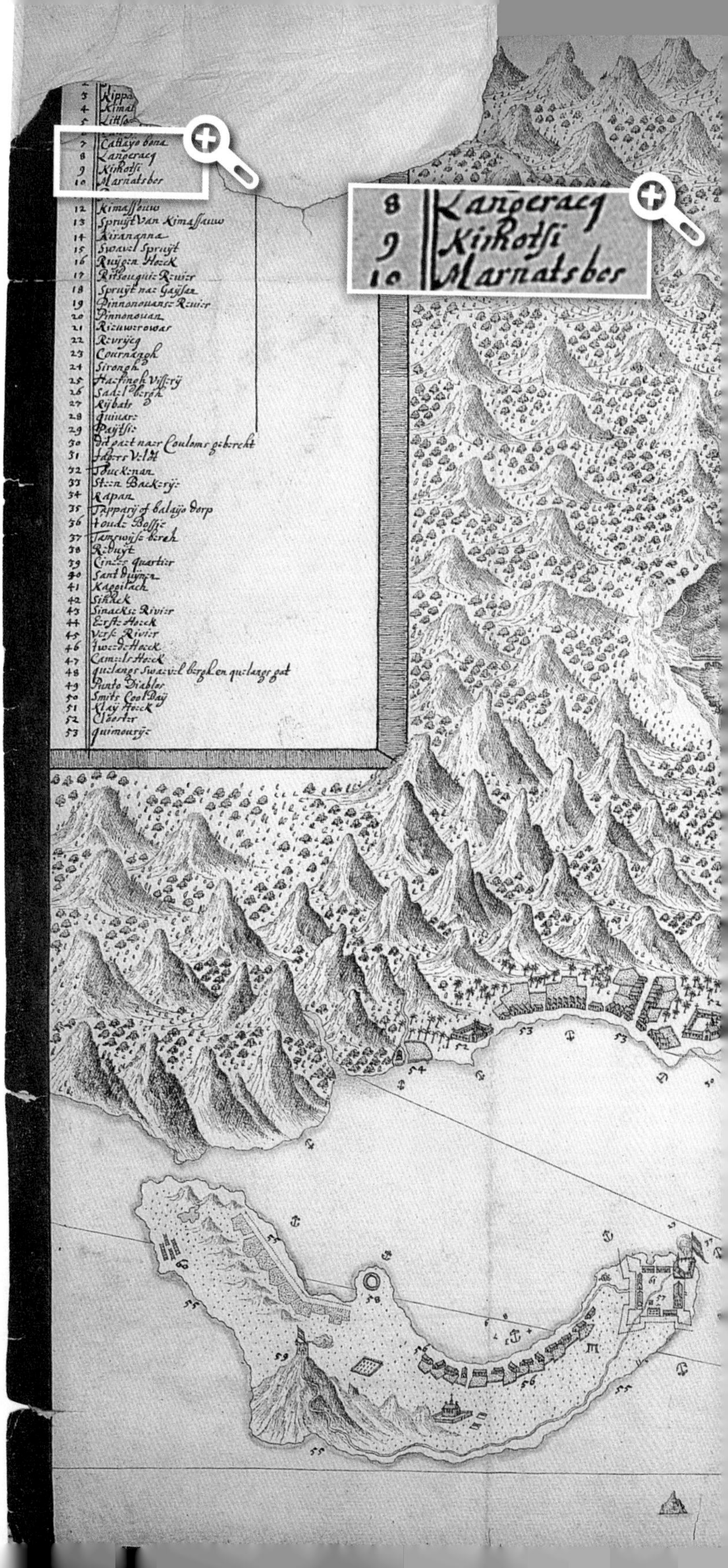

▶一六五四年由荷蘭人繪製的《大臺北古地圖》。圖中編號8的位置，標示Langeracq，意指直長的河段。編號10的位置，標示Marnats bos，意指「馬那特」森林，位於今日的劍潭山位置。

台中大甲的劍井，清光緒十八年（一八九二年）已在此立碑「國姓井」。井旁碑記寫著：「台北府新竹縣大甲鐵砧山國姓井，相傳鄭成功駐兵處被圍困於山頂缺乏水源，部將以寶劍插地得甘泉，之後大旱不涸……」這碑記寫得有點含糊，如果說是鄭成功本人插劍，就不符史實；如果說是鄭成功的部將插劍，則才有可能。

至於苗栗縣造橋鄉的劍潭，應該是清代之後才出現的地名傳說，但插劍者卻有兩種說法：一說是鄭成功，另一說則變成清乾隆五十一年（一七八六年）的民變領袖林爽文。

雖然鄭成功未到台中、苗栗，但在一六七〇年代，鄭氏王朝爲了安頓大量軍隊，就實施兵農合一的屯田制，曾派軍隊前往各地屯墾，也抵達台中一帶，侵犯了原住民的傳統領域。因此，在談此地的鄭成功傳說時，當反思歷史上對原住民的傷害。

▲一八八五年大甲劍井（國姓井）紀史。此時大甲鎮屬台北府新竹縣，新竹縣縣境範圍包含今日的台中市，北以頭重溪，南以大甲溪為界。（圖源：Yuriy kosygin@Wikimedia Commons）

▲朱印船。出自小早川篤四郎，《台湾歴史画帖》（臺南市役所，一九三九）。

南投與北投有關係？

台灣地理中心所在的南投縣，台北市以溫泉著稱的北投區，都是台灣非常著名的地名，由於在方位上一南一北，有人就會想：南投、北投是不是有什麼關係？

南投縣的地名由來有兩種說法：第一、日本時代日本人安倍明義在一九三八年所著《台灣地名研究》中說，這裡本是原住民的 Ramtau 社，漢人音譯南投（台語 Lâm-tâu）。第二、清康熙五十六年（一七一七年）的《諸羅縣志》中說「南投山，內社二，溪南爲南投，北爲北投」，指出在地理位置上有南投、北投兩個原住民聚落。

第二種說法已經指出，台灣中部就有南投、北投的地名，南投縣與台北市北投區沒有南投、北投的相對關係。事實上，很多人不知道，南投縣草屯鎮有個北投里，以及北投埔、北投路，還有北投國小。所以，不是台北才有北投國小，南投也有北投國小。

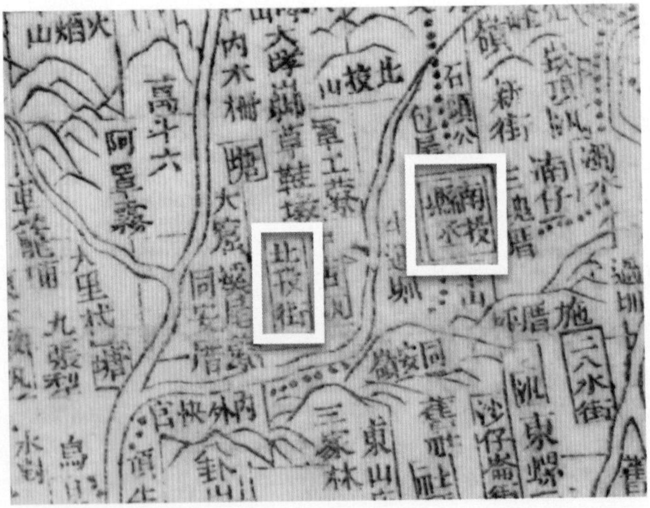

▶清光緒四年（一八七八）《全臺前後山輿圖》中「南投縣」旁有個「北投街」。

這兩種說法常被並列，但無法說清楚「南投」二字到底是原住民語還是台語？這我們可以從荷蘭文獻找到答案，因爲荷蘭文獻標示的地名，如果同時有原住民和漢人的命名，就會並列。

根據荷蘭文獻對當年南投兩個原住民聚落的標示，一個是原住民所稱的 Tausa Mato，漢人稱之 Pactau，這就是北投的音譯由來；另一個是原住民所稱的 Tausa Talakey，漢人稱之 Lamtau，這就是南投的音譯由來。

由此可見，此地的南投、北投都是漢人命名，南北是方位，但不知「投」是什麼意思？「投」或許來自當地原住民（賽德克族）地名中 Tausa 字的音譯，但也不知 Tausa 是什麼意思？

台北市北投區地名由來，一般都引用安倍明義所說，這裡本是原住民的北投社，原住民語「北投」是女巫的意思，可能是有女巫住在這裡才命名吧。另外也有人說，原住民語「北投」是溫泉的意思。但不管是女巫或溫泉，都沒有明確的證據。

▶南投縣北投國小。

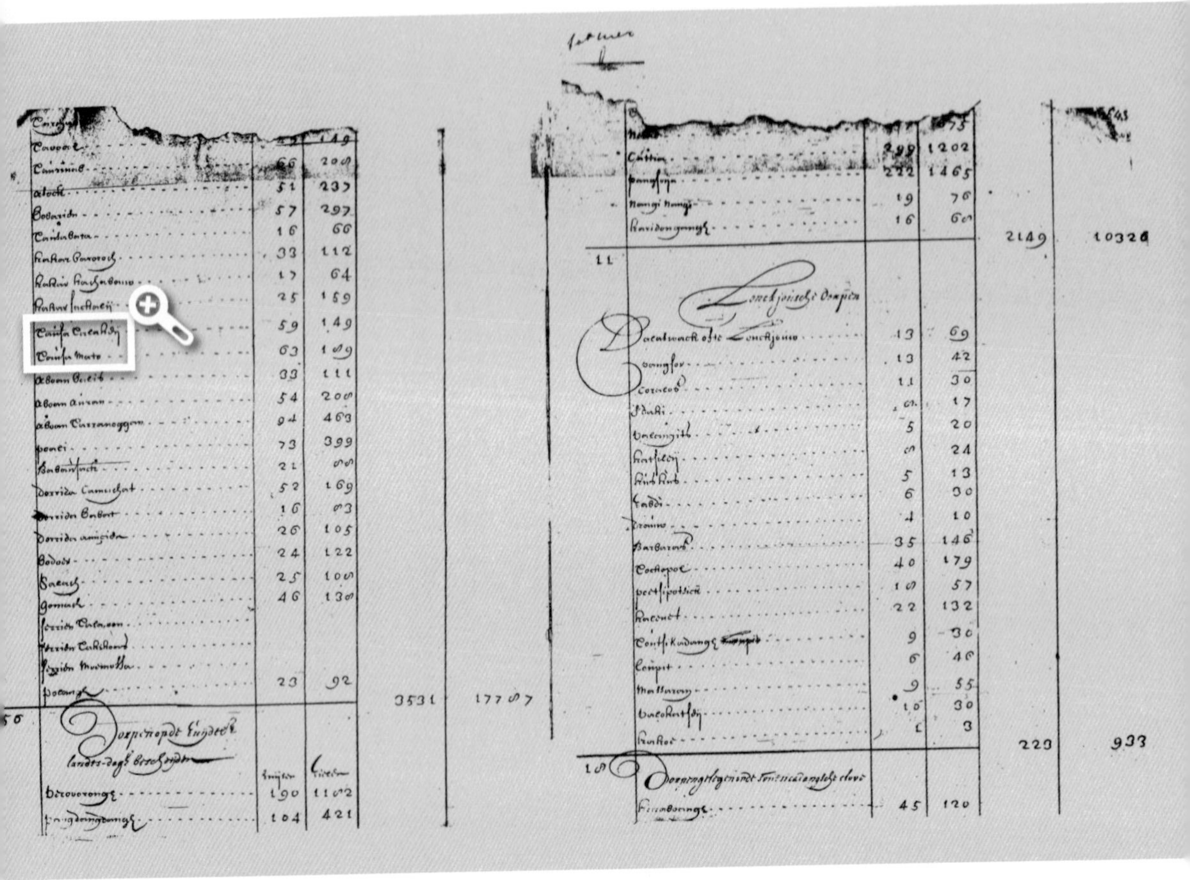

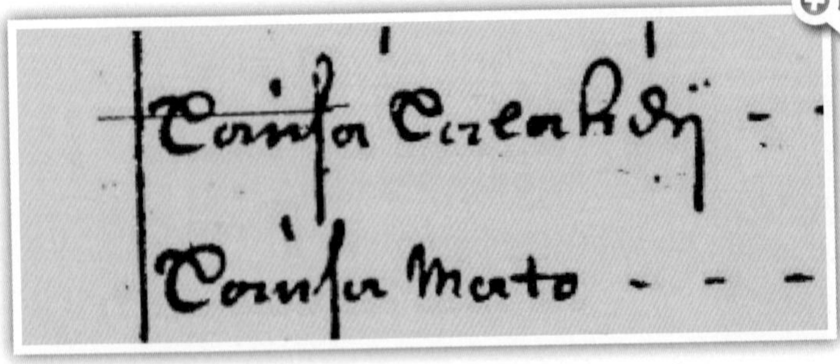

▲番社戶口表中標示的南投社與北投社。
Tausa Talakey：南投
Tausa Mato：北投
兩欄數字，分別表示番社戶口數（左）和人口數（右）。
資料出處：東印度公司檔案編號 VOC 1170, fol. 643a.

荷蘭、西班牙文獻對北投的標示，未見原住民和漢人命名並列，但標示了兩個地方，一個是Kipatauw，如果去掉第一個音節Ki，patauw的音就接近台語的北投（Pak-tâu），位置在今天的舊北投（原稱內北投）；一個是Rappan，位置在今天的新北投（原稱外北投）。

以此來看，北投並無法確定是原住民或漢人命名。以漢人命名的觀點來看，既有北投，也應該相對有南投，但未能找到。但既使是漢人命名，也不知「投」是什麼意思？

談了南投、北投，最後談一下林投。

林投樹是台灣海邊常見的樹，「林投姐」是台灣民間廣爲流傳的鬼故事。台灣有林投的地名，都與林投樹有關，例如澎湖縣湖西鄉的林投村，以及其他的林投內、林投厝、林投圍、林投溝等小地名。

小筆記

林投（台語 Nâ-tâu）這種植物名稱從何而來？也無確定答案。林投在植物學分類上屬露兜目（科），故林投又稱露兜（台語音 Lōo-tau），但二者在發音上不算相近。或許林投的「投」與「豆」有關，因為林投的果實像是很大顆的豆。

爲什麼北港在南部，南港在北部？

雲林縣北港鎮是漢人來台最早開墾的地方之一，北港朝天宮（國定古蹟）是台灣歷史最悠久的媽祖廟之一。台北市南港區則爲中央研究院所在地。這兩個都有「港」字的著名地名，剛好位在一南一北，難怪會有人問：爲什麼南港在北部，北港在南部？

在討論之前先要說明，台語的港除了指船停靠的港口，也指河流，例如基隆有四條流入海港的河流，稱之田寮港、牛稠港、蚵殼港、石硬港。有一句台灣俚諺：「歹船拄著好港路」，直譯是不好的船遇到好的航路，比喻本身條件雖差但外在環境大好，就是運氣好的意思。

再來談港口，東港、西港、南港、北港的稱呼，到底如何命名？第一、從海上看，在溪流的出海口，右邊的叫東港，左邊的叫西港。第二、從陸地上看，以方位爲港口命名，例如南港相對北港。第三、新港相對於舊港。至於北港溪、南港溪等名稱，則是以港口的名稱來爲溪流命名。

▶新北市汐止區北港國小。

台北的南港、雲林的北港因爲最具知名度，才讓人產生南港在北部、北港在南部的錯覺。事實上，台灣很多地方都有南港、北港。

以台北的南港來說，早年是基隆河下游南岸的港口，相對的就是位於汐止的北港，今新北市汐止區內還保有北港的地名，只是外地人大都不知而已。

▲清康熙中期（一六八四年後）《臺灣地里圖》上北部大屯社旁的北港社。

以雲林的北港來說，最早稱之笨港（荷蘭地圖標示Ponkan，可能源自原住民語），後因笨港溪（今北港溪）氾濫分成了笨北港、笨南港。笨北港即今雲林縣北港鎮，笨南港後來因遷移分成新南港、舊南港，新南港即今嘉義縣新港鄉，舊南港則位於今新港鄉的南港村。雖然有新港必有舊港，但舊港的河道如果淤積陸化，則舊港的地名往往就會消失。

彰化縣的伸港鄉，其實舊名叫新港，但因與嘉義的新港同名，在一九五九年改為台語同音的伸港（伸的文讀音sin，與新的音相同）。

高雄市的小港區，舊名港仔墘（墘的台語音kînn，邊緣的意思），在日本時代一九二〇年行政區域畫分及地方制度改革時，才改為日式地名小港（Kominato）。

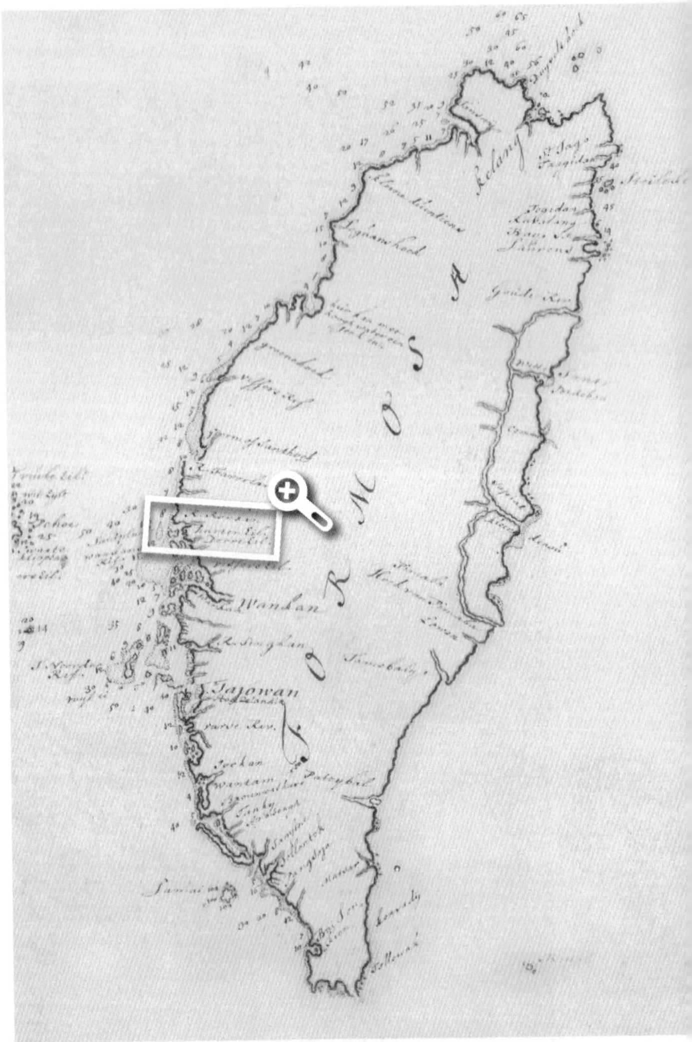

▲十七世紀荷蘭地圖，圖中出現**R. Ponkan**（笨港）最早的地名標示。（圖源：海牙國家檔案館）

屏東縣的里港鄉，舊名阿里港，早年是下淡水溪（今稱高屏溪）的一個港口，在日本時代一九二〇年把阿里港簡化稱爲里港。阿里港的地名由來，傳說早年有一個名叫「阿里」的人在此販賣冷食，但「阿里」也有可能源自原住民語。

此外，台語有「正港」（tsiànn-káng）一詞，指正宗、道地的，這裡的「港」也與港口有關。原來，清代在海峽兩岸由官方設立對渡的港口，稱之「正口」，又稱「正港」，規定兩岸各種往來都必須透過正口，以利稽查及徵稅。因此，從正港進口的是課過稅、有保證的「正港貨」，相對於走私的「水貨」。

清代，台灣最早只設一個正口鹿耳門（今台南市安南區），與福建泉州廈門對渡；到了一七八四年（乾隆四十九年）才在鹿港設第二個正口，與福建泉州蚶江對渡。後來再設的正口，包括台北的八里坌、宜蘭的烏石港等。

台灣另有「頂港」（tíng-káng）、「下港」（ē-káng）的說法，分別指台灣的北部和南部。有一句台灣俚諺「頂港有名聲，下港上出名」，就是名聞全台灣的意思。

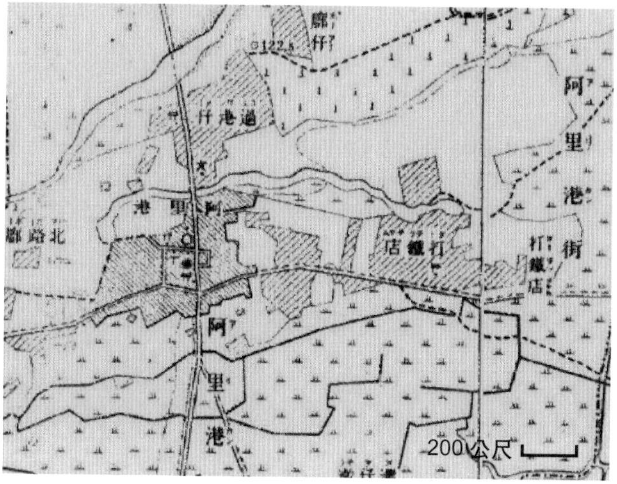

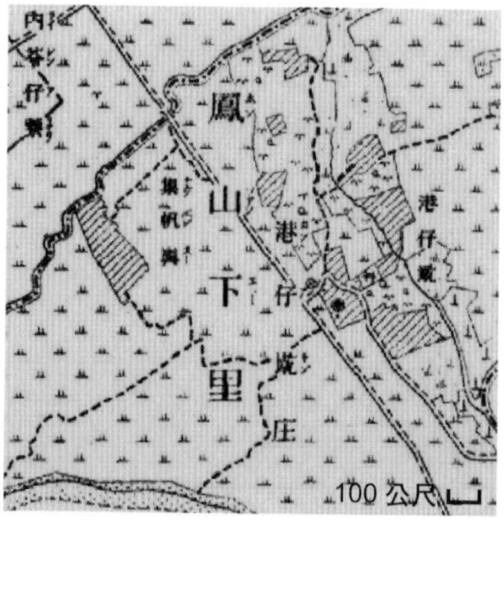

▶港仔墘。

▲阿里港。

《台灣堡圖》（明治版），二萬分之一。

檳榔的地名

台灣有很多人吃檳榔，野外有很多檳榔樹，街道有很多檳榔攤店。在歷史上，台灣民間也有源遠流長的檳榔文化，所以至今還留下一些與檳榔有關的地名。

在南亞、東南亞及華南地區，吃檳榔已有兩千多年的歷史。檳榔是熱帶棕櫚科常綠喬木，原產於馬來西亞，馬來語的檳榔是 **Pinang**，中文「檳榔」一詞就是 **Pinang** 的音譯。

馬來西亞的馬來半島西北方有一個以檳榔爲名的島嶼都市「檳城」（或稱檳島，舊名檳榔嶼，馬來語 **Pulau Pinang**，英語 **Penang Island**），在十五世紀即與中國往來。今天，檳城還隸屬「檳城州」。

相形之下，台灣以檳榔爲名的都是小地名，看來是種植檳榔的地方，例如：檳榔山、檳榔坑、檳榔林、檳榔腳、檳榔園、檳榔宅等。

世界各地吃檳榔的方式不同，有的吃檳榔乾，而台灣以檳榔新鮮的果實，搭配紅灰、白灰、荖葉、荖藤等。台灣檳榔業的用語，稱新鮮未加工的檳榔果實爲「菁仔」（台語漳音 **tshenn-á**，泉音 **tshinn-á**）。因此，台灣還有一些「菁仔」的地名，例如菁仔宅、菁仔園等，也是與檳榔有關的地名。

但是，因爲藍染植物叫大菁、小菁，所以有些「菁仔」的地名無關檳榔，而是指藍染業的聚落，例如台北市北投區的菁仔園、台南市後壁區的菁寮（舊名菁仔寮）等。

在台灣，很多人因檳榔與致癌畫上等號，而忽略了檳榔的歷史與文化。

中國自漢朝就傳入吃檳榔的習俗，後來南洋、中南半島各國向中國進貢的物品中就有檳榔，隋唐以後中國人甚至以吃檳榔來炫耀身分和財富，韓愈、蘇東坡、朱熹等名士也都成了檳榔族。根據歷史記載，唐玄奘當年在印度那爛陀寺留學取經時，寺方每天供養他二十顆檳榔子、一百二十枚荖葉。

另一方面，中國最晚在西元二世紀就把檳榔視為藥物，歷代本草書及藥典也記載檳榔的藥性和療效。明李時珍「本草綱目」即說檳榔能「除一切風，一切氣，宣利臟腑」。

在台灣，閩粵移民在原鄉本有吃檳榔的習俗，並認為檳榔可以「解瘴氣」。台灣原住民族更有悠久的檳榔文化，檳榔除了應酬、送禮、訂親、賠罪等用途外，還扮演人與超自然之間的媒介。

小筆記

◆在此特別要說明「檳榔宅」，因為這個地名的「宅」字很容易讓人望文生義，所以一般都說檳榔宅的地名源自種植檳榔的住宅。事實上，檳榔宅指的是有籬笆等圍住的檳榔園。正如台北市北投區復興三路有個地方叫「鳳梨宅」，在清代曾生產鳳梨，所以當年就是一處鳳梨園，並不是某個在自家種植鳳梨的住宅。

根據清代文獻，清代有徵檳榔稅，以「宅」為單位。此外，在清代的地契也可看到「檳榔宅」的承租及轉讓。

◆順便對檳榔的「菁仔」做個正名，「菁」應該寫成「青」才對，因為傳統中國文獻都稱未成熟的檳榔子為「檳榔青」。在中醫藥，與「陳皮」相對的就是「青皮」。另外，台語也稱未成熟的芒果為「檨仔青」。以此推論，「檳榔青」可能在台灣因訛誤而寫成「檳榔菁」，再簡稱「菁仔」。

▶十七世紀東南亞華人水果商。圖中央婦女手持檳榔，其後方婦女則似乎正要偷拿香蕉。

（圖源：阿姆斯特丹王立博物館 Rijksmuseum Amsterdam）

紅葉來自滿山楓紅？

因為台東紅葉少棒隊的故事，「紅葉村」的地名非常響亮。事實上，除了台東縣延平鄉的布農族聚落叫紅葉村，花蓮縣萬榮鄉的阿美族聚落也叫紅葉村，而且兩地都有「紅葉溫泉」。這兩個紅葉的地名，都是來自滿山楓紅的美景嗎？

花蓮紅葉村

花蓮紅葉的地名由來，萬榮鄉官網說：「昔時為阿美族住地……因多山貓而稱高藥……其地狀狹長陰翳，故譯紅葉。」這種說法，指紅葉地名是因土地形狀而得名，並沒有說服力，而「高藥」又是什麼意思？

根據清代文獻，這裡是原住民聚落「高藥社」。但清代台灣官員夏獻綸編撰的《臺灣輿圖》（清光緒五年，一八七八年）中提到，這裡是原住民聚落「膏肓社」。「膏肓」二字讓人想到「病入膏肓」，不可救藥，後來才發現是印書排版錯誤，應該是「膏育」才對，因為台語的「膏育」（Ko-io）和「高藥」（Ko-io̍h）發音相近。

「膏育」及「高藥」聽來是從阿美語 Koyo 音譯來的。那麼，阿美語 Koyo 是什麼意思呢？有人說是野貓，有人說是俗稱果子狸的白鼻心（台語稱之「猫」，音 bâ），但也有人說是飛鼠。由此可見，紅葉的地名源自動物名稱。

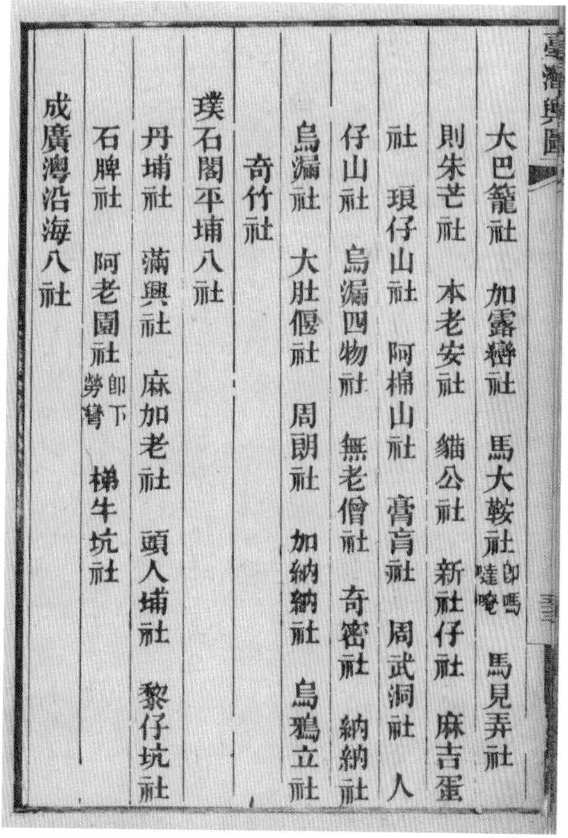
臺灣輿圖

大巴籠社　加露辮社　馬大鞍社即馬噠喞　馬見弄社
則朱芒社　本老安社　貓公社　新社仔社　麻吉蛋
社　瑱仔山社　阿棉山社　膏育社　周武洞社　人
仔山社　烏漏四物社　無老僧社　奇密社　納納社
烏漏社　大肚偃社　周朗社　加納納社　烏鴉立社
奇竹社
璞石閣平埔八社
丹埔社　滿興社　麻加老社　頭人埔社　黎仔坑社
石牌社　阿老園社即下勞彎　梯牛坑社
成廣灣沿海八社

▲光緒六年（一八八〇）《臺灣輿圖》記載中的「膏育社」。（第三行）

那麼，猫為什麼會變紅葉呢？原來，日本時代一九二〇年，台灣總督府進行自一八九五年統治台灣以來最大規模的行政區域畫分，並以簡化、雅化的原則更改了很多舊地名。當時，阿美語 Koyo 或台語「高藥」，就被改成日文漢字音讀發音相近的「紅葉」（Kōyō）。

由此可見，花蓮紅葉的地名由來根本與樹葉無關！

台東紅葉村

台東紅葉的地名由來，延平鄉官網主要在談當年「紅葉國小」和「紅葉少棒隊」的光榮事蹟，只在「紅葉村」後加注「布農語：瓦崗南 Vakangan」，但未說明意義。

在日本時代，這裡屬於「蕃地」，推測最早本是卑南族的活動區域。有關布農語Vakangan的意思，傳說當時布農族與卑南族在這裡爭戰，布農族人殺了一位名叫Vakangan的卑南族人，並埋葬於此，以後就稱這裡爲Vakangan。但布農族人也稱這裡爲Dahdah，直譯是潮濕的地方，就是指溫泉。

那麼，溫泉爲什麼會變紅葉呢？根據日本文獻，一九三五年日本警方在這裡的派出所設了一個溫泉招待所，作爲警察休閒、泡溫泉的地方。當時有位警官在一、二月時看到這裡紅葉點點，就命名「紅葉谷」（日文漢字訓讀音Momijidani）。在日本，紅葉谷是常見的山谷、公園、溫泉等地名。

以此來看，台東紅葉地名是源自日本地名紅葉谷！

紅葉少棒隊

最後來談一下紅葉少棒隊。一九六八年八

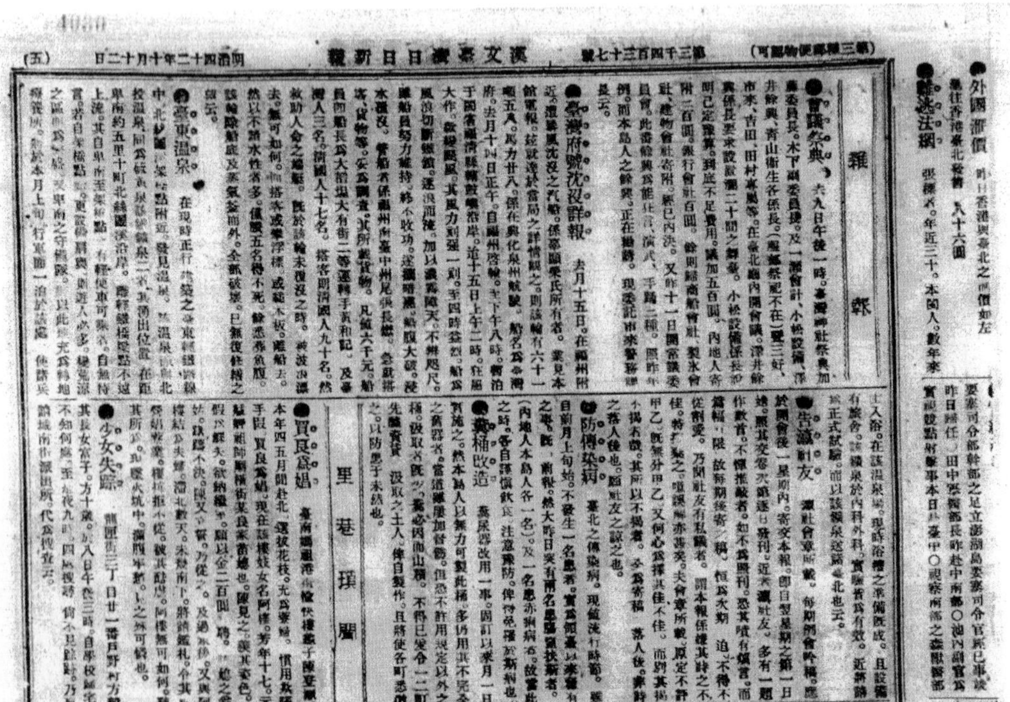
明治四十二年十月二十日 (五)

漢文臺灣日日新報

第三千四百三十七號

雜報

臺東溫泉

▲從明治四十二年（一九一〇）的報導可見當時在北絲鬮溪（今鹿野溪）發現了新的溫泉，鹿野溪即爲紅葉溫泉的發源地。

月，台東布農族紅葉少棒隊打敗來台灣訪問的日本少棒隊，被認爲開啓台灣少棒、青少棒、青棒「三冠王」時代。

但後來傳出來訪的日本隊並不是剛獲世界少棒賽冠軍的和歌山縣調布隊，而是關西地區組成的聯隊，另外紅葉隊在九人先發名單中有六人以上超齡。最後，紅葉國小的校長和教練都以僞造公文書罪判刑。

紅葉少棒隊雖然傳出不名譽的真相，仍是台灣棒球運動史上的一頁傳奇。但若要說是「紅葉傳奇」帶動了台灣棒球運動的發展，則是言過其實。事實上，台灣在日本時代已具棒球實力，除了嘉義農林隊打進日本全國高校棒球聯賽一九三一年夏季甲子園冠亞軍決賽，後來還有幾位球員加入日本職棒。

但我們必須強調，從台灣歷來優秀棒球員中原住民所占的高比例，可說台灣的棒球天下是原住民打出來的！

▶位於台東縣紅葉國小內的紅葉少棒隊紀念館。

鹿的地名

台灣很多有「鹿」字輩的地名，其中大都與鹿有關，只有少數是例外。

台灣早年堪稱鹿之島，十七世紀初的台灣，可能是全世界梅花鹿最多的地方，平原上到處是鹿群飛躍的風景，鹿是原住民主要的肉食來源。荷蘭在台灣發展殖民經濟，馬上就看到鹿的經濟價值，他們發現可以把鹿皮銷到日本（日本武士喜歡用鹿皮做的戰袍背心），鹿脯、鹿鞭銷到中國。而事實上，早在荷蘭人來台之前，台灣已有大量鹿皮銷往日本了。

荷蘭人先是鼓勵原住民捕鹿，甚至強迫用鹿皮繳稅，後來更讓招攬來台營生或耕作的漢人加入捕鹿行列。一六三〇年代，台灣每年可銷十多萬張鹿皮到日本。一六四五年後，因發現鹿的數量銳減，而有每隔兩年停捕一年的規定，但只要數量稍有增加，就又大量獵捕。

這是台灣鹿的悲歌，難怪現代有研究台灣歷史的荷蘭學者說，當年荷蘭人在台南的熱蘭遮城（今安平古堡）是用鹿皮蓋的。

鹿港

台灣最有名的「鹿」地名，應該就是彰化縣鹿港鎮了。但鹿港地名由來有四種說法：昔日多鹿、土地形狀像鹿、原住民語的音譯、用來儲存稻穀的方形糧倉稱爲「鹿」（發音）。最有說服力的答案是昔日多鹿，因爲鹿港舊名「鹿仔港」（台語音 Lo̍k-á-káng），而名詞加「仔」（á）是台語常見的用法。

▶清乾隆（一七四四至一七四七）《番社采風圖》。記錄平埔族各社於秋末冬初聚眾捕獵梅花鹿，名為出草。

鹿草

嘉義縣的鹿草鄉，鹿草舊名「鹿仔草」，顯然是早年漢人看到此地荒煙蔓草，群鹿覓食，因而命名。鹿仔草也稱「鹿仔樹」，就是桑科的構樹，鹿也吃這種樹的葉子。

鹿谷

南投縣的鹿谷鄉，鹿谷舊名「羌仔寮」（Kiunn-á-liâu），看來以前是捕捉山羌（台語俗稱羌仔）的草寮小聚落，到了日本時代一九二〇年台灣進行大規模行政區域畫分，才改爲日式地名鹿谷（Shikatani）。鹿谷是日本的姓氏及地名，日本人把羌仔寮改名鹿谷，可能也與山羌看來很像小鹿有關（山羌在台灣是體型最小的鹿科動物），而當地也在山谷。在南投縣與鹿谷鄉相鄰的竹山鎮，也有「鹿仔坑」這類小地名。

鹿野

台東縣的鹿野鄉，地名由來有兩種說法：一、昔日爲荒野之地，時有群鹿棲息其間，故稱鹿野。二、日本

▶鹿子草（樹）即構樹。（圖源：Francisco Manuel Blanco@Wikimedia Commons）

▶山羌。（圖源：KaurJmeb@Wikimedia Commons）

時代日本人在此地設置移民村，招募日本新潟縣鹿野農民前來，就把原地名改爲鹿野。

第一種說法顯然望文生義，因爲鹿野舊名「鹿寮」，依漢人命名規則，早年是與鹿（捕、殺、加工）有關的小聚落。文獻記載這裡也有阿美族的「鹿寮社」，但鹿寮的「鹿」並不是原住民語音譯，此地的阿美族人稱鹿爲Malonem。

第二種說法雖然有所根據，日本人確實在一九一五年招募內地新潟縣農民移民來此地，但新潟縣內並沒有鹿野這個地方。鹿野是日本的姓氏及地名，日本人把此地取了日式地名鹿野（Shikano），應該與舊地名鹿寮有關。

鹿窟

新北市石碇區的光明里，原名「鹿窟村」，以一九五二年發生台灣白色恐怖年代最慘烈的政治事件「鹿窟事件」（又稱鹿窟基地案）著名。鹿窟舊名「三鹿窟」，地名由來傳說此地早年有三處水窟，常見群鹿棲息，居民自清代以種茶爲業。

初鹿

台東縣卑南鄉的初鹿村，看來是初生之鹿的地名，其實與鹿無關。此地在清代文獻稱之「北絲鬮」，應該是原住民語音譯的社名，到了日本時代在卑南庄之下才出現初鹿地名。初鹿是日本的姓氏，日本人可能認爲北絲鬮（台語音 Pak-si-khau）發音接近日本漢字初鹿（音 Hatsu-shika），才依此改名。當時，這是日本人把台灣地名改爲日式地名的規則之一。

沙鹿

台中市的沙鹿區，有人也以爲與鹿有關，甚至想到「殺鹿」。事實上，沙鹿舊名「沙轆」（Sua-lak），清代文獻還有寫作「沙路」，直到日本時代一九二〇年才簡化改稱沙鹿。

沙鹿最早是台灣中部原住民居住的沙轆社，在歷史上曾發生幾乎被漢人消滅的事件。在鄭氏王朝的一六七〇年，鄭經的將領劉國軒率兵攻打沙轆社，摧毀房屋田園，屠殺數百人口。在大清時代的一七三二年，台灣中部原住民爲了反對苛政而聯合抗官，清廷調派大軍前來鎮壓，原住民死傷慘重，最後沙轆社還被改名「遷善社」。

一七四〇年，有一位官員劉良璧到台灣中部考察，寫了一首「沙轆行」的長詩，詩中有一段「皇恩許遷善，生者還其鄉，番婦半寡居，番童少雁行」。這位有良知的官員感嘆，清廷以爲把沙轆社改名「遷善社」，原住民改過遷善就沒事了，卻不知這裡的婦人有一大半變成寡婦，也看不到成群結隊嬉戲的兒童了。

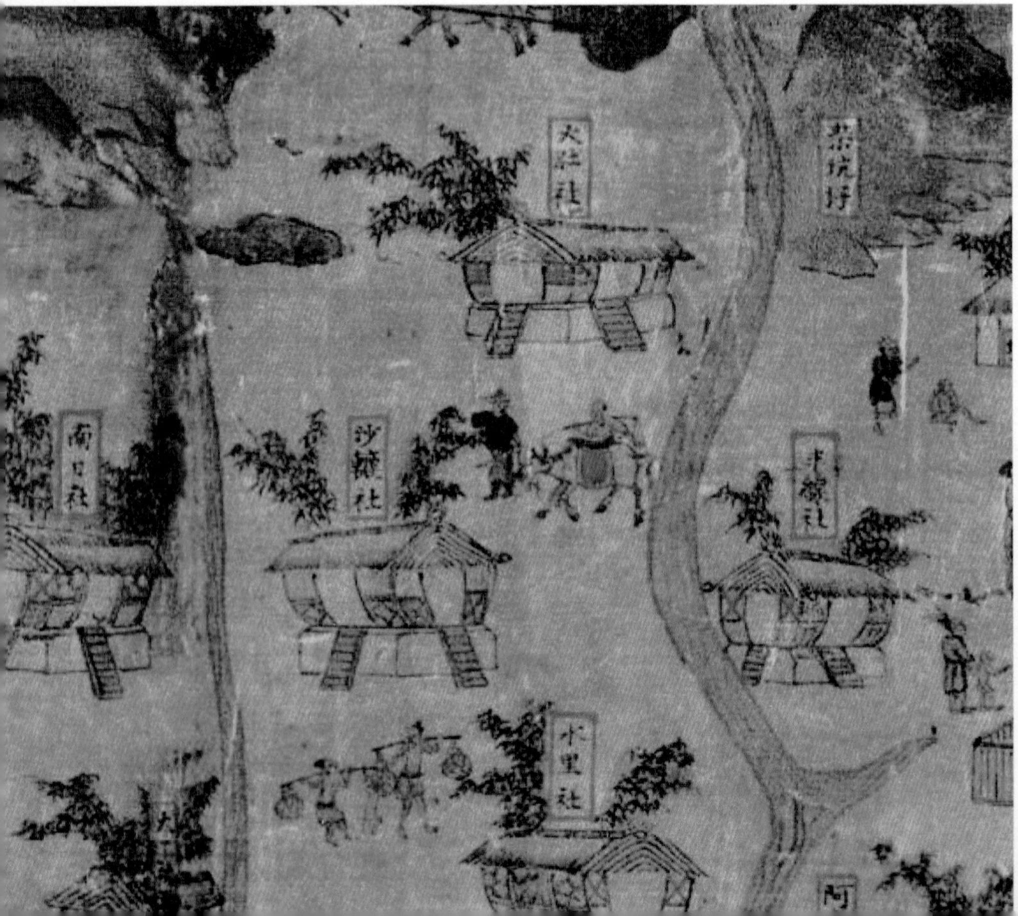

◀清康熙中期（一六八四年後）《台灣地里圖》上的沙轆社。

284
Wir lauffen in die Wett und traben gantze tagen
Nach unser Klincker klangh, die wir in händen tragen,
Wir leben von der Jagt, es jagt, wer jagen kan,
Und wenn wir schießen fehl, so gehn die hunde dran.
Ein Formosan.

▲此圖為德國人Caspar Schmalkalden所繪製的捕鹿的福爾摩沙人，出自他所著的《東西印度驚奇之旅》（一六四二至一六五二）一書（手稿於一九八二出版）。圖中人物手戴銅鈴，這是西拉雅人狩獵時驚嚇鹿群的工具，也是部落舉行祭典時跳舞時配戴的器具。

圖上文字翻譯：（翁佳音譯）

咱整天跑步奔行，拚輸贏
手腕戴有環鈴鐺，響叮噹
生來打獵是本行，能獵就上場
射不中，狗兒追其蹤！

龜山都是像龜的山？

龜山，顧名思義就是烏龜形狀的山。台灣有一些龜山的地名，最有知名度的是宜蘭的龜山島、桃園市的龜山區，地名由來都是像龜的山嗎？

宜蘭龜山島

宜蘭縣頭城鎮龜山里的龜山島，又稱龜山嶼，位於蘭陽平原外海的太平洋上，距離頭城鎮的梗枋漁港約九公里、烏石港約十公里。龜山島是一座火山島嶼，面積不到三平方公里，島上最高峰約四百公尺，以形似「海上浮龜」而得名。

但很多去過宜蘭縣的人說，從岸上看龜山島，只能說「有點像但又不太像」龜啊！爲什麼呢？因爲龜山島從尾部到頭部的方向朝東偏南，而蘭陽平原的海岸線呈現內凹的弧形，所以從宜蘭縣各地看龜山島的形狀都不大一樣，從宜蘭縣南北兩端來看都像龜，從北端看龜頭朝左，從南端看龜頭朝右，宜蘭人稱之「龜山轉頭」。一般認爲，在蘇澳鎮、宜蘭市之間是觀賞龜山島最好的角度。

在東北角暨宜蘭海岸國家風景區的管理處，有一幅放大的龜山島空拍照片，更可以清楚看出龜山島真的很像海上浮龜，還能分出頭部、背部、尾部三個部分。

◀龜山島。（圖源：廖偉仔）

桃園龜山

桃園市的龜山區，根據龜山區公所官網，龜山地名由來有三種說法：一、本區有一山丘，狀如龜形，故昔日山頂稱龜崙頂。二、舊區公所一帶昔日稱龜崙口，乃平埔族龜社聚居之所，山以社得名。三、本區是由丘陵、台地合成，從空中鳥瞰，丘陵似龜首，台地似龜甲，故名龜山。這三種說法，哪一種才對呢？從桃園龜山的地名沿革來看，這裡在清代的舊地名是「龜崙社」、「龜崙頂庄」，到了日本時代一九二〇年才改成日式地名「龜山庄」，日文漢字「龜山」（Kameyama）在日本是常見的地名。日本人為何把這裡改名「龜山」？可能因為清代舊地名有個「龜」字。在此談一下一九二〇年的台灣地名大變革。當年台灣總督府行政區域畫分及地方制度改革，實施「州廳—郡市—街庄」三級制，並把很多台灣地名以所謂簡化、美化改成日式地名。有些改名會依據本來的台語、客語發音，例如艋舺（台語 Báng-kah）改成「萬華」（日語 Manka）、「鹹菜甕」（客語 ham-chhoi-vung）改成「關西」（日語 Kansai）等。但有些改名則毫無根據直接取代，例如錫口改成「松山」、牛罵頭改成「清水」等。

由此可見，桃園龜山官網的第三種說法顯然是現代人望文生義，因為龜山根本就是日式地名，不是整個鄉的地形像烏龜，何況古代如何從空中鳥瞰？這就像有人說基隆因整個城市三面環山、一面臨海，故古稱「雞籠」。事實上，一個大地名最早常是一個小地方，例如台灣（大員）最早指台南安平、雞籠最早指基隆和平島。

再來談清代舊地名的「龜崙」二字。如果是漢人命名，因為台語的「崙」指小山丘，常見於地名中，所以龜崙可以解釋成烏龜形狀的小山丘。但如果是原住民命名，則龜崙只是原住民語的音譯，不知其義。

從荷蘭文獻來看，桃園龜山的位置在荷蘭古地圖標示「小 Coelon」的原住民聚落，Coelon

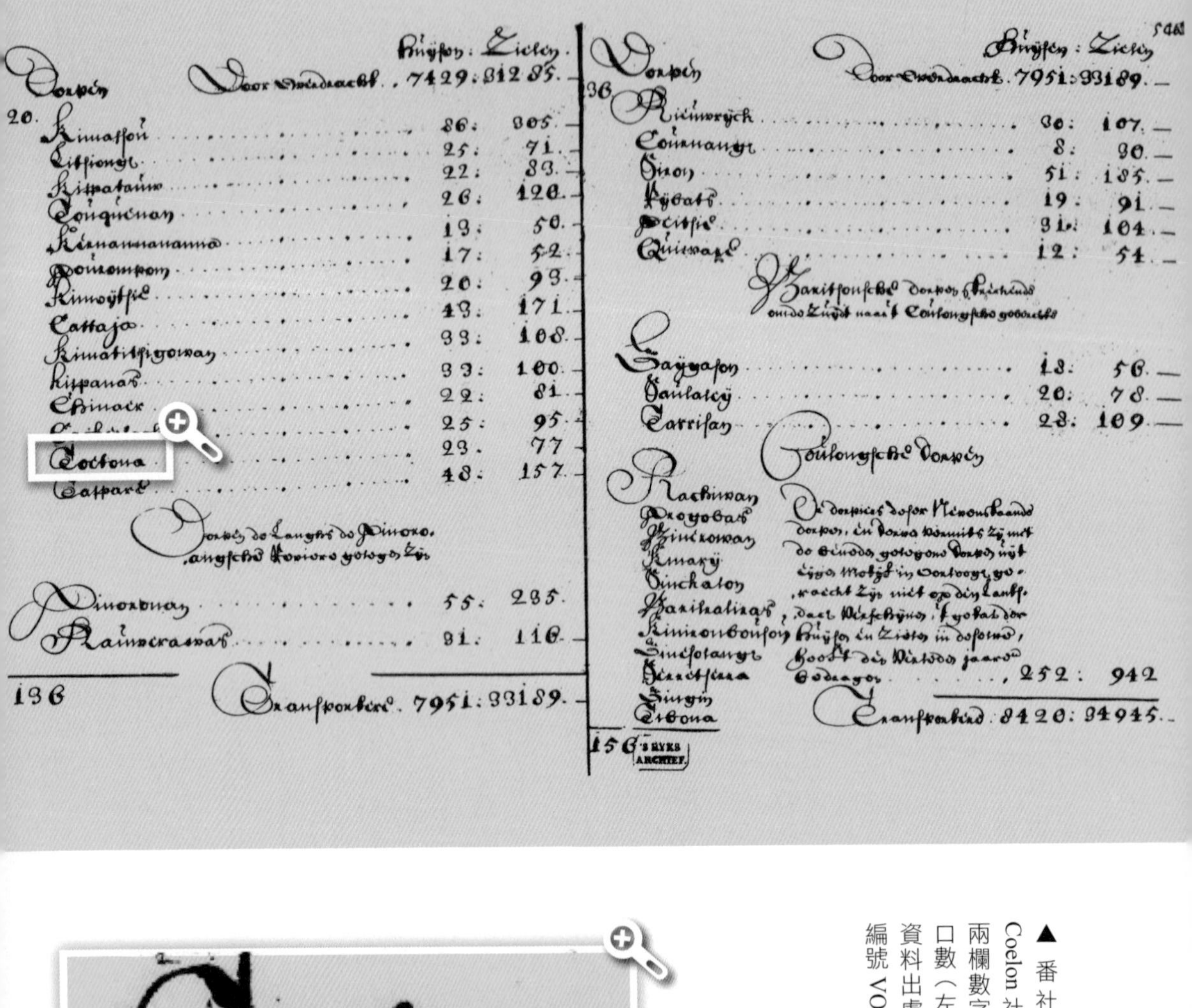

▲番社戶口表中標示的Coelon社。兩欄數字，分別表示番社戶口數（左）和人口數（右）。資料出處：東印度公司檔案編號 VOC 1213, fol. 546.

（C要發K的音）就是台語「龜崙」（Ku-lun）的音；荷蘭古地圖中「大Coelon」的位置，經考據位在新竹、桃園的泰雅族區域。

以此推論，如果有分成「大龜崙」和「小龜崙」的兩個原住民聚落，那麼「龜崙」應該是原住民語的音譯，並非漢人以山形似龜的命名。

苗栗龜山

苗栗縣苗栗市南郊有一座龜山，海拔近一百公尺，從山頂可眺望苗栗景觀。根據文獻記載，這座山以形似烏龜將頭伸入後龍溪飲水而得名（今龜頭部分已崩塌），所以舊名「龜頭山」，到了日本時代一九二〇年才改名龜山。

屏東龜山

屏東縣車城鄉射寮村的海邊也有一座小「龜山」，海拔七十二公尺，以山形似龜殼得名，建有棧道讓遊客登頂，視野極佳。這一帶是一八七四年牡丹社事件日軍登陸之處，在日本時代建有軍事基地。

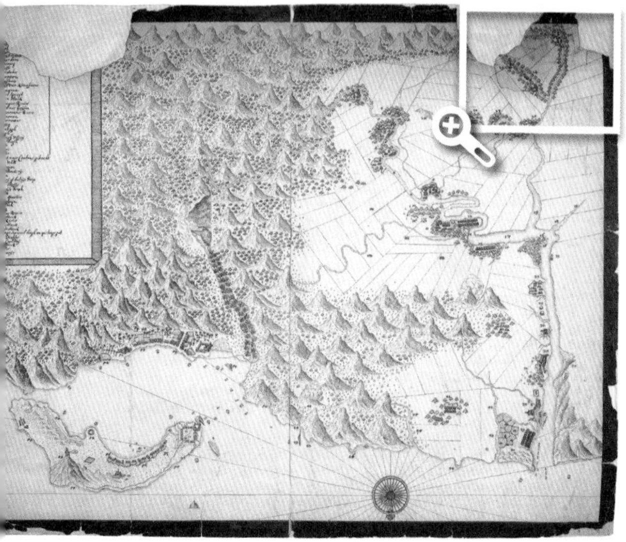

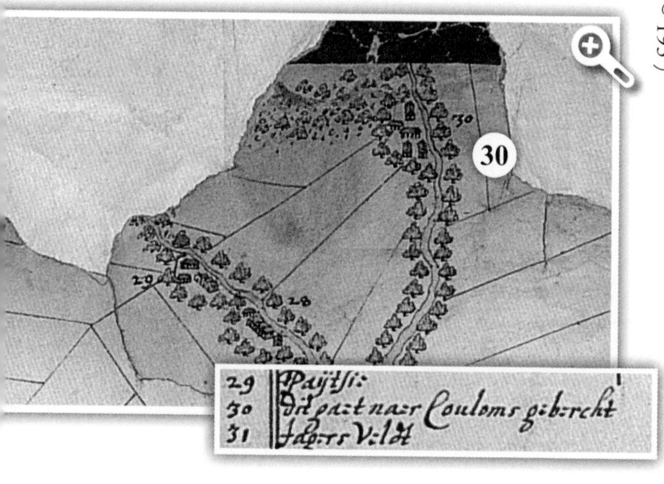

▼《大臺北古地圖》上編號30，標示通往龜崙（Coulams）山脈。（大圖請參P.192～193）

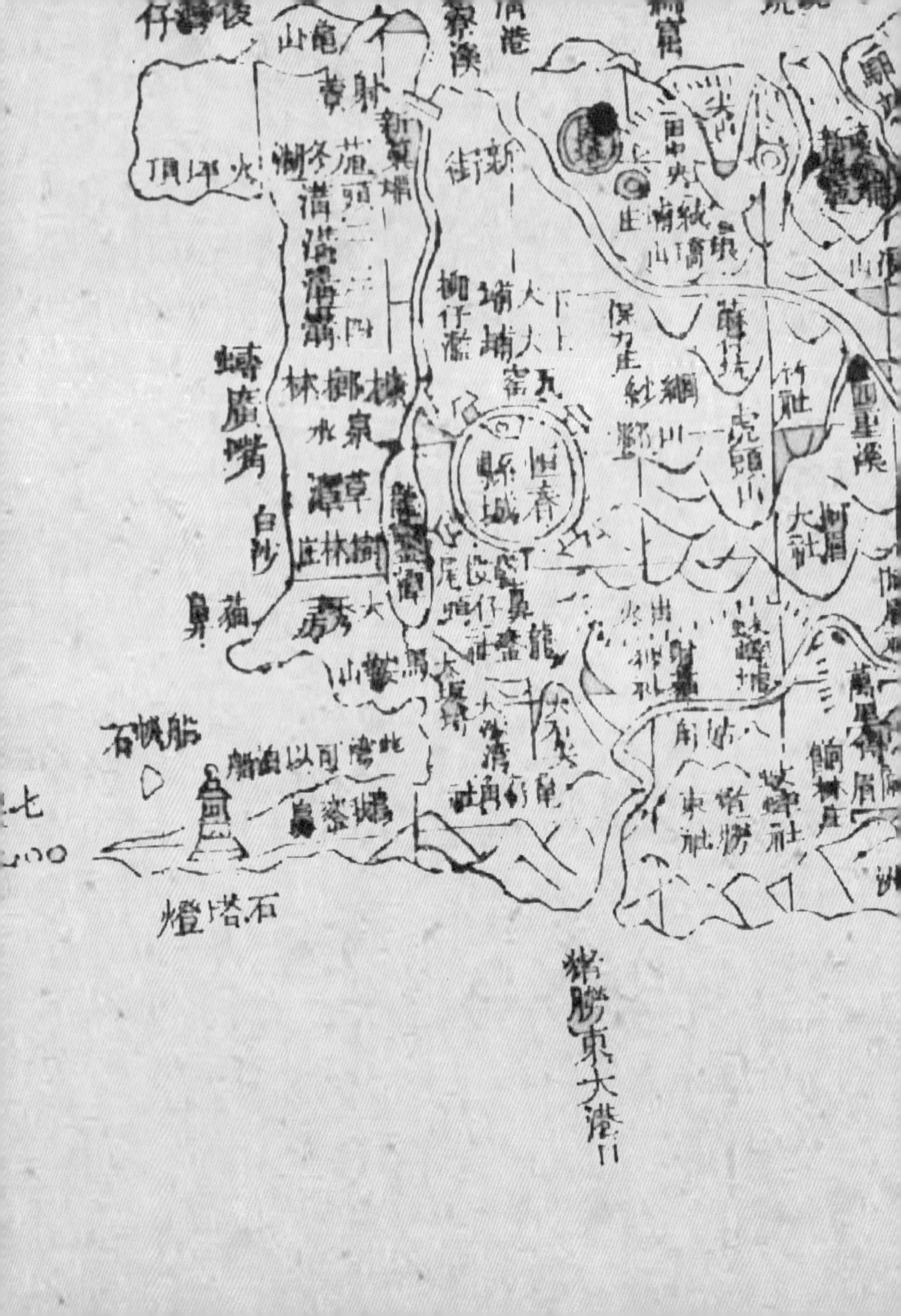

後灣仔
射寮
新街
恒春縣城
龍鑾潭
白沙
猫鼻
船帆石
此灣可以泊船
龍鑾社
虎頭山
竹社
四重溪
保力庄

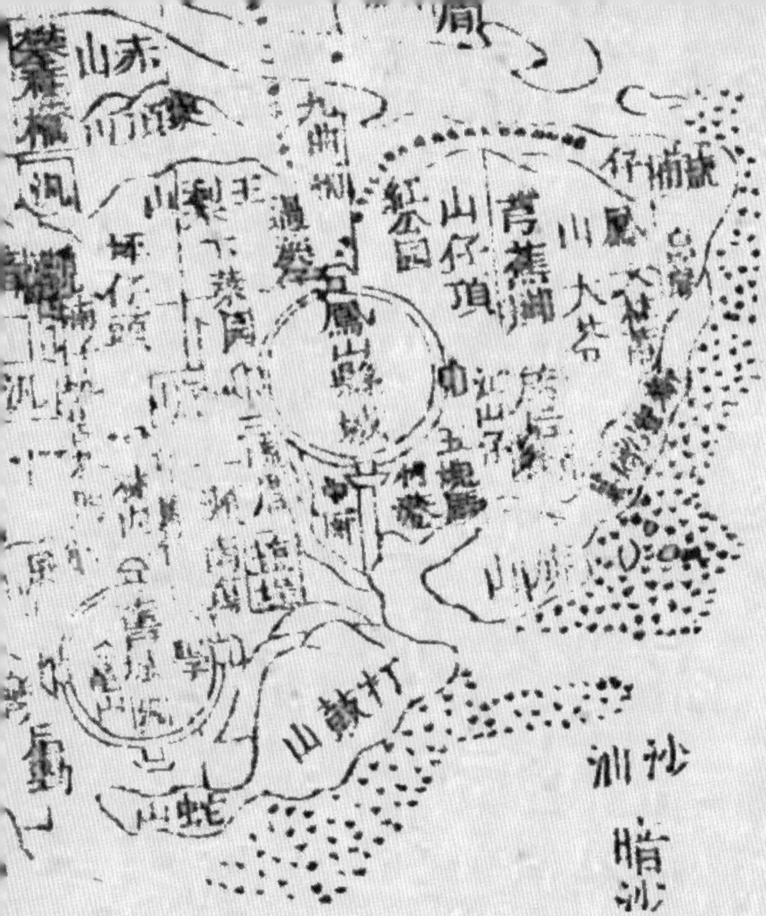

卷三

命名原則

台灣的河流為何大都叫溪？那河去哪兒了

台灣河流的名稱，幾乎都叫「溪」，只有幾條「河」。在中文字典中，溪的本意是山間小河流，泛指小河，但台灣三條最長的河流依次是濁水溪、高屏溪、淡水河，看來卻是溪比河大。

在台灣，幹流長度超過五十公里的二十多條河流，除了淡水河外，全部都叫溪，包括濁水溪、高屏溪、曾文溪、大甲溪、大肚溪、秀姑巒溪、大安溪、卑南溪、北港溪等。台灣只有幾條知名的河，都在北部，淡水河的支流基隆河約八十六公里，蘭陽溪的支流宜蘭河、冬山河各約二十五公里。

以此來看，台灣的溪、河是否有不同的定義？

溪、河

台灣島南北長、東西窄，中央有山脈隆起，形成南北走向的分水嶺，河流分別往西注入台灣海峽、往東注入太平洋，大都寬度小、坡度大、水流急，而且因含沙量高常造成下游河道淤積。此外，台灣的河流有枯水期，尤其中南部的河流，在冬季枯水期因水量少而不利航行；只有北部的幾條河流，因東北季風帶來雨量而有舟楫之便。

因此有人認為，台灣河流的名稱，似乎以是否會乾涸來判定，所以大都稱為「溪」，只有水量較穩定、沒有枯水期的才稱為「河」。最明顯的例子就是大台北地區的淡水河，淡水河在出海口淤積之前，曾負擔台北盆地的水運重任，也是全台灣唯一的河運航道。

以上區別「溪」、「河」的說法，看來有其道理，但台語文工作者潘科元指出，「溪」、「河」之分可能是庶民語言的慣用，而不是河流型態的區別，因爲無論是台灣的閩南移民社會，或是福建的閩南地區，庶民口語都習慣稱在地的大小河流爲「溪」（小溪是「溪仔」），而不是「河」。

不過，台灣畢竟還是有幾條「河」，這要如何解釋？潘科元認爲，台灣極少數的「河」，閩南極少數的「江」，可能是官府或文人的命名或改名，使用書面語字眼，未採用庶民口語講法。

據此，我們再來查證淡水河的前世今生。原來「淡水河」名稱是清末才有，而且大都在大清官員與外國交涉時出現。事實上，早年淡水地區的人稱淡水河下游爲「滬尾溪」。淡水舊名滬尾，因位在石滬的尾端而得名，石滬是在海邊以石頭堆成、利用海水漲退潮來捕魚的設施。此外，宜蘭的宜蘭河舊名「西勢大溪」，冬山河舊名「加禮宛港」。

江、港、坑

在福建有稱河流爲「江」的習俗，是否也可能和「溪」一樣，被福建移民帶來台灣，而轉變成發音相近的「港」呢？

台語的「港」，除了指停靠船泊的港口，也指水道。例如：基隆流入海港的四條河流，本來的台語名稱是田寮港、石硬港、蚵殼港、牛稠港，戰後才改成國語名稱的田寮河、南榮河、西定河、牛稠港溪。

最後談一下「坑」，有些「坑」的地名，雖指山中溪谷，但到了雨季就變成了溪，像台北北投的貴子坑。客家人也常把山谷的小溪流稱爲「坑」。

▶淡水石滬。（圖源：Rocio@Tamsui Wiki）

台灣的湖爲何不等於湖泊？潭跟池又是什麼

台灣的湖泊，大概有「潭」、「池」、「埤」、「塘」、「湖」等名稱。我們首先要來談「湖」，因爲今天在台灣所稱的「湖」，不一定是有水的湖泊。

「湖」指窪地

台語、客家語的「湖」，傳統用法都是指窪地，雖然因下雨或氾濫會積水，但與中文湖泊的意義不同，所以像阿里山的「奮起湖」、台北的「內湖」、「竹子湖」等並不是湖泊，新竹的「湖口」也與湖泊無關。

但如果是戰後命名或改名的「湖」，才能看到湖水。最有名的例子就是高雄市鳥松區的「澄清湖」，本屬曹公圳的灌溉系統，原名「大埤」，戰後先改爲國語名稱的「大埤湖」，最後再雅化爲「大貝湖」，最後在一九六三年由蔣中正總統指示改名澄清湖。澄清湖本來是灌溉的埤，當然有水。

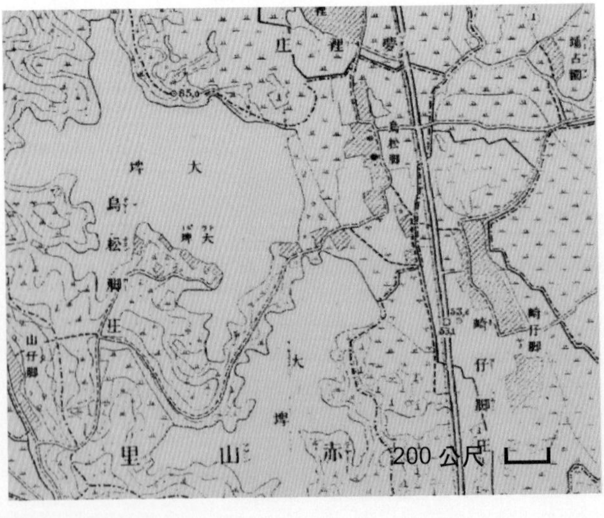

▶澄清湖原名大埤。《台灣堡圖》（明治版），二萬分之一。

同樣的，基隆大武崙山上的「情人湖」，原名也是「大埤」，又因有五處叉口而稱爲「五叉埤」。一九六九年，當時的中國青年反共救國團在此舉辦青年露營活動，將之改名情人湖。

此外，今台北市內湖區的「大湖」在改名前叫「十四份埤」（十四股份合築的埤），「碧湖」在改名前叫「大埤」。今新北市汐止區最大的人工湖泊「金龍湖」，改名前叫「象頭埤」。

天然vs.人工

台灣湖泊的名稱，可分成天然和人工來談。天然的湖泊，淺者稱「池」，深者稱「潭」。例如：臨近北部橫貫公路的「明池」（宜蘭縣大同鄉），台灣海拔最高的高山湖泊、雪山的「翠池」（海拔三五二〇公尺），台灣面積最大的湖泊「日月潭」（南投縣魚池鄉），位於花東縱谷國家風景區最北端、湖水來自於地底湧泉的「鯉魚潭」（花蓮縣壽豐鄉）。

小筆記

在此講個「潭」的笑話：有陸客遊日月潭，跟導遊說日月潭太小了，哪比得上大陸的鄱陽湖、青海湖？導遊就帶陸客去看另一個潭：花蓮縣新城鄉的「七星潭」，結果陸客看得目瞪口呆。原來，七星潭根本就是太平洋的一個弧形海灣，又稱月牙灣。這一帶的居民本來住在花蓮機場附近的七星潭，在日本時代因七星潭被填實，才遷到月牙灣，並把七星潭的地名也帶過來。

但對台灣人來說，日月潭真的很大。早年日月潭的原住民邵族聚落稱之「水社」，曾有漢人稱日月潭為「水社海」。

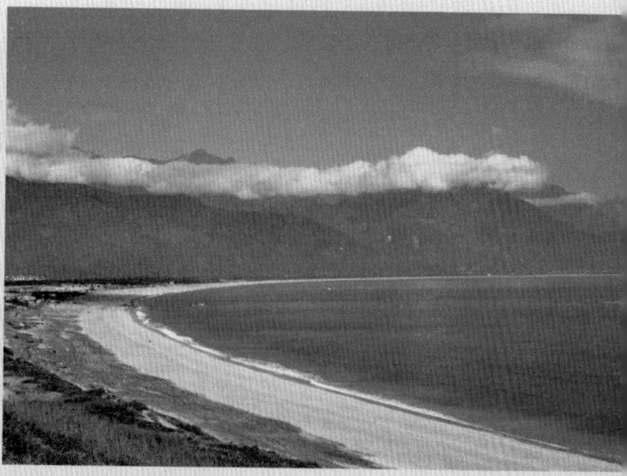

▲七星潭。（圖源：MickeyDisney@Wikimedia Commor

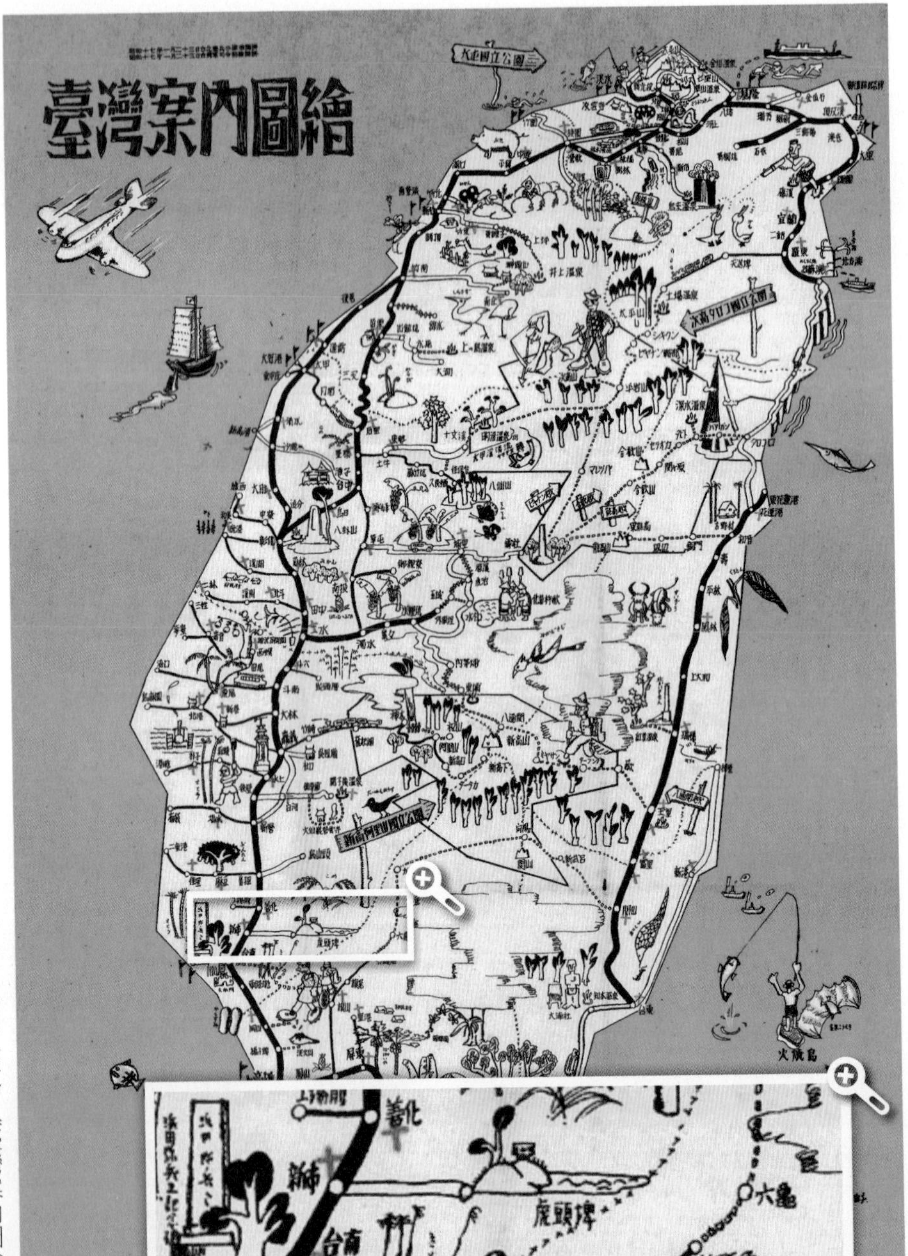

▶昭和十七年（一九四二年）《臺灣案內圖繪》上的虎頭埤。

▶嘉南大圳。

再來談人工或半人工修整的湖泊，除了現代興建堤壩而成的曾文水庫、石門水庫、翡翠水庫之外，就是較小的「埤」（台語音pi）。例如：台南市新化區在清代爲了灌溉農田而興建的「虎頭埤」，堪稱台灣第一座水庫。

埤（陂）、塘、圳

早年，桃園客家人爲了灌溉而挖掘、修築大量的埤塘，客語稱之「陂塘」（bi-tong），其中向下挖的蓄水池叫「塘」，以土石修築用來擋水、攔河的小水壩叫「陂」（埤）。桃園台地過去是全台灣埤塘、水圳密度最高的地區。

就埤圳水利設施而言，「埤」是蓄水池，「圳」是爲灌溉而建的水路（「圳」也指田間的水溝，水源是天然的溪流）。例如：清代高雄的曹公圳、台北的瑠公圳，以及日本時代的嘉南大圳。

清廷的賜名

清代的台灣，清廷曾爲了文攻武嚇的政治目的，而更改了幾個大地名，包括「彰化」、「嘉義」、「大保」、「褒忠」、「恆春」、「基隆」等。

大清自一六八三年起統治台灣，直到一八九五年把台灣割讓給日本，兩百一十二年間，前大半時期採消極治理政策，造成吏治敗壞，經常發生民變。清廷在派兵平定重大民變之後，就更改地名，並加官、賜名給有功的台灣人。

清康熙末年的一七二一年至一七二二年，台灣爆發第一次大規模民變。福建漳州人朱一貴帶頭起事，並聯合屏東潮州人杜君英共同抗清，一度攻下台南的台灣府城，但兩人卻因利益而互鬥，並演變成閩客械鬥，最後兩人都兵敗被捕，解送北京處死。

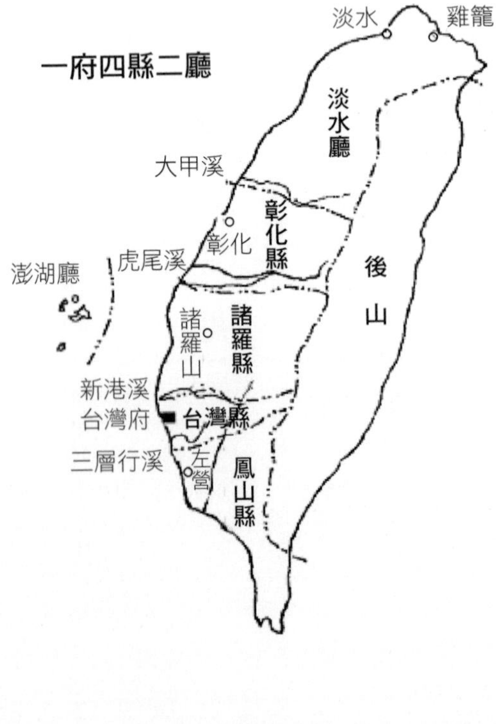

從半線到彰化

清雍正即位的一七二三年，爲了鞏固統治，決定增設縣廳，把當時轄區過於遼闊、從台南市鹽水溪以北至基隆的「諸羅縣」，另畫虎尾溪以北、大甲溪以南爲「彰化縣」，大甲溪以北至基隆爲「淡水廳」。

當時，彰化本爲原住民聚落「半線社」，清廷則改名彰化。「彰化」一詞由來，一般都根據嘉慶十九年（一八一四年）福建巡撫王紹蘭所寫「彰化縣碑記」中的一句話而來，目前廣傳的版本是：「實獲眾心，保域保民，彰聖天子不昌海隅之化歟。」

事實上，這個版本有兩個錯字：第一、不是「保域」，而是「保城」。第二、不是「不昌」，而是「不冒」，就是「廣被」的意思。「不冒海隅」的用法，在中國古代文書中可見。

另外，今彰化市東郊的「八卦山」，本來叫「半線山」，一般都說取易經「太極生兩儀，四象生八卦」之義而改名。事實上，「八卦」（Pat-kuà）的地名由來，乃取「半線」（Puànn-suànn）諧音雅化而來，與中國風水之說並無直接關係。

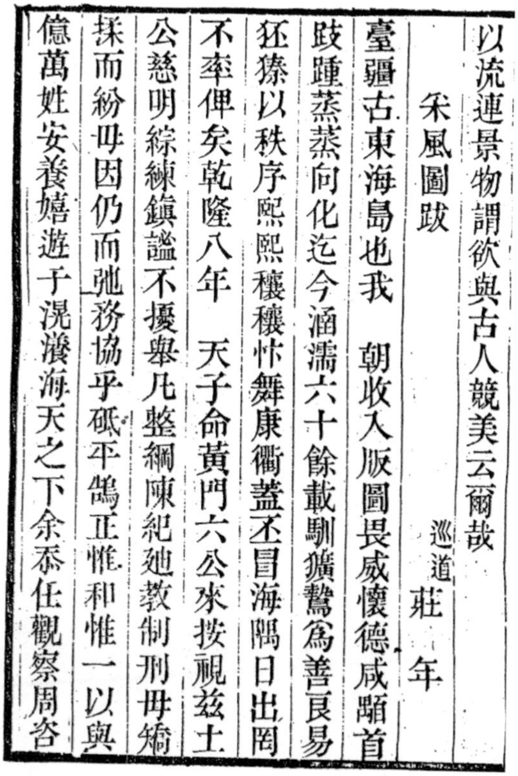
以流連景物謂欲與古人競美云爾哉
采風圖跋　巡道莊　年
臺疆古東海島也我　朝收入版圖畏威懷德咸駢首
跂踵蒸蒸向化迄今涵濡六十餘載馴獷鷙爲善良易
狉獉以秩序熙熙穰穰忭舞康衢蓋丕冒海隅日出罔
不率俾矣乾隆八年　天子命黃門六公來按視兹土
公慈明綜練鎮謐不擾舉凡整綱陳紀弛教制刑毋犄
採而紛毋因仍而弛務協乎砥平鵠正惟和惟一以與
億萬姓安養嬉遊于滉瀁海天之下余忝任觀察周咨

▲古代文書中常見的「不冒海隅」（第五行）。嘉慶十二年（一八〇七）《續修臺灣縣志》卷六。

從諸羅到嘉義

清乾隆的一七八六年至一七八八年，台灣爆發比朱一貴事件更大規模的民變，福建漳州人林爽文以消滅貪官污吏號召農民起事，震動全島，清朝幾次派兵渡海鎮壓，最後靠優勢兵力，並利用台灣閩客、漳泉、漢番的族群矛盾，得到「義民」協助，歷時一年多才告平息，林爽文被解送北京處死。

乾隆五十一年（一七八七年），諸羅縣城遭林爽文圍攻半年解圍後，清廷為嘉許當地官民死守城池的忠義精神，更改縣名為「嘉義」。

諸羅原稱「諸羅山」，這是今嘉義市的舊地名，有人說地名來自「諸山羅列」，其實這裡位於嘉南平原北端，根本就不是山。荷蘭文獻對當地標示 Tirocen 或 Tiracen，這是當年原住民聚落的名稱，漢人音譯「諸羅山」（台語音 Tsu-lô-san 或 Ti-lô-san），譯名中雖有「山」字，但與山無關。

在林爽文事件中，諸羅縣「溝尾庄」人王得祿因招募壯丁建功而被封官，後來一路升官做到「太子太保」，為清代台灣人最高官銜，最後家鄉改名「太保」（今嘉義縣太保市）。另外，當年彰化縣「埔姜崙莊」

▶清乾隆《平定臺灣得勝圖》之《生擒逆首林爽文》。

張源懃、張明義兄弟也因召集鄉勇有功被清廷褒揚，家鄉賜名「褒忠」（今雲林縣褒忠鄉）。

從瑯嶠到恆春

清同治十三年（一八七四年），日本派兵攻打南台灣原住民牡丹社（今屏東縣牡丹鄉）。在牡丹社事件後，清廷察覺台灣戰略地位的重要，就派遣當時洋務運動重臣沈葆楨，以欽差大臣身分來台灣籌辦防務。

清光緒元年（一八七五年），清廷畫鳳山縣南部之地新設「恆春縣」（今屏東縣恆春鎮）。此地舊名「瑯嶠」，在此築牆建城，以其氣候溫暖、四季如春，改名「恆春」，這是屏東設治之始。

從雞籠到基隆

清廷同時在北台灣增設「台北府」，並爲了因應當時歐美國家覬覦雞籠的煤礦，再設台北通判（即台北分府）於雞籠，以寓意基地昌隆，改名「基隆」，這是基隆設治之始。

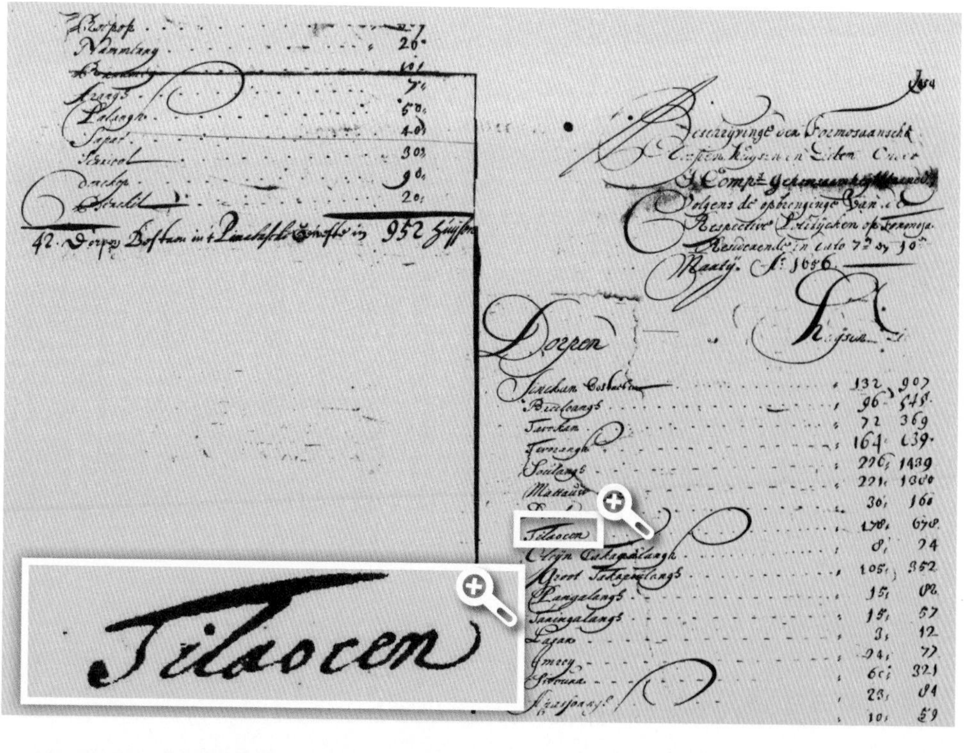

▶番社戶口表中標示的 Tilaocen 社。兩欄數字，分別表示番社戶口數（左）和人口數（右）。資料出處：東印度公司檔案編號 VOC 1218, fol. 456.

原住民族地名的正名

台灣原住民族運動以「正名」爲重大目標，自一九八四年展開正名運動以來，已陸續完成從山胞到原住民、原住民族的正名，個人恢復族名的正名，各族族名的正名（已從九族增加到十六族），目前還在繼續努力行政區域的正名，以及山川的正名。

民主化的台灣，開始追求和實踐多元族群、多元文化的價值。對一個族群來說，地名具有重要的歷史和文化意義，也是應有的集體權。戰後，政府對原住民鄉的命名，其中有很多具有漢人觀點、政治意識、道德教化的名稱，包括吳鳳、延平、三民、復興、光復、大同、仁愛、信義、和平等，完全不尊重原住民族的地名權。

在八德的命名中，既有仁愛鄉（南投縣）、信義鄉（南投縣）、和平區（台中市），不知爲何獨缺排名第一的「忠孝」？原來網路上早有人問，目前只有一種解答：「忠孝」國語發音與台語「總痟」一樣，聽起來變成「全部都是瘋子」，故不命名。這當是戲謔之說，台灣到處都是忠孝路，哪個縣市沒有以忠孝爲名的中小學？

一九四九年三月，台中縣東勢區、能高區、玉山區內的原住民鄉，獨立出來由增設的中峰區管轄，這三個原住民鄉被命名爲和平鄉、仁愛鄉、信義鄉。推測主事者想以八德命名，但只有三個鄉，後來放棄忠孝鄉。

多年來，有些原住民鄉經過努力已獲得正名，以下是正名的過程。

嘉義縣「吳鳳鄉」正名「阿里山鄉」

吳鳳堪稱台灣原漢之間最具爭議性的歷史人物。清代的一七六九年，在阿里山鄒族聚落擔任通事四十八年的吳鳳，爲鄒族所殺。漢人傳說，吳鳳因反對生番獵取漢人人頭獻祭，與生番發生衝突被殺，但感化生番不再殺漢人。鄒族則說，吳鳳是因剝削鄒族才被報復。

日本時代，爲了開發阿里山林業，更把漢人的吳鳳傳說擴大解釋爲「殺身成仁」的神話，作爲教化原住民的論述，並爲吳鳳立傳、立碑、建廟，甚至編入小學教科書，後來還被歐美引用作爲道德讀物的教材。

戰後，政府沿用吳鳳神話，並把日本時代嘉義郡「蕃地」（由郡直接管轄，不設街庄）命名吳鳳鄉。對台灣原住民族運動來說，推翻吳鳳神話是首要目標，最後迫使政府一九八九年把吳鳳鄉改名阿里山鄉，並刪除教科書中的吳鳳故事。

▶嘉義吳鳳廟。

屏東縣「三地鄉」正名「三地門鄉」

鄉名從三地鄉改三地門鄉，雖然只是一字之差，卻代表對原住民文化的尊重。

三地門鄉早年即是原住民排灣族的聚落，在荷蘭文獻中標示 Sotimor，漢人依排灣語地名音譯的台語地名有「山豬毛」、「山地門」、「三地門」等，在日本時代是屏東郡直轄的「蕃地」。戰後，地名被簡化爲「三地」，最後在一九九二年恢復「三地門」。

在台灣歷史上，三地門排灣族曾勇敢長期抵抗荷蘭、明鄭、清代軍隊的入侵。目前排灣族人稱三地門為 Timur，中文音譯「地磨兒」，當地的國小也在二〇一五年正名為「地磨兒國小」。原住民族電視台高有智說，有排灣族人指 Sotimor 是「住在 Timor 的人」，本意並不是地名。

高雄縣「三民鄉」正名「那瑪夏鄉」

高雄縣那瑪夏鄉（今高雄市那瑪夏區）在正名之前，被稱為三民鄉，鄉內有民族、民權、民生三個村。這個鄉是以布農族為主的多族原住民聚落，這樣的地名非常諷刺。

二〇〇八年，三民鄉終於正名那瑪夏鄉，「那瑪夏」（Namasia）是原住民對當地一條主要溪流的稱呼，這條溪流漢人稱之「楠梓仙溪」。隨著鄉名正名，鄉內的三個村也恢復舊名，民族改「南沙魯」（Nangisalu）、民權改「瑪雅」（Maya）、民生改「達卡努瓦」（Takanua）。

二〇一四年，那瑪夏區內的卡那卡那富族，也脫離鄒族獲得正名。

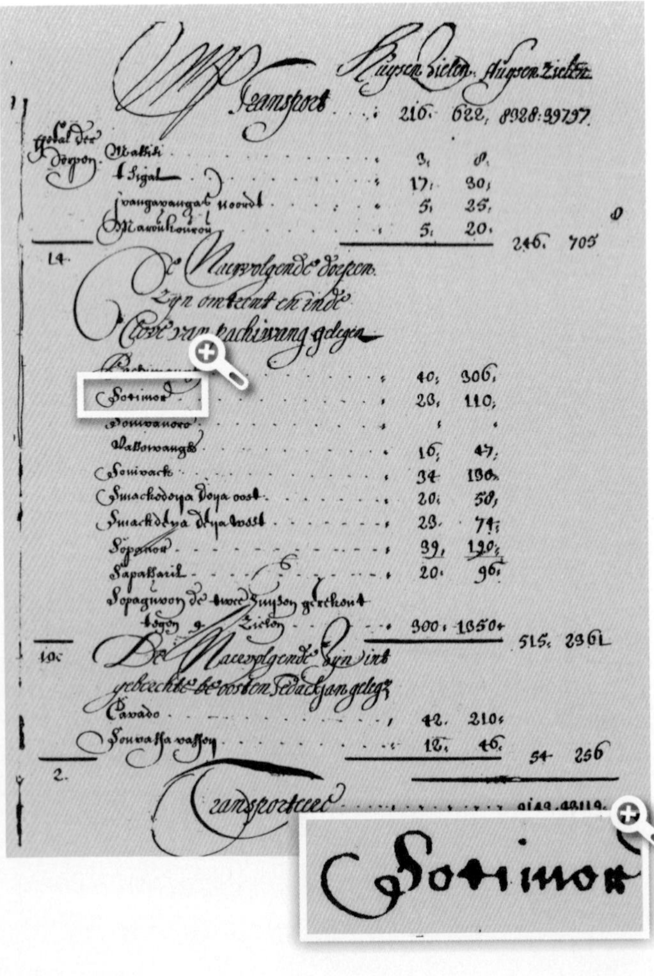

◀番社戶口表中標示的 Sotimor 社。兩欄數字，分別表示番社戶口數（左）和人口數（右）。資料出處：東印度公司檔案編號 VOC 1218, fol. 456.

其他正名運動

目前在醞釀正名的原住民鄉如下：

花蓮縣秀林鄉

花蓮縣秀林鄉本是稱爲Bsuring的原住民聚落，Bsuring的意思是長出新芽的芒草，清代漢人音譯「玻士林」，日本時代是花蓮郡直轄的「蕃地」，又稱之「武士林」。戰後，這裡曾以「士林」爲鄉名，但因與台北士林同名，而改爲發音相近的「秀林」。

秀林鄉因大部分被畫入太魯閣國家公園，鄉內居民又大都是已在二〇〇四年正名的太魯閣族，所以已在研究改名「太魯閣鄉」。

花蓮縣馬太鞍與太巴塱

花蓮縣光復鄉內有兩大阿美族聚落「馬太鞍」（Fataan）、「太巴塱」（Tafalong），正積極爭取正名。二〇一四年十月二十五日「台灣光復鄉」，光復鄉公所門口停車場遭人噴紅漆寫著「光復鄉沒光復」等字。光復鄉舊名「馬太鞍」，但有人主張從馬太鞍、太巴塱各取頭一字改名「馬太鄉」。

台東縣延平鄉

台東縣延平鄉在日本時代是關山郡「蕃地」，戰後才以延平郡王鄭成功的「延平」命名。延平鄉的主要居民是布農族，因地名與延平郡王毫無淵源，鄉內自二〇一四年已在討論與布農族有關的新鄉名。

南投縣仁愛鄉

南投縣仁愛鄉大同村的霧社，在一九三〇年曾發生日本時代最大規模的原住民抗爭，稱之「霧社事件」。霧社在清代文獻稱爲「致霧社」，日本時代改名「霧社」，應該都與當地多霧有關。但當地原住民賽德克族稱霧社爲「巴蘭」（Paran），可能是 Baran 苦楝（苦苓）的轉音。

仁愛鄉目前的原住民族群有賽德克族、泰雅族、布農族，其他還有漢人及雲南擺夷族人。因爲霧社名氣大，仁愛鄉一度想改名「霧社鄉」，最後因霧社無法代表全鄉而作罷。

未來的努力

在恢復原住民族山川傳統名稱方面，也需要更多的努力。

南投縣魚池鄉的日月潭，潭中有一個島，爲原住民邵族祖靈之島，邵語稱之 Lalu。但這個島在清代稱之「珠島」，日本時代稱之「玉島」，戰後則改名「光華島」，以寓意光耀中華。

一九九九年，南投發生九二一大地震，日月潭風景區的地標光華島受損、面積縮小。在震災重建的氛圍中，南投縣政府同意光華島正名「拉魯島」，以示對邵族的尊重。二〇〇二年，在日月潭以全新面貌重現的頂級渡假酒店「涵碧樓」，英文名稱也使用 The Lalu。

近年來，原住民族有心人士致力找回傳統領域的族語地名，希望不要在漢文化衝擊下永遠消失，並爭取成爲政府認定正式地名的機會。

▲日本時代霧社蕃童公學校。

▶上：一八七〇年代平埔族小孩。（愛沙尼亞人 Paul Ibis 繪製）
下：一八七五年平埔番少女。（蘇格蘭攝影師 John Thomson 拍攝）

▼一八七八年的熟番女性。（英國長老會紀錄）

A SEK-HOAN WOMAN.

Frauen aus dem Stamme Sek-hwan.

植物的地名

台灣先民爲一個地方命名，常會根據第一眼所見最深刻的印象，例如滿山遍野的某種植物，所以台灣從大縣市到小村落都有植物的地名。

首先說明，有些植物的地名，但與植物無關，只是音譯。例如：新北市萬里區野柳里，野柳並不是野生的柳樹，而是源自西班牙文「Diablo」（以魔鬼爲名的岬角）。台北市松山區，無松也非山，而是源自日文漢字的地名「松山」（Matsuyama）。

桃園市

桃園地名由來，一般都說：清初漢人前來此地拓墾，因看到「茅草如虎傷人」，故稱之「虎茅莊」。後來，漢人種植很多桃樹，稱之「桃仔園」，到了日本時代才簡化爲桃園。

這種說法把虎茅、桃仔園混在一起，必須澄清。桃園二字確實來自桃仔園，但桃仔園位於今桃園市桃園區（舊稱桃園縣桃園市）的老街一帶，而虎茅大概在今桃園市蘆竹區的南崁一帶。

至於虎茅傷人的說法，則可能是望文生義，因爲早年台灣很多地方都是菅芒遍野。根據荷蘭文獻，這一帶有標示 Progobas（Habas）的原住民聚落，發音接近「虎茅」（台語音 Hóo-mâu）。由於此地最早曾是泰雅族的活動領域，而 Habas 是泰雅族的人名，在清乾隆初年的文獻音譯爲「虎茅」，而且有位泰雅族頭目叫「虎茅擺躍」，所以這可能才是虎茅地名的由來。

新竹縣

新竹地名源自清光緒元年（一八七五年）設「新竹縣」，當年的新竹縣沿用原淡水廳治「竹塹」（今新竹市）爲縣治。

「竹塹」地名由來，一般都說源自原住民道卡斯族的聚落「竹塹社」。依這種說法，竹塹的「竹」是原住民語音譯，與竹子沒有關係。

但根據荷蘭文獻，對此地同時標示漢人地名 **Tiksam**，原住民地名 **Pocaal**，並說此地是竹林。其實，早在漢人大規模移民此地之前，已有部分漢人前來與原住民交易，所以才有漢人地名。**Tiksam** 的音接近「竹塹」（台語音 **Tik-tshàm**），可見這是當年漢人以竹來命名。至於「塹」字，中文指坑溝、險阻的地形，或許最早此地的竹林有礙交通吧。

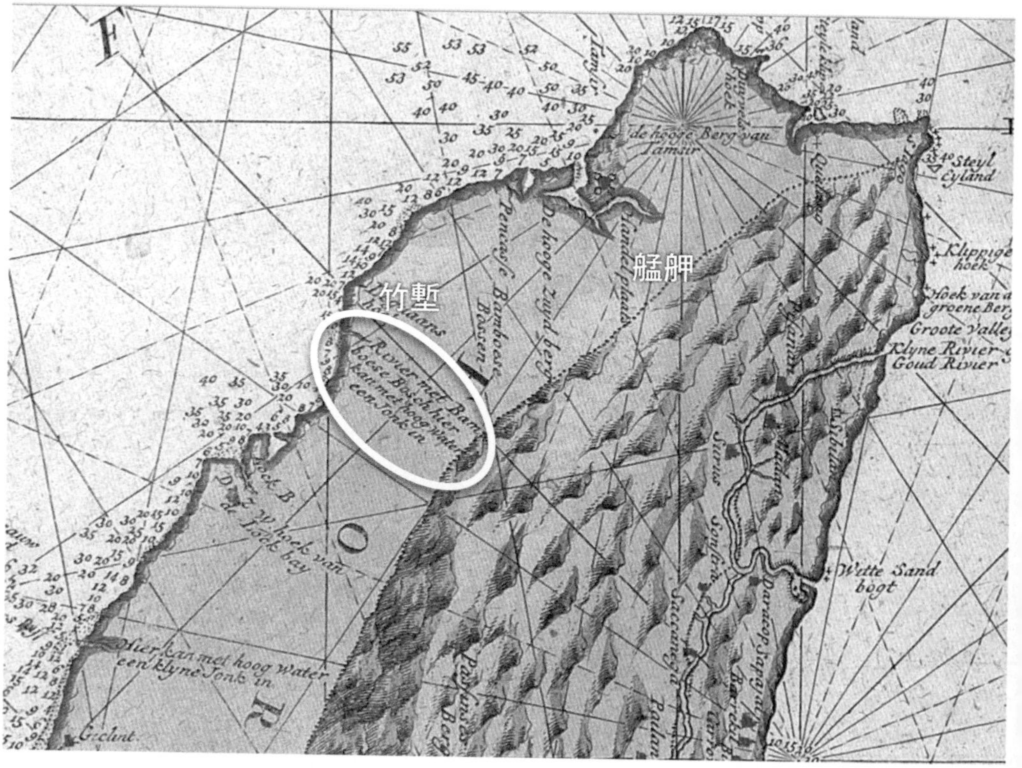

▶在竹塹地區有標示文字形容：「有竹林之溪，漲潮時船可進入」。十七世紀荷蘭人 Van Keulen 繪製中國沿岸閩粵沿海及臺灣島航線圖。

新北市樹林區

台灣有很多「樹林」（台語音 Tshiū-nâ）的地名，大都是漢人先民以自然的野生林命名，相關的地名還有「樹林頭」、「樹林腳」等。此外，屏東縣林邊鄉的舊名是「林仔邊」，彰化縣員林鎮的舊名是「下林仔」、「員林仔」。

如果是比較小的林區，則稱之「林仔」（台語音 Nâ-á），台灣很多地方都有這樣的小地名。

桃園市蘆竹區

蘆竹（台語音 Lôo-tik）就是蘆葦。早年，漢人先民以此地長滿蘆竹而命名。

桃園市楊梅區

楊梅舊名「楊梅壢」，「壢」在客家語是谷地的意思，早年因滿山遍野都是野生楊梅樹而得名，到了日本時代把地名簡化爲楊梅。

▲楊梅。（圖源：Zeping Yang@Wikimedia Commons）

新竹縣芎林鄉

清代漢人移民以此地「九芎」（落葉大喬木）蒼蔚成林，稱之「九芎林」（Kiú-kiong-nâ），到了日本時代簡化爲芎林。

南投縣竹山鎮

竹山舊名「林圯埔」，相傳明鄭時代有位叫「林圯」的人率眾在此所開墾的埔地。但因附近有很多竹林，所以也有「竹腳寮」的地名。日本時代把林圯埔改名日文漢字的「竹山」(Takeyama)，雖是日式地名，但當地確實竹林密布。

彰化縣花壇鄉、屏東縣佳冬鄉舊名「茄苳腳」

「茄苳」是常綠大喬木，可長成大樹，所以常成爲民間信仰膜拜的樹王、樹公。茄苳遍布全台，所以有很多地方及溪河都以茄苳爲名，例如茄苳腳、茄苳林、茄苳溪等。

在日本時代，彰化的茄苳腳被簡化爲茄苳（台語音 Ka-tang），再以發音相近的日文漢字音讀改名「花壇」（Kadan）；屏東的茄苳腳也被改成發音相近的「佳冬」（Katou）。

▲茄苳。（圖源：Ianbu@Wikimedia Commons）

雲林縣褒忠鄉舊名「埔姜崙」

「埔姜」即蔓荊，生長於海濱沙地，有定沙作用。清初漢人移民到此地，看到附近沙丘（台語稱「沙崙」）遍生埔姜，就命名埔姜崙。

▲蔓荊。（圖源：Batholith@Wikimedia Commons）

雲林縣莿桐鄉

莿桐（台語音 Tshì-tông）是喬木植物，以葉似桐樹而枝上多刺而得名，爲台灣海邊常見防風林樹種，並與早年平埔原住民生活密切，具有文化意義。除了雲林縣莿桐鄉，台灣有很多舊地名叫「莿桐腳」。

嘉義縣梅山鄉

梅山舊名「梅仔坑」，清代文獻記載：「欉欉梅樹，商販客從此經過，故表名曰『梅仔坑街』」到了日本時代一九二〇年地方改制，以簡化、雅化更改地名時，梅仔坑被以日文漢字改名「小梅」（Koume）。

爲什麼這樣改呢？因爲台語「梅仔」的「仔」字，在日文漢子發音 Ko，也有幼小的意思，小的梅子的日文漢字就是「小梅」。改名後，當地人卻認爲「小梅」太女性化，希望改名「梅山」，以呼應台灣另外兩個「松山」和「竹山」的地名。

但這個願望在日本時代未能實現，直到戰後小梅才改名梅山。

高雄市茄萣區

「茄萣」（台語音 Ka-tiānn）又稱「海茄苳」，爲海邊的一種紅樹林。漢人先民初到此一沿海地區，即以看到的這種植物爲地名。

高雄市鳥松區

台語的鳥松（Tsiáu-tshîng），「松」的發音不是松樹的 siông，而是榕樹的 tshîng，也就是說這裡的「松」與「榕」同音。其實，鳥松就是雀榕，因麻雀喜歡啄食雀榕的果實，所以也叫鳥榕。高雄市鳥松區舊名「鳥松腳」，日本時代簡化爲鳥松。

高雄市大樹區

大樹舊名「大樹腳」，傳說因早年此地有棵老榕樹而得名，到了日本時代設「大樹庄」。

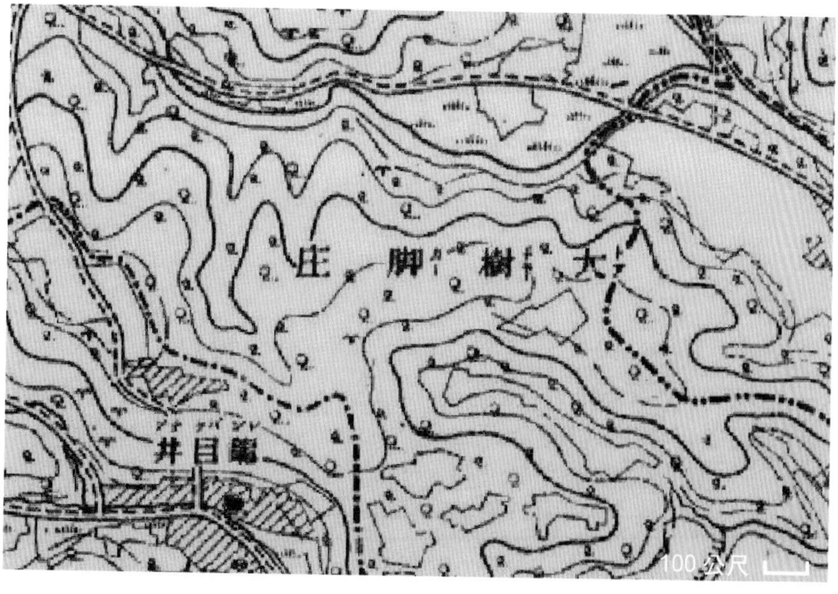

▶《台灣堡圖》（明治版），二萬分之一。

屏東縣高樹鄉

高樹舊名「高樹下」，傳說源自早年村中有棵高大的木棉樹。木棉是落葉大喬木，可長到二十五公尺高。但高樹大都是溪流沖積扇的低地，樹能否長得那麼高？值得懷疑。

高樹是閩客混居，在客家語「高樹」與「果樹」諧音，而當地又有「龍眼腳」的小地名，所以高樹地名中的樹也可能是龍眼樹，龍眼樹一般六至十公尺高。

澎湖縣湖西鄉林投村

林投（台語音 Nâ-tâu）就是露兜樹，樹幹基部會生長粗大的氣根入地，葉片尖長帶刺，因耐風沙，常見海濱地區。荷蘭文獻曾提及台南七鯤鯓（當年台南海岸七個狀似鯨背相連的沙洲）一帶有「鳳梨園」，其實那就是林投，因爲林投的葉子和果實長得很像鳳梨。

湖西鄉林投村舊名「林投澳」，清初文獻記載：「崖上生叢棘，葉如劍多刺，俗呼爲林投，因以爲名。」

台灣有很多林投小地名，「林投圍」指宅第、田園在四周種植林投用來防護。台灣還有「林投姐」的民間故事，訴說林投姐遭騙財騙色後在林投樹上吊自殺，變成冤魂報仇的故事。

小筆記

此外，台灣有很多著名的水果，像「拔仔」（番石榴）、「檨仔」（芒果）、「柑仔」（橘子）、「芎蕉」（香蕉）、龍眼等，在後加「埔」、「坑」、「林」、「腳」等，就成為一個小地名。

苦苓腳

苦苓就是「苦楝」（台語音 Khóo-līng），落葉喬木，可長到二十公尺高，台灣各地有很多苦苓腳、苦苓林、苦苓坪的小地名。

以「霧社事件」著稱的南投縣仁愛鄉「霧社」，地名由來與當地多霧有關。但當地原住民賽德克族稱霧社爲「巴蘭」（Paran），可能是從苦楝的賽德克語 Baran 轉音而來。

▲苦楝。（圖源：Paolo Fisicaro@Wikimedia Commons）

動物的地名

台灣先民初到一個地方，也會以看見某種動物經常出沒，或地形像某種動物來命名，所以台灣從大縣市到小村落都有動物的地名。

猫

首先必須說明，很多看來是動物的地名，動物的名稱只取其發音，也就是說這是非中文地名的音譯，並不是說這個地名與這種動物有關。例如：台灣東北角海岸風景區的景點「三貂角」，並沒有貂出沒，而是西班牙文地名Santiago的音譯。

然而，一些有「猫」、「鹿」字的地名，可能與動物有關，也可能是音譯。

在台灣，台語的「猫」（Bâ）與「貓」（Niau）本指不同的動物，但後來被搞混了。「猫」是台灣山區常見的靈貓科動物，台語叫「果子猫」（Kué-tsí-bâ），國語叫「果子狸」（又稱白鼻心）。但在繁體中文，只有「貓」而沒有「猫」。在簡體中文，「猫」是「貓」的簡體字，「貓」已不再使用。在日文漢字，只有「猫」而沒有「貓」。因此，中文和日文的「貓」或「猫」，指的都是相同的貓科動物。

屏東縣恆春鎮的「貓仔坑」，台北市文山區的「貓空」，這兩個地名中的「貓」，其實都被寫錯，應該是「猫」才對。因爲，台語的「貓仔坑」念作Bâ-á-khenn，「貓空」念作Bâ-khang，當地早年都是「果子猫」（果子狸）出沒的坑谷。

在清代文獻中，「猫」常是原住民語的音譯。例如：苗栗舊名「猫裡」（Bâ-lí）是原住民聚落名稱 Bali 的音譯，嘉義民雄舊名「打猫」（Tánn-bâ）是原住民聚落名稱 Dovaha 的音譯。其他還有台灣中部的原住民聚落「猫霧栜」（Babuza），以及以原住民命名的「猫羅溪」（Bâ-lô-khe）等。

鹿

台灣曾經是鹿之島，所以留下很多有「鹿」字的地名，最有名的就是彰化縣鹿港鎮了。台南市安南區的鹿耳門，早年指台江內海與外海之間的水道及周邊地區，以其「形如鹿耳，分列兩旁」而得名。不過台中市沙鹿區與鹿無關，沙鹿舊名「沙轆」（Sua-lak），本是原住民聚落名稱的音譯。

山羌

台灣也有一種鹿科的小動物山羌，台語叫「羌仔」（Kiunn-á），所以就有相關的地名。南投縣鹿谷鄉舊名「羌仔寮」（Kiunn-á-liâu），當地昔日曾是獵捕山羌的草寮小聚落。

▲捕鹿圖。（收於康熙五十六年（一七一七）《諸羅縣志》〈地圖　番俗圖〉）

猴

台灣有特有種的台灣獼猴，所以也有不少「猴」的地名。新北市瑞芳區的景點「猴硐」，台語叫「猴洞仔」（Kâu-tōng-á），地名由來就是當地最早曾有猴群居住的山洞。這個原始地名一度被雅化為「侯硐」，但發音沒變，後來把「侯」恢復「猴」，改成「猴硐」。

屏東市舊名「阿猴」，但與猴無關，而是原住民聚落名稱的音譯。有趣的是，宜蘭縣羅東鎮的「羅東」（台語音 Lô-tong），卻是有些原住民語猴子的音譯，例如宜蘭原住民噶瑪蘭族稱之 Rutung，阿美族稱之 Lotong，可見羅東早年是猴出沒之地。

山豬

台灣也有山豬的地名，例如台北市南港區的山豬窟、新竹市附近的山豬湖。但屏東縣三地門鄉舊名「山豬毛」，卻與山豬無關，而是早年原住民排灣族聚落名稱的音譯，在荷蘭文獻中標示 Sotimor。

鴨

台灣早年養鴨的地方，被稱為「鴨母寮」，這是常見的小地名。最有名的就是高雄市內門區光興里的鴨母寮，傳說這裡是清代第一位大規模抗清領袖朱一貴當年養鴨的地方。朱一貴綽號「鴨母王」，相傳他可以指揮鴨子走路如行軍，他養的母鴨生蛋都有兩顆蛋黃。但他最後兵敗被捕，解送北京處死。

魚

台灣的深水池常有鯉魚，所以就有「鯉魚潭」的地名。苗栗縣三義鄉、南投縣埔里鎮、花蓮縣壽豐鄉等都有鯉魚潭，壽豐鄉因位於鯉魚潭之南，舊稱「鯉魚尾」（Lí-hî-bué）。另外也有「鯽魚潭」的舊地名，台南市永康區大灣里崑山科技大學內的崑山湖，在清代爲鯽魚潭的一部分，「鯽潭霽月」是當時南台灣八景之一。

▲花蓮鯉魚潭。（圖源：張子宜@Wikimedia Commons）

動物山

以地形像某種動物的地名，最常見的是山名，例如「虎山」、「虎頭山」、「獅山」、「獅頭山」等。台北市南港區的「四獸山」，就是「象山」、「獅山」、「豹山」及「虎山」四座山的統稱。苗栗縣三灣鄉、南庄鄉交界處的獅頭山，海拔近五百公尺，爲政府徵選、鄰近市區的「台灣小百岳」之一。

台灣有很多「龜山」、「蛇山」，主要是因山形而得名。但有時也與「玄天上帝」（俗稱上帝公）的信仰有關，當地如果有兩座山，就以一龜一蛇命名，因爲玄天上帝的神像常見一腳踩龜、一腳踩蛇，源自祂曾下凡收服龜蛇二妖。

高雄市鳳山區的地名，源自清初鳳山縣境內的「鳳山」（縣名由此山而來），以山形如飛鳳展翅而得名。鳳山的名稱也與矮山有關，因傳說鳳凰飛不高，今高雄市的「鳳山丘陵」海拔只一百四十一公尺。

「雞籠山」也與山形像雞籠有關，新北市瑞芳區的基隆山舊名雞籠山，台南市白河區、苗栗縣銅鑼鄉也都有雞籠山。

南投縣埔里鎮牛眠里的「牛眠山」，舊稱「牛睏山」，傳說山形似臥牛。

地名謎猜：你知道多少台灣地名？

華人文化有「猜謎」的遊戲，台語叫「謎猜」，就是先出謎題，再暗示一下答案的屬性，例如人物、動物、水果、工具等，讓大家猜想答案。

例如：謎題「說牠是條牛，無法拉車走；說牠力氣小，卻能背屋走」，猜一種動物，答案是「蝸牛」。謎題「車子開錯路」，猜一種藥物，答案是「白花油」。

早年，在元宵節或中秋節的燈會活動，所舉行的猜謎稱之「燈謎」，台語叫「燈猜」，一般都把謎題黏貼在花燈、牆壁上，或掛在繩子上，供人猜答案。

台灣廟會傳統的猜燈謎活動，台上的主持人念出謎題和暗示，台下的民眾如果有人答對，一旁就有人負責敲一聲鼓，「咚」的一聲，聽起來就像「通」，台語稱之「有通」（ū-thong），就是有道理的意思。

在台灣流傳多年、琳瑯滿目的「謎猜」或「燈猜」中，有很多是猜台灣的地名。這種「地名謎猜」，讓大家發現一個地名除了由來之外，在文字、諧音上還另有趣味，從中也看到先人出謎題的學識和幽默。

以下是歷年流傳精采的「台灣地名謎猜」：

一字部

十 猜台灣地名一：**田中**。彰化縣田中鎮。

八 猜台灣地名一：**六腳**。嘉義縣六腳鄉。（注：「六」字的下半部是「八」。）

木 猜台灣地名一：**林邊**。屏東縣林邊鄉。

示 猜台灣地名一：**社邊**。屏東縣南州鄉社邊。

兔 猜台灣地名二：**虎尾**、**後龍**。雲林縣虎尾鎮、苗栗縣後龍鎮。

泉 猜台灣地名一：**清水**。台中市清水區。

海 猜台灣地名一：**鹽水**。台南市鹽水區。

筍 猜台灣地名一：**新竹**。新竹縣或新竹市。

森 猜台灣地名一：**樹林**。新北市樹林區。

二字部

老舖 猜台灣地名一：**阿公店**。高雄市燕巢區阿公店。

冬暖 猜台灣地名一：**佳冬**。屏東縣佳冬鄉。

長安 猜台灣地名二：**永康**、**永靖**。台南市永康區、彰化縣永靖鄉。

▼台灣觀光地圖。一九二八年一月三日〈台灣日日新報〉元旦春節特刊。

泥鎮 猜台灣地名一：**土城**。新北市土城區。

長城 猜台灣地名一：**萬里**。新北市萬里區。

相唚 猜台灣地名一：**集集**（取其 tsip-tsip 之聲）。南投縣集集鎮。（注：「相唚」台語音 Sio-tsim，這個謎題也可以用英文 Kiss。）

牽手 猜台灣地名一：**梧棲**（「吾妻」諧音）。台中市梧棲區。

暗礁 猜台灣地名二：**水里**（舊名水裡）、**尖石**。南投縣水里鄉、新竹縣尖石鄉。

銀川 猜台灣地名一：**白河**。台南市白河區。

無鹽 猜台灣地名一：**淡水**。新北市淡水區。

龜殼 猜台灣地名一：**大甲**。台中市大甲區。

三字部

三人行 猜台灣地名一：**六腳**。嘉義縣六腳鄉。

包青天 猜台灣地名一：**烏日**。台中市烏日區。

歹看面 猜台灣地名一：**民雄**（「面雄」諧音）。嘉義縣民雄鄉。（注：「雄」台語音 hiông，兇狠的意思。）

狼來了 猜台灣地名一：**楊梅**（國語「羊沒」諧音）。桃園市楊梅區。

群英會 猜台灣地名二：**萬華、集集**。台北市萬華區、南投縣集集鎮。

雲長祠 猜台灣地名一：**關廟**。台南市關廟區。

雲中岳 猜台灣地名一：**霧峰**。台中市霧峰區。

富貴花 猜台灣地名一：**牡丹**。屏東縣牡丹鄉。

無底洞 猜台灣地名一：**深坑**。新北市深坑區。

掌中戲 猜台灣地名一：**布袋**。嘉義縣布袋鎮。

模範村 猜台灣地名一：**佳里**。台南市佳里區。

預付款 猜台灣地名一：**前金**。高雄市前金區。

薄情郎 猜台灣地名一：**高雄**（「哥雄」諧音）。高雄市。（注：「雄」台語音 hiông，兇狠的意思。）

優等生 猜台灣地名一：**學甲**。台南市學甲區。

四字部

一夜未眠 猜台灣地名一：**通霄**（「通宵」諧音）。苗栗縣通霄鎮。

二爺過江 猜台灣地名一：**關渡**。台北市北投區關渡。（注：關羽又稱關二爺。）

二級上將 猜台灣地名一：**三星**。宜蘭縣三星鄉。（注：依國軍與美軍制度，二級上將的肩章、領章為三星，一級上將為四星，三軍統帥為五星上將。）

三從四德 猜台灣澎湖地名一：**七美**。澎湖縣七美鄉。

大河入海 猜台灣地名三：**淡水**、**中和**、**鹽水**。新北市淡水區、新北市中和區、台南市鹽水區。

山明水秀 猜台灣地名一：**景美**。台北市景美區。

不良少年 猜台灣地名一：**太保**。嘉義縣太保市。

天上聖母 猜台灣地名一：**天母**。台北市北投區天母。

四分五裂 猜台灣地名一：**九份**。新北市瑞芳區九份。

四季花開 猜台灣地名一：**恆春**。屏東縣恆春鎮。

四川名山 猜台灣地名一：**峨嵋**（「峨眉」諧音）。新竹縣峨眉鄉。

北軍歸順 猜台灣地名一：**南投**。南投縣。

半暝死翁 猜台灣地名一：**梧棲**（「誤妻」諧音）。台中市梧棲區。（注：「翁」台語音 ang，丈夫的意思。）

改邪歸正 猜台灣地名一：**善化**。台南市善化區。

肚臍抹粉 猜台灣地名一：**中庄**（「中妝」諧音）。高雄市大寮區中庄里。（注：「妝」也寫作「粧」，台語白讀音 tsng，用脂粉修飾容貌。）

沃野千里 猜台灣地名一：**豐原**。台中市豐原區。

君子之交 猜台灣地名一：**淡水**。新北市淡水區。

雨後春筍 猜台灣地名一：**新竹**。新竹縣或新竹市。

背道而馳 猜台灣地名二：**南投**、**北投**。南投縣、台北市北投區。

美輪美奐 猜台灣地名一：**新屋**。桃園市新屋區。

厝頂曝衫 猜台灣地名一：**三塊厝**（「衫佇厝」或「衫踅厝」諧音）。高雄市三民區三塊厝，三塊厝也是台灣很多地方有都的舊地名。（注：「曝衫」台語音 phak-sann，就是曬衣服。「佇」台語音 tī，在的意思。「踅」台語音 teh，壓的意思。）

清明祭祖 猜台灣地名一：**思源**。宜蘭市思源里。

產前產後 猜台灣地名二：**大肚**、**基隆**（「加人」諧音）。台中市大肚區、基隆市。

飲水思源 猜台灣地名一：**知本**。台東縣知本鄉。

害人不淺 猜台灣地名一：**深坑**。新北市深坑區。

無量壽佛 猜台灣地名一：**彌陀**。高雄市彌陀區。

遊子返鄉 猜台灣地名一：**歸來**。屏東市歸來。

參天古木 猜台灣地名二：**高樹**、**大樹**。屏東縣高樹鄉、高雄市大樹區。

雲長過海 猜台灣地名一：**關渡**。台北市北投區關渡。（注：關羽字雲長。）

開張大吉 猜台灣地名一：**新店**。新北市新店區。

順風行船 猜台灣地名一：**安平**。台南市安平區。

萬世太平 猜台灣地名一：**永和**。新北市永和區。

群峰相疊 猜台灣地名一：**萬巒**。屏東縣萬巒鄉。

飯匙貯泔 猜台灣地名一：**澳底**（「偃貯」諧音）。新北市貢寮區澳底。

（注：「貯泔」台語音 tē-ám，就是盛粥，把稀飯裝入碗裡。「偃貯」台語音 oh-tē，就是很難盛的意思。「飯匙貯泔」就是用飯匙盛稀飯，當然是很難盛了。）

閏十二月 猜台灣地名一：**雙冬**。南投縣草屯鎮雙冬里。

豐年吉兆 猜台灣地名一：**瑞穗**。花蓮縣瑞穗鄉。

禮尚往來 猜台灣地名一：**丹路**。屏東縣獅子鄉丹路村。（注：伴手禮的台語稱之丹路、丹露、等路。）

警察出巡 猜台灣地名一：**保安**。台南市仁德區保安村。

懷胎十月 猜台灣地名一：**大肚**。台中市大肚區。

五字部

三頓食無飽　猜台灣地名一：**五堵**（「餓肚」諧音）。基隆市七堵區五堵。（注：「餓肚」台語音gō-tōo。）

天下第一家　猜台灣地名一：**頭屋**。苗栗縣頭屋鄉。

把守第一關　猜台灣地名一：**頭城**。宜蘭縣頭城鎮。

往來無白丁　猜台灣地名一：**士林**。台北市士林區。（注：國語「白丁」指文盲。）

泥菩薩過江　猜台灣地名一：**南保**（「難保」諧音）。台南市歸仁區南保里。

洞房花燭夜　猜台灣地名一：**合歡**。合歡山，在花蓮縣秀林鄉與南投縣仁愛鄉交界處。

國民黨黨產　猜台灣地名一：**烏來**（「污來」諧音）。新北市烏來區。

寒天起火堆　猜台灣地名一：**暖暖**。基隆市暖暖區。（注：「寒天」台語音kuânn-thinn。）

攏是你害的　猜台灣地名一：**苑裡**（「怨你」諧音）。苗栗縣苑裡鎮。

六字部

九個人十個頭 猜台灣地名一：**基隆**（「加人」諧音），**基隆市**。（注：基隆的台語發音是依舊名雞籠 Ke-lâng。）

花果山水簾洞 猜台灣地名一：**猴硐**（舊名「猴洞仔」）。新北市瑞芳區猴硐。

兩好球三壞球 猜台灣地名一：**南投**（「難投」諧音）。南投縣。

新娘無洗身軀 猜台灣地名一：**甲仙**（「佮鉎」諧音）。高雄市甲仙區。

（注：「佮」台語音 ka̍h，附帶的意思。「鉎」台語音 sian，指人體皮膚上的汙垢。）

賣魚的無攑秤 猜台灣地名一：**景美**（「揀尾」諧音）。台北市景美區。

（注：「攑」台語音 gia̍h，拿的意思。「揀」台語音 kíng，挑選的意思。魚販沒有帶秤，只好以一尾多錢來賣了。）

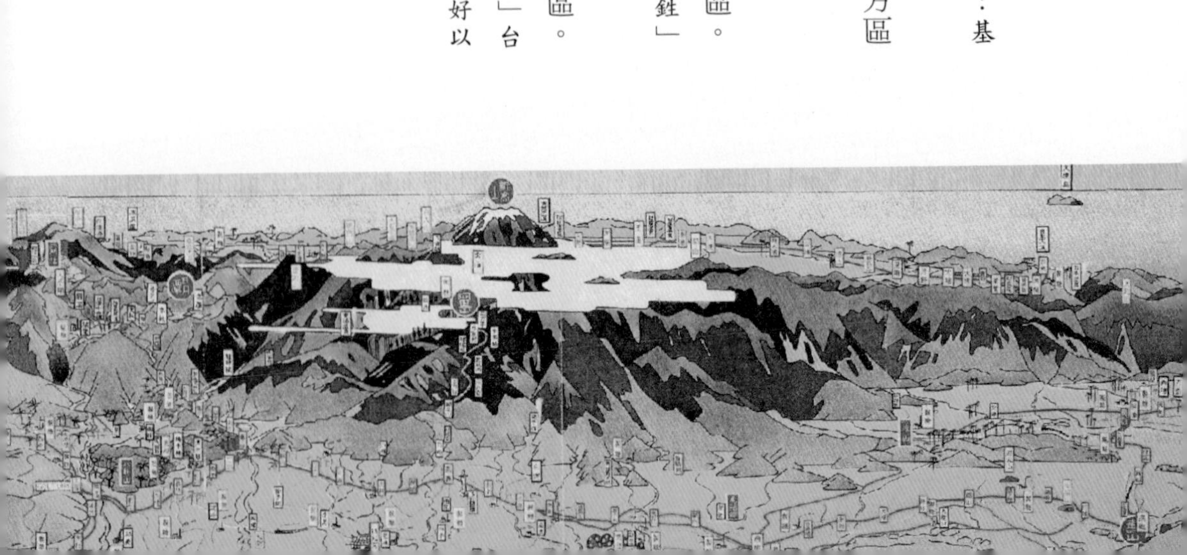

七字部

山在虛無飄渺間　猜台灣地名一：**霧峰**。台中市霧峰區。

豬母食十二桶潘　猜台灣地名一：**大肚**。台中市大肚區。（注：「潘」台語音 phun，就是廚餘、餿水。）

歲寒三友集一峰　猜台灣地名三：**松山**、**竹山**、**梅山**。台北市松山區、南投縣竹山鎮、嘉義縣梅山鄉。

八字部以上

忠孝仁愛信義和平　猜台灣地名一：**八德**。桃園市八德區。

紅關公白劉備烏張飛結兄弟　猜台灣地名二：**桃園**、**三義**。桃園市、苗栗縣三義鄉。

參考書目

- 安倍明義，《台灣地名研究》，1938年。
- 伊能嘉矩，《大日本地名辭書續編・台灣》，1909年。
- 洪敏麟，《台灣地名沿革》，臺灣省政府新聞處，1985年。
- 施添福（總纂），《臺灣地名辭書》卷一～卷二十六，臺灣文獻館，2000～2014年。
- 翁佳音，《大臺北古地圖考釋》，台北縣立文化中心，1998年。
- 陳國章，《台灣地名辭典》（合訂版），臺灣師範大學地理學系，2004年。
- 曹銘宗，《台灣地名謎猜》，聯經出版公司，1996年。
- 鮑曉鷗著、那瓜譯，《西班牙人的台灣體驗（1626~1642）》，南天書局，2008年。

索引

人名

地圖、文獻

主要地名、建築

二畫

三畫

四畫

五畫

六畫

七畫

八畫

十四畫

十五畫

十六畫

十七畫

十八畫

十九畫

二十畫

二十一畫

二十三畫

台灣珍藏18

大灣大員福爾摩沙

從葡萄牙航海日誌、荷西地圖、清日文獻尋找台灣地名真相

作　　者　翁佳音、曹銘宗
系列主編　謝宜英
責任編輯　張瑞芳
校　　對　曹銘宗、魏秋綢、張瑞芳
版面構成　吳海妘、簡曼如
封面設計　LCW
行銷總監　張瑞芳
行銷主任　段人涵
版權主任　李季鴻
總 編 輯　謝宜英
出 版 者　貓頭鷹出版 OWL PUBLISHING HOUSE

事業群總經理　謝至平
發 行 人　何飛鵬
發 行 所　英屬蓋曼群島商家庭傳媒股份有限公司城邦分公司
115 台北市南港區昆陽街 16 號 8 樓

劃撥帳號　19863813／戶名：書虫股份有限公司
城邦讀書花園：www.cite.com.tw／購書服務信箱：service@readingclub.com.tw
購書服務專線：02-25007718～9／24 小時傳真專線：02-25001990～1
香港發行所　城邦（香港）出版集團有限公司／電話：(852)25086231／hkcite@biznetvigator.com
馬新發行所　城邦（馬新）出版集團／電話：603-9056-3833／傳真：603-9057-6622
印製廠　漾格科技股份有限公司
初　版　2016 年 1 月
十　刷　2024 年 9 月
定　價　新台幣 570 元 港幣 190 元
ISBN　978-986-262-276-6
有著作權・侵害必究（缺頁或破損請寄回更換）

讀者意見信箱　owl@cph.com.tw
投稿信箱　owl.book@gmail.com
貓頭鷹臉書　facebook.com/owlpublishing/

國家圖書館出版品預行編目 (CIP) 資料
大灣大員福爾摩沙：從葡萄牙航海日誌、荷西地圖、清日文獻尋找臺灣地名真相／
曹銘宗著／翁佳音指導顧問／初版／臺北市／貓頭鷹出版／家庭傳媒城邦分公司發行／
2016.01／ 面： 公分
ISBN 978-986-262-276-6(平裝)
1. 歷史地名 2. 臺灣／ 733.37 ／ 104026328